조선시대 평양, 장소, 사람

조선시대 평양, 장소, 사람

초판 1쇄 발행 2025년 8월 31일

지은이 이은주

펴낸곳 도서출판 설렘
주소 18526 경기도 화성시 팔탄면 건달산로 62, 1층
도서주문 031-293-0833
이메일 sulrembooks@gmail.com

값 31,000원 ⓒ 이은주, 2025
ISBN 979-11-982677-9-5 93810

이 책은 저작권법에 의해서 보호를 받는 저작물이므로 무단 전재와 복제를 금합니다.

저자 서문

 이전에 했던 일들을 어느 정도라도 정리해야 그다음 일을 시작할 수 있는 사람들이 있다. 아무래도 내가 그런 사람인 모양이다. 나는 언젠가 누군가에게 들었던 대로 연구가 하나의 주제로만 단조롭게 흐르지 않도록 몇 가지 방향성을 가지고 일을 해나가고 싶었다. 그런데 막상 어느 순간 뒤를 돌아보니 그 몇 가지를 함께 찬찬히 해온 것 같지가 않다. 주로 어느 하나에 생각이 꽂혀 있었고 다른 일들은 말로만 해야겠다거나 하고 싶다고 했을 뿐 그다지 진척을 보지 못했다. 그 하나가 학위논문에서 시작했던 평양 관련 자료 연구였다.
 10년 전쯤 읍지 2종의 번역서를 냈고 학위논문의 대상이었던 「관서악부」 역해서를 냈다. 그사이에 관련 연구를 하는 선생님들의 도움으로 이런저런 일들을 하는 과정에서 19세기 후반에 나온 읍지도 새롭게 찾게 되어서 평양 읍지 정보를 재구성한다고 해야 할지 통시적으로 정리한다고 해야 할지 모호한, 그렇지만 나에게는 그동안 했던 일들을 마무리하는 의미의 저서도 한 권 냈다. 다만 그 저서는 자료 정리라는 공구서적인 성격이 강해서 연구자로서 그동안 내가 무엇을 탐색했는지를 제대로 보여주지 못했다는 아쉬움이 있었다.
 그래서 내가 그동안 평양 관련 자료들을 읽으면서 무엇을 연구했는지를 한눈에 볼 수 있게 책으로 정리하고 싶은 마음이 들었다. 이름이 흔하다든가 한자로 표기된 제목이라 논문 검색에서 누락된다든가 또는 그 외에 입력 오류가 있다든가 하는 여러 이유에서 나조차 내가 썼던 논문들을 검색해도 일목요연하게 나오지 않던 차였다. 그래서 2014년부터 2023년까지, 10년 동안 썼던 논문들을 따로 정리했다.

원래 학위논문을 쓰려고 했을 때에는 18세기 문인 신광수의 작가론을 써볼 생각이었으나 여러 시도 끝에 결국 평양을 소재로 한 장편 죽지사 「관서악부」의 작품론에 가까운 논문을 썼다. 그 이후에 읍지 2종을 번역하면서 지역에 대한 정보 위에서 문학작품을 읽는 것의 효용감을 느꼈고 그 뒤부터 내 관심사는 읍지에 나온 정보를 통해 이 지역의 특징을 어떻게 도출할 수 있을까에 맞춰지게 되었다. 우연히 그때가 지역학이 본격적으로 부상하던 시점이었다는 점도 평양 연구에 집중할 수 있는 계기가 되었다. 그렇게 해서 썼던 논문의 방향성은 읍지에 나온 정보를 중심으로 해서 다른 기록들과 함께 볼 때 기존의 논의와 부합하지 않거나 보완되어야 할 점들을 논의하는 것에 맞춰졌다. 또 대부분 단편적으로 언급되는 정보들을 어떻게 맥락을 만들어 연결하거나 정합적으로 설명할 수 있을지도 염두에 뒀다.

평양에 대한 여러 분야의 연구가 의외로 많이 나온 것도 논문을 쓰면서 점차 알게 되었다. 그런 점도 나에게 뜻깊게 다가왔다. 우리가 봐야 하는 대상들은 실제로는 복잡하고 입체적이며 총체적인 어떤 것이지만 현재 연구자들은 성격상 자기 분야를 중심으로 하는 아주 좁은 스펙트럼으로 대상을 바라보면서 최소한의 깊이 있는 연구라도 할 수 있기를 절실하게 바라는 상황이다. 그렇지만 자기 분야라는 한정된 영역에서 아주 조금이나마 더 나아가려면 다른 분야 연구자들의 좋은 연구가 필요하다. 내가 평양 지역 연구에서 문학 연구의 범위를 벗어나 이런저런 시도를 하게 되었던 것도 그 덕분이었다고 해도 좋을 것이다. 다양한 측면에서 논의한 선행 연구들을 통해 여러 생각을 해볼 수 있었고, 나도 언젠가는 제 몫을 할 수 있는 연구자였으면 하는 바람도 키웠다. 10여 년 동안 조선시대 읍지를 주 자료로 삼으면서 관련된 시문 및 기록들을 검토했는데, 그러는 동안 내 나름의 관점을 만들어갈 수 있었다는 점도 나에게는 소중한 경험이었다.

그동안 썼던 논문들을 다시 읽노라니 여러 감회가 교차한다. 처음에는 문장을 새로 써보거나 내용을 더 보완할까 하는 생각도 했었지만 '선학'의 조언처럼 지난 일들은 그대로 두고 이제는 새로운 일들을 해보는 것도 나쁘지 않을 것 같았다. 그렇지만 앞으로 내가 어떤 분야로 눈을 돌리든 지금까지 했던 연구의 맥락을 떠나지는 않을 것이므로 이 책은 이전과 이후 연구 사이의 결절점이 되어줄 것이다.

어느 순간부터 고개를 들면 나를 둘러싼 사람들이 보이기 시작했다. 자료를 보는 일에서도, 연구하고 출판하는 일련의 과정에서도 혼자 힘만으로 해낼 수 없는 일이 너무나 많다는 것을 이제는 절감하고 있다. 사실 논문 쓰기도 그런 면이 있다. 논문을 쓴다는 것은 연구자 개인의 외로운 탐색 과정처럼 보이지만 동시에 같은 분야 연구자들과 어떤 식으로든 연결되지 않으면 안 되는 작업이다. 그동안 관련 역서와 저서를 낼 기회를 얻었던 것도 행운이었다. 그리고 이번에는 이 책을 도서출판 설렘에서 낼 수 있게 되었다. 출판하는 일련의 과정을 함께한 설렘 가족들에게 감사의 말씀을 전한다.

조선시대 평양, 장소, 사람

평양을 바라보는 시선
명 사신의 평양 제영시   09
만들어진 유적, 평양의 로컬리티   41
김제학의 관서 죽지사에 나타난 역사 인식   77

평양의 내부 인식
평양인의 자기인식   115
평안도 일화집, 『칠옹냉설』   159
평양읍지를 어떻게 읽을 것인가   193

변화하는 모습들
박엽에 대한 기억의 변화 재론   227
평양의 행주형 담론의 시기적 변화 양상   265

평양을 바라보는 시선

명(明) 사신(使臣)의 평양(平壤) 제영시(題詠詩)

1. 서론

　평양 하면 사람들은 평안감사의 풍류를 떠올린다. 그렇다면 이런 인식은 어떻게 만들어졌을까. 『신증동국여지승람』 등의 지리지, 또는 여러 읍지에 나타난 지역 이미지는 해당 지역에 대해 쓴 문헌 자료나 문학 작품에서 만들어지는 경우가 많다. 이 글에서는 평안감영에서 윤두수(尹斗壽, 1533~1601)가 편찬한 『평양지(平壤志)』(1590년 간행, 이하 '평양지'는 윤두수의 '평양지'를 가리킴)와 윤유(尹游, 1674~1737)가 편찬한 『평양속지(平壤續志)』(1730년 간행, 이하 '평양속지'는 윤유의 『평양속지』를 가리킴)에 수록된 제영시[1]를 통해서 이러한 과정을 탐색해 보고자 한다.
　조선시대에 평안감영에서는 평양 읍지를 여러 차례 간행했다.[2] 그

---

[1] 본고에서는 평양을 소재로 한 시를 '평양 제영시'로 지칭했다.
[2] 조선시대로 한정하면 평양 읍지의 간행은 윤두수가 간행한 1590년 이래 1730년, 1837년, 1855년, 1892년 4차례 더 이루어졌다. 원래 읍지에 변화된 내용을 덧붙이는 증보 형태로 간행되는 경우도 있었고 원래 읍지를 전제로 변화된 내용만을 간행하는 경우도 있었다. 시문 수록의 경우 1590년과 1730년의 읍지에는 몇 개의 권수를 할애하여 시문을 수록했지만 1837년, 1855년에는 산문만 증보되었을 뿐 시는 더 이상 수록되지 않았다. 그러다가 읍지의 체제가 대대적으로 개편된 1892년 읍지에서 다시 시와 산문이 수록되었다. 한편 『평양지』에 수록된 시문은 별도로 『平壤志選』으로

러나 시가 수록된 읍지는 3종밖에 없고, 특히『평양지』에 수록된 시문3)은『평양지선(平壤志選)』4)으로 만들어져 유통되었다. 따라서 이 두 자료는 평양을 소재로 한 시들을 집대성했다는 점에서 '평양 인식'을 이해하는 데 있어 유효한 단서이며, 평양에 대한 인식을 후대에 확대재생산하는 데 기여했다.

『평양지』,『평양속지』는 여타 읍지와는 달리 총9권 중 3권(권6~권8)을 차지할 정도로 제영시의 비중이 높고, 그중에서도 특히 명 사신의 시가 많이 실려 있다. 이 부분은『평양속지』의 범례에서 "시문(詩文)의 차례는 모두 연대순이다. 다만 중국 사신의 작품을 맨 앞에 두어 왕명을 받드는 자들을 높였다."로 나와 있다.『신증동국여지승람(新增東國輿地勝覽)』을 보면 다른 지역에서도 명 사신의 시가 나오고 있으나 평양처럼 압도적인 비중을 차지하는 지역은 별로 없다. 여기에는 평양이 사행로인 평안도의 거점이어서 명 사신들이 상대적으로 오래 머물었던 유상처(遊賞處)였다는 점과 평양 문인들이 활약하기 어려운 현실적인 요인들이5) 맞물려 있었던 것 같다. 이 글에서는 『평

만들어져 유통되었다.
3) 대체로『평양지선』은『평양지』의 권6, 7, 8에 수록된 시만 모은 책이지만, 규장각 소장본 〈想白 古 810.8-P989〉처럼 권6, 7, 8의 시와 권9의 문을 선별한 경우도 있다.
4)『평양지선』의 현전 상황은 다음과 같다. 서울대학교 중앙도서관 소장본([4790 81] 3권 1책), 서울대학교 규장각한국학연구원 소장본([想白古 810.8 P989] 4권 1책, [一簑古 811.03 Y97p] 3권 1책, [奎 7809] 3권 1책), 국립중앙도서관 소장본([한고朝 45-23] 3권 1책, [M古1-2000-85] 서명『七星庵同遊錄』에 수록 1책(66면)), 한국학중앙연구원 소장본([K4-339] 3권 1책), 전남대학교 도서관 소장본([OC 4A1 평61ㅇ] 1책(44장)). 권책 및 면수는 각 소장처에서 제공하는 서지정보를 따랐다.

양지』와 『평양속지』에 수록된 시를 중심으로 고려 말에서 조선 중기까지 조선에 왕래한 명 사신의 시가 이후 평양을 바라보는 데에 어떤 영향을 미쳤는가라는 문제에 초점을 맞춰 논의해 보고자 한다.

2. 명 사신의 평양 방문과 제영시

1) 명 사신의 평양 방문

고려에서 조선시대에 걸쳐 평양의 도시적 성격은 사행로의 경유지라는 점과 관련이 깊다. 조선에서는 명 사신이 오면 원접사를 의주로 파견하여 맞이하게 하고 의주, 정주, 안주, 평양, 황주, 개성부 6개소의 통과지점에 선위사(宣慰使, 1521년부터 영위사(迎慰使)로 개칭)를 파견하여 동행하게 했다.[6] 의주에서 도성에 이르는 사행로에서 명 사신들은 통과지점마다 무수히 많은 시를 남겼는데 이 시들을 보면 이들이 해당 지역의 고적이나 명승지를 유람했다는 것을 알 수 있다. 명대 외교정책의 특징이라고 할 수 있는 '창화외교(唱和外交)'[7]는 바꾸어 말하면 명 사신들이 조선에 왕래하는 동안 이들의 제영시가 지

---

5) 장유승, 「『서경시화(西京詩話)』 연구—지역문학사적 성격을 중심으로」, 『한국한문학연구』 36, 한국한문학회, 2005, 273-302면.
6) 이현종, 「明使接待考」, 『향토서울』 12, 서울시사편찬위원회, 1961.
7) 신태영, 『明나라 使臣은 朝鮮을 어떻게 보는가』, 다운샘, 2005; 김한규, 『사조선록 연구 : 宋, 明, 淸 시대 조선 使行錄의 사료적 가치』, 서강대학교 출판부, 2011.

속적으로 창작되고 축적되었다는 것을 의미한다. 평양은 경유지 중에서도 한양에 비견될 만큼 오랫동안 사신들이 머물면서 승경이나 유적을 둘러보는 지역이었다.8) 특히 사행 임무를 마치고 돌아가는 길에 평양에 들러 며칠간 머무르는 경우가 많았기 때문에 이들은 다소 시간적인 여유가 있는 상태에서 유람을 하고 시를 지었다.

    1488년(성종 19)에 황제께서 천자(天子)의 지위를 이으셔서 이를 여러 나라에 널리 알리기 위해 황문(黃門) 왕창(王敞)과 함께 조선에 사신으로 가라는 명을 받았다. 2월 그믐날에 평양으로 가는데 이때 달이 그믐달이어서 아직 차오르지 않았고 봄바람도 그렇게 온화하지 않았다. 그래서 이 누각이 있다는 말은 들었으나 경치를 제 때에 만나지 못한 것을 탄식하고 한 번도 오르지 않았다. 3월 16일 사신의 임무를 마치고 서쪽으로 돌아가던 중 열흘 만에 평양에 이르렀다. 그때 관반(館伴)9)인 이조판서 허종(許琮)이 다시 국왕의 교지를 받들어 나를 국경까지 배웅했는데 미리 약속한 서경 관찰사 성현(成俔)이 배를 대놓고 대동강가에서 나를 기다리고 있었다. 그리고 또 남쪽으로 배를 타고 가 옛 성으로 들어가서 기자(箕子)의 유적을 찾자고 청하였다. 드디어 닻을 풀어 이암(貍巖)에사 대동강을 건너 거문루(車門樓)에 올라가려고 했다. 기자가 구획했다는 정전의 도랑[溝塗]인 곧은 길을 따라 남문에서 몇 리를 가서 이 누각에 이르니 국왕이 벌써 미리 병조판서 어세겸(魚世謙)을

---

8) 신태영, 위의 책.
9) 본고에서는 임무를 마치고 돌아가는 과정에서 이루어진 평양 방문을 포함하려고 했기 때문에 遠接使와 伴送使를 아우르는 의미에서 '館伴'이라는 표현을 썼다. 원접사와 반송사는 같은 사람이 맡는 것이 원칙이었다.

보내 이곳에서 잔치를 열 준비를 해놓았다.[10]

　인용한 동월(董越)의 이 글을 비롯하여 이들이 남긴 단편적인 기록들에 따르면 명 사신들은 의주에서 한양으로 향하는 과정에서 평양을 방문하기도 했지만 대개 본격적인 유람은 사절의 임무를 마치고 귀환하는 길에 이루어졌다.[11] 경유지의 도처에서 중국 사신들을 접대하는 자리가 마련되었는데 평양의 경우 초창기에는 주로 대동강에서 뱃놀이를 하고 부벽루에서 잔치를 여는 식이었다. 그런데 동월과 왕창(王敞)이 조선에 온 1488년 무렵에는 기자의 유적을 방문했다는 기록이 나오고, 1521년에는 당고(唐皐)와 사도(史道)가 평양의 명소를 둘러보고 20경(景)에 대한 시를 지은 것으로 보아 점차 기자 유적을 비롯하여 평양의 여러 곳을 둘러보는 유람이 관례화되어 갔던 것 같다. 평양 유람은 관반과 관찰사의 안내로 이루어졌으며 다소간의 편차가 있었겠지만 20경의 「평양승적(平壤勝迹)」을 남긴 당고처럼 열흘간 유람하는[12] 경우도 있었다.
　『평양지』와 『평양속지』에는 명 사신이 지은 시문이 상당히 많이 실려 있다. 1385년에 왔던 장부(張溥)와 주탁(周倬)에서 1633년에 왔던 정룡(程龍)과 강왈광(姜曰廣)에 이르기까지 대략 40명의 사신들이

---

10) 『平壤志』 권9, 「風月樓記」.
11) 唐皐도 「練光亭記」(『평양지』 권9)에서 한양으로 가는 길에 평양을 유람하고 싶었으나 사신의 임무로 바쁠 때라 그럴 겨를이 없었고 한양에서 임무를 마치고 다시 평양에 왔을 때 관반들의 제안으로 평양을 유람했다고 서술하였다. 張珹의 시에도 귀로 중에 방문했다는 점이 언급되었다.
12) 『平壤志』 권7, 「平壤登眺」. "爲我十遊期, 預戒勿誼攘."

평양에 와서 시문을 지었으며, 이들은 성대하게 잔치를 연 풍월루와 부벽루 같은 누각에 앉아 주위의 풍경을 관람하면서 자주 평양을 중국의 강남에 견주었다. 수사적 차원에서 강남에 비유된 지역은 평양 말고도 여러 곳이 있었지만 평양의 승경에 대한 끊임없는 찬탄은 여러 일화에 수록되어 평양을 수식하는 관용구로 사용되었다.

해악(海嶽) 허국(許國)이 부벽루의 승경이 소주(蘇州) 및 항주(杭州)와 엇비슷하다고 찬탄하였다. 소주와 항주는 변화하고 아름답기가 천하에 비할 바 없는 곳이지만, 모두 사람의 힘으로 만들어진 것이다. 그러나 부벽루(浮碧樓)와 청류벽(淸流壁), 섬과 봉우리는 모두 하늘이 만들어 낸 것이다. 그러니 부벽루가 소주와 항주보다 낫다고 하고 갔다.13)

이들에게 평양은 화려한 누각과 성대한 잔치, 대동강 뱃놀이와 유람으로 기억되는 곳이었다. 진가유(陳嘉猷)의 "좋은 산수를 두루 구경했으니, 떠난 뒤에 어찌 꿈에라도 오지 않겠는가(佳山勝水遊將遍, 別後能無夢往還)"14)와 고윤(高閏)의 "인가는 무릉도원 가는 길과 같아, 흘러오는 물에 낙화가 떠있네.(人家彷彿桃源路, 近流水浮來落花)"15)는 이들에게 평양이 어떻게 다가왔는지를 단적으로 보여주었다. 이때

---

13) 『平壤志』 권5, 「文談」. 비슷한 일화가 『평양속지』 권3 「雜志」에도 실려 있다. "명 사신 주지번(朱之蕃)이 연광정에서부터 배를 타고 거슬러 올라가 부벽루에 올라가서 '이곳은 小金陵이다'라고 감탄하였고, 또 다시 '작은 나라에 있어서 '小'라고 했지만 실제로는 금릉보다 낫다'라고 하였다."
14) 『平壤志』 권6, 「浮碧樓」(陳嘉猷).
15) 『平壤志』 권6, 「浮碧樓」(高閏).

이곳의 주인공은 이들이었다. "잔치에서는 중국 사신에게 술을 권하고, 편액에는 한림학사의 시를 남겨 두었네.(錦筵酒勸中朝使, 華扁詩留內翰名)"16)처럼 이들은 천자국의 사절이자 선진문명을 대표하며 제대로 한시를 지을 줄 아는 수준 높은 문인으로 대접받았다.

2)「평양승적(平壤勝迹)」의 창작과 기자(箕子)의 땅

평양 유람이 사신들의 관례적인 일정으로 굳어지면서 이들의 유람 코스도 어느 정도는 일정하게 정해졌다. 1449년의 예겸(倪謙)처럼 15세기 명 사신들이 평양에서 주목했던 것은 사절을 맞는 성대한 환영 행렬이나 대동강 뱃놀이, 부벽루 연회였다. 그러나 1521년에 조선에 왔던 당고가 평양의 20경을 쓴「평양승적」이래로 이후에 온 명 사신들은 당고의「평양승적」을 이어 평양을 유람하고「평양승적」을 짓는 전통을 만들어냈다.

『평양지』에 수록된 시 가운데에서「평양승적」을 지은 명 사신은 1521년의 당고와 사도, 1537년의 공용경(龔用卿)과 오희맹(吳希孟), 1539년의 화찰(華察)과 설정총(薛廷寵), 1545년의 장승헌(張承憲)이었고, 『평양속지』는 시인별로 시를 수록한 것이 아니라 제재별로 수록했기 때문에 『평양지』처럼「평양승적」을 지은 사람을 쉽게 분별하

---

16) 『平壤志』 권6, 「大同江」(陳嘉猷). 『평양지』 권5의 「文談」에서는 중국 사신이 오면 관찰사가 으레 우리나라 사람들의 작품을 떼어 냈는데 예겸이 이색의「부벽루」를 보고, 공용경이 변계량의「箕子廟碑銘」을 보고 찬미했듯이 정도전의「江之水辭」, 정지상의「送人」도 예겸과 공용경이 보았더라면 분명히 찬탄했을 것이라는 『패관잡기』의 기록을 인용하고 있다.

기는 어렵지만 명 사신들이 시를 지은 곳을 뽑아보면 최대 21경에 달한다.17) 처음에 당고가 「평양승적」에 열거한 장소는 금수산(錦繡山), 모란봉(牡丹峯), 대동강(大同江), 덕암(德巖), 주암(酒巖), 능라도(綾羅島), 백은탄(白銀灘), 기린굴(麒麟窟), 조천석(朝天石), 정전 유제(井田遺制), 을밀대(乙密臺), 연광정(練光亭), 쾌재정(快哉亭), 풍월정(風月樓), 부벽루(浮碧樓), 기자묘(箕子墓), 문묘(文廟), 단군사(檀君祠), 기자사(箕子祠), 동명왕사(東明王祠)였으며, 함께 왔던 사도(史道)의 「평양승적」은 순서가 다르고 기자묘가 빠져 19경이 수록되어 있기는 해도 그 이외는 동일했다. 이후 명 사신들도 「평양승적」이라는 시제로 시를 지었는데 당고가 선정한 20경을 그대로 따르지는 않았다. 공용경은 여기에서 읍호루(挹灝樓)를 추가하여 총 21수를 지었고 오희맹은 읍호루를 추가하되 '대동강'을 '승벽정(乘碧亭)'으로 바꾸어 총 21수를 지었다. 화찰과 설정총은 모두 문묘를 빼서 총 20수로 만들면서 "문묘는 승경이 아니라 성인의 도를 숭상하는 것이며 또 감히 산천 및 사당과 함께 읊어서는 안 되는 것"이라는 이유를 들었다. 같은 맥락에서 장승헌은 문묘와 단군사, 기자사, 기자묘, 동명왕사를 제외하여 총16수의 「평양승적」을 지었다. 『평양속지』는 체재가 『평양지』와 다르기 때문에 『평양지』의 「평양승적」과 함께 말하기는 어렵지만 『평양속지』에 수록된 시의 장소도 부벽루, 연광정, 쾌재정, 읍호루, 풍월루, 을밀대, 대동관, 기자묘(箕子墓), 민충단(愍忠壇), 정전, 기자정

---

17) 『平壤續志』에는 1590년 이전의 인물이라고 해도 누락된 시를 수록한 경우가 있다. 1457년에 온 陳鑑의 「箕子廟」, 1488년에 온 董越의 「箕子廟」, 1546년에 온 王鶴의 「浮碧樓」, 「大同江」 시와 1537년에 온 龔用卿의 「栽松院」은 『평양지』에 누락되었다고 판단해서 『평양속지』에 실은 것이다.

(箕子井), 모란봉, 대동강, 능라도, 기린굴, 조천석, 덕암, 주암, 백은 탄으로 『평양지』의 「평양승적」과 거의 비슷하다.

「평양승적」을 처음 지은 사람은 당고와 사도였지만, 이후 사신들이 「평양승적」을 언급할 때는 한결같이 '평양승적 구 21영(舊二十一詠)'을 언급하고 '운강(雲岡, 龔用卿)의 시에 차운'했다. 그 이유는 이들이 조선을 방문하기 전에 참고했던 지침서가 공용경이 쓴 『사조선록(使朝鮮錄)』이기 때문일 것이다. 이들에게 조선은 생소한 나라였기 때문에 전임자가 남긴 기록에 의존하여 외교적 관례나 낯선 곳에 대한 정보를 접했는데 이 부분은 때로는 조선에 부담으로 작용하기도 했다.18) 어쨌든 조선에 오는 명 사신들은 전임자들이 남긴 기록을 통해 대체적인 정보를 숙지하고 있었던 셈이다.

「평양승적」은 개인적으로는 "기이한 장관을 유람"19)하면서 이를 시로 짓는 것이었지만 한편으로는 뒤에 올 사람들에게 사행에서의 정보를 제공하는 것이기도 했다. 1537년의 공용경, 오희맹과 1539년의 화찰, 설정총, 1545년의 장승헌의 「평양승적」은 다소간의 차이는 있지만 모두 이들의 관심사가 누각을 중심으로 한 승경에 맞추어져 있다는 점을 알려주고 있다. 그리고 이들이 점차 문묘를 비롯하여 여러 사당을 '평양승적'에서 제외시켜 나간 것은 '평양승적'을 유람코스로 좁혀나갔다는 것을 의미한다.

당고의 「평양등조(平壤登眺)」에는 평양 유람과 관련된 내용들이 들

---

18) 『중종실록』 1539년 4월 5일 기사. "『사조선록』은 天使가 항상 손수 열람하는 것이니 모든 접대를 공용경, 오희맹의 때와 다르게 해서는 안 됩니다."
19) 『平壤志』 권7, 「平壤登眺」(唐皐).

어 있다. 이 시에 따르면 사행 임무를 마치고 평양에 들렀을 때 그들을 위해 관반이 열흘간의 유람을 준비했고 유람은 관찰사의 안내로 이루어졌다. 유람 경로는 대동강을 건너 연광정에 가서 덕암을 본 뒤 부벽루, 조천석, 을밀대에 올라서 금수산과 능라도를 바라보는 것이었다고 간략하게 언급했지만 「평양승적」에는 그 외에 정전이나 사당 등이 포함되어 있다. 「평양승적」은 다른 시기, 다른 사람들이 썼음에도 불구하고 그 내용은 서로 크게 다르지 않다.

[德巖]
可是岩納水　덕암에 물이 들어와도 괜찮은 건
要使水回石　물이 바위를 휘돌아나가게 해서이네.
城郭無憂虞　성곽에 강물 범람의 걱정이 없어져
居民盡歸德　주민들이 모두 그 덕을 기리네.[20]

[白銀灘]
市貿盡禁銀　시장에서 은 매매 금하는데
誰令滿前灘　누가 앞 여울에 채운 것일까.
貪夫休作態　욕심 많은 사람들아, 잡으려 말고
只好水中看　그냥 물속에 두고 보게나.[21]

[朝天石]
朝天往何處　하늘에 조회하러 어디로 갔을까.

---

20) 『平壤志』권7, 「平壤勝蹟」(唐皐) 중 '德巖' 권7.
21) 『平壤志』권7, 「平壤勝蹟」(史道) 중 '白銀灘' 권7.

|突兀聳鰲背 | 우뚝하게 자라 등 위에 솟았네.
|山雨欲來時 | 산에 비가 내리려고 하는데
|分明響霞佩 | 또렷하게 울리는 신선의 패옥 소리.22)

　당고와 사도, 공용경의 「평양승적」이 대동소이한 이유는 각각의 명소에 대한 배경지식이 거의 없었기 때문이다. 이들은 바쁜 일정 속에서 짬을 내어 평양을 유람했는데 이때에는 동행하는 역관이 장소에 얽힌 간단한 사항들을 언급하는 정도였다. 이들의 「평양승적」 시는 역관이 설명하는 최소한의 설명에 의존해서 지어졌기 때문에 결과적으로 거의 비슷한 내용을 양산해내었던 것이다.

　역관이 "이곳이 능라도입니다."라고 하였다. 멀리 강 위 기슭을 바라보니 작은 비탈이 솟아 있었는데 앉을 만한 공간이 있었다. 역관이 "이곳이 주암입니다. 옛날에는 술이 나와서 아래로 흘렀답니다."라고 하였다. 나는 말이 안 된다고 일소에 부치면서도 이태백의 주천(酒泉) 이야기23)가 떠올랐으므로 그럴 수도 있다고 생각하였다. 또 백은탄이 있는데 맑은 물이 세차게 흐르고 물결에 빛이 반짝거렸다. 그 뒤에 금수산 모란봉이 있었는데 모두 초성(肖城)의 동쪽 담으로 둘러쌌다. 우뚝하게 서서 홍수를 막는 것은 실로 덕암이다. 이때 다시 강 너머로 활을 쏘아 줄을 잡아당겨서 화살을 수습하여 통에 넣고 올라갔다. 판서 성(成) 공은 복귀 명령을 받고

---

22) 『平壤志』 권7, 「平壤勝蹟」(龔用卿) 중 '朝天石' 권7.
23) 李白의 「獨酌」에 "하늘이 술을 좋아하지 않았다면 하늘엔 주성이 없었으리라. 땅이 술을 좋아하지 않았다면 땅엔 주천이 없었으리라.(天若不愛酒, 酒星不在天. 地若不愛酒, 地應無酒泉)" 구절이 있다.

먼저 떠나갔고 우리들은 활쏘기를 오랫동안 보았다. 을밀대는 성 안에 있는데 을밀선인(乙密仙人)의 유적이라고 한다.[24]

　명 사신이 이동하는 경로는 사전에 계획된 것이었는데, 유람 경로는 명 사신들이 관심을 보이는 것에 맞춰져 있었을 것이다. 평양은 중국 사신들이 거쳐 가는 곳이었지만 이 지방에 가시적인 영향력을 미쳤던 것은 아니어서 실제로 사신의 평양 방문은 유람 이상의 의미로 나아가지 못했다. 이들은 관반사와 관찰사의 안내로 유람을 다녔고 성격상 이들이 민간에 접촉할 수 있는 기회는 거의 없었기 때문에 이들이 끼친 문화적 세례라고 하는 것은 평양에서 지은 시문 정도였다. 따라서 평양은 서울에서 사행 임무를 완료한 뒤 돌아가는 길에 잠시 머물며 유람하는 유상지(遊賞地)로서의 명성만 남게 되었다.

　한편 명 사신이라는 권위와 명성 때문에 이들의 시가 평양 제영시에서 갖는 위상은 커져만 갔다. 그에 따라 외부인의 입장에서 본 시각적인 새로움 이외에 평양 민간의 모습이나 향토적인 색채는 거의 드러나지 않게 되었다. 대신 명 사신들은 유람이라는 측면에서 사신의 행렬과 술자리, 대동강 뱃놀이, 산수와 유람을 전면에 두었고 이러한 면모들은 점차 평양을 상징하는 주된 이미지로 자리 잡았다.

　누정과 잔치, 뱃놀이와 유람이 사신 접대 차원에서 제공된 것이라면 평양에서 기자 찾기는 명 사신들이 적극적으로 탐색했던 유일한 주제였다. 단군과 기자는 모두 평양과 연관된 인물이었지만 명 사신의 등장으로 기자의 유풍이 한층 더 강조되기 시작했다. 이러한 풍조

---

24) 『平壤續志』 권4, 「遊平壤記」(薛廷寵).

는 명 사신들이 평양을 지날 때 기자의 사당을 찾는 등 중국과의 외교관계가 중시됨에 따라 더욱 강화되었다.25)

　　해악(海嶽) 허국(許國)이 돌아가는 길에 평양에 도착하여 "기자(箕子)가 주 무왕(周武王)에게 언제 봉해져서 여기로 왔는가?"라고 물었다. 원접사가 갑작스러운 질문에 당황하여 제대로 대답을 하지 못했다. 종사관 응교(應敎) 기대승(奇大升)이 옛일을 찾으려고 직접 『사기(史記)』와 『한서(漢書)』 및 『후한서』, 『여지승람(輿地勝覽)』, 『동국통감(東國通鑑)』 등의 책을 참고했지만 해가 저물도록 기자가 봉해진 정확한 연도를 알 수 없었다. 나중에 『필원잡기(筆苑雜記)』에 "기자가 조선에 봉해진 것은 주 무왕 기묘년(己卯年)이다"라고 한 기록을 보게 되었지만 여기에서 말한 기묘년이 주 무왕의 몇 년을 가리키는지 알 수 없었다. 그런데 이제 『통감(通鑑)』 '외기(外紀)'의 「주기(周紀)」에 "서백(西伯)이 붕어하고 그 아들이 즉위하였으니 그가 무왕이다. 원년(元年) 기묘년에 기자를 조선에 봉하였으나 신하로 삼은 것이 아니었다."라는 기록을 보고 그제야 사가(四佳) 서거정(徐居正)이 이 책에 근거하여 『필원잡기』를 썼다는 사실을 알게 되었다. 다만 해악 허국은 당시의 대유(大儒)라서 분명히 『통감』의 '외기'를 보았을 것이다. 필시 그가 그 날짜를 잊어버린 데다 기자의 옛 행적이 우리나라의 책에 실려 있으리라고 생각했기 때문에 물어본 것이리라. 그러니 비록 사소하지만 우리나라에서는 반드시 알아야 하는 일이기에 여기에 기록하여 후대 사람들이 볼 수 있게 갖추어놓고자 한다.26)

---

25) 오수창, 「조선후기 평양과 그 인식의 변화」, 『조선의 정치와 사회-최승희 교수 정년기념 논문집』, 집문당, 2002.

1567년에 온 허국을 영접한 원접사는 박충원(朴忠元)이었는데, 이 글에서처럼 기자와 관련된 질문에 당황했던 사람은 박충원만은 아니었다. 1590년에 윤두수(尹斗壽)가 『평양지』를 편찬하면서 내세운 편찬 동기도 예전에 사행갔을 때 기자에 대해 중국 사람들이 물었을 때 제대로 대답하지 못했다는 점이었다.

1476년에 조선에 온 장근(張瑾)은 시 「평양회고(平壤懷古)」를 통해 평양의 역사를 정리했는데 이는 명 사신이 쓴 평양의 역사를 가장 대표적으로 보여주는 작품이며 이 시에서 중국 사서에 서술된 평양 관련 기록의 대강을 살펴볼 수 있다.

朝鮮有國臨東海	조선이라는 나라가 동해에 있는데
箕子封來幾千載	기자를 봉한 지 몇천 년이 흘렀네.
就中平壤是雄都	평양으로 가서 도읍을 세웠으니
昔時形勝今猶在	옛날의 형승 지금도 남아있네.
岡巒迂鬱田野平	산세는 구불구불 들판은 평평하고
樓臺雄堞空中橫	누대와 성곽은 공중에 비껴있네.
秦初遠作遼東徼	진나라 초 멀리 요동외요 두었고
漢末新傳王儉城	한나라 말 새로 왕검성이라 했네.
何年倂入夫餘裔	어느 해 부여 후예에게 합병됐다가
復自丸都遷此地	다시 환도성에서 여기로 천도했네.
沃沮濊貊紛來歸	옥저와 예맥이 다투어 귀순해오니
渺渺東西六千里	아득히 동서로 6천 리나 되었네.
隋兵三擧空擾攘	수나라의 세 번 침략은 공연한 소란,

---

26) 『平壤志』 권5, 「文談」.

可堪秘記符唐皇	성공시켰던 건 당나라였구나.
金山得捷薛仁貴	금산27)에서는 설인귀가 이겼고
浿水成功蘇定方	패수에서는 소정방이 공을 세웠지.
振衰繼絶不旋踵	계속된 흥망성쇠도 잠시
五代之餘遭有宋	오대가 지난 뒤에 송나라를 만났네.
玄菟樂浪息紛爭	현도와 낙양에 분쟁이 종식되어
使介聯翩奉朝貢	사신이 끊임없이 조공을 바쳤네.
嵩岳遷都久已成	숭악은 천도한지 이미 오래라
長安舊治名西京	옛 수도인 평양을 서경이라 했네.28)

이 시는 평양의 역사를 바라보는 중국 사람들의 전형적인 시선을 그대로 보여주고 있다. '요동외요(遼東外徼)'와 '왕검성(王儉城)'을 언급한 것은 『한서』의 「조선전(朝鮮傳)」 기록을 바탕으로 한 것이다. 「조선전」에는 "진나라가 연나라를 멸하자 요동 경계 밖의 요새를 복속시켰고"29) "한나라가 건국되자 그곳이 멀어서 지키기 어렵다고 해서 다시 요동의 옛 요새를 수축하여 패수에 이르는 곳까지를 경계로 삼아 연에 복속시켰으며"30) 연나라 사람인 위만(衛滿)이 "진번조선 오랑캐와 옛날 연나라 제나라에서 망명한 자를 모아서 왕이 되고 왕검(王儉)에 도읍을 정했다"31)고 서술되어 있는데 이 시는 이 기록을 바

---

27) 원문의 '全山'은 '金山'의 오기로 보인다. 설인귀 군대가 금산전투에서 승리를 거둠으로써 고구려군의 정예부대가 소멸되었고 승리의 초석을 닦았다.
28) 『平壤志』 권6, 「平壤懷古」(張瑾). 시의 전반부만 인용했다.
29) 『漢書』 권95, 「西南夷兩粤朝鮮傳」. "秦滅燕, 屬遼東外徼."
30) 『漢書』 권95, 「西南夷兩粤朝鮮傳」. "漢興, 爲遠難守, 修復遼東故塞, 至浿水爲界, 屬燕."

탕으로 평양의 역사를 서술한 것이다.

245년(동천왕 19)에 위(魏)의 관구검(毌丘儉)에게 도읍지였던 환도성이 함락되자 고구려는 평양으로 천도하였고, 설인귀는 고구려 평양성 점령에 공을 세워 당나라가 평양에 안동도호부를 두어 군정을 실시할 때 검교안동도호(檢校安東都護)로 군정 총독이 되었다. 소정방은 나당(羅唐) 연합군을 거느리고 고구려 평양성을 포위, 공격한 인물이다. 여기에 인용된 여러 항목들은 『평양지』「고사(古事)」에는 등장하지 않는다. 「고사」는 문헌기록이 존재하는 247년부터 기술되어 있고 전쟁 관련 내용에서도 딱히 중국의 장수들을 특기할 필요가 없었기 때문이다.

이 시에 나타난 평양의 역사는 바꿔 말하면 조선에서 중국의 흔적을 발견하려는 노력으로 정리할 수 있다. 기자를 제외하면 당나라 장수 소정방에 이르기까지 중국과의 관계는 전쟁으로 점철된 역사였고 조선의 입장에서는 이러한 역사인식에 수긍하기는 어려웠다. 그러나 명 사신들이 보인 기자에 대한 관심은 문명의 상징으로 인식되었으므로 조선에서도 기자를 주축으로 중국 역사와 결부시키려는 노력이 끊임없이 이어졌다. 19세기 문인 서찬규(徐贊奎)는 「제평양도후(題平壤圖後)」에서 "우리나라에는 옛날에 임금이 없었다가 환인(桓因)이 환웅(桓雄)을 낳고 환웅이 단군(檀君)을 낳았다. 단군이 요(堯) 25년에 평양에 나라를 세웠다. 지금도 강 동쪽에 단군묘가 있다. 단군이 부루

---

31) 『漢書』 권95, 「西南夷兩粤朝鮮傳」. "燕王盧綰反, 入匈奴, 滿亡命, 聚黨千餘人, 椎結蠻夷服而東走出塞, 度浿水, 居秦故空地上下障, 稍役屬眞番朝鮮蠻夷及故燕齊亡在者王之, 都王儉."

(扶婁)를 낳았는데 우(禹) 임금이 도산(塗山)에서 제후를 모이게 했을 때 부루가 가서 조회하였다."32)고 서술했다. 기자가 조선에 와서 팔조목을 통해 홍범구주의 가르침을 베풀었다고 긍정되었듯이 중국사와 결부되는 양상은 상고시대에 국한되었고 전적으로 문명의 세례라는 점에서 선택적으로 수용되었던 것이다.

3. 기억과 공백의 평양 인식

1) 고도(古都)에서 기자(箕子)의 고장으로

고려시대나 조선 초기에 지어진 시들을 보면 평양은 풍류의 도시라기보다는 역사에 대한 회고와 감개가 이루어지는 역사적 공간에 가깝다. 이색(李穡)은 「부벽루(浮碧樓)」에서 남아있는 유적들을 방문하면서 왕조의 흥망성쇠에 따른 감개를 토로했다.

  昨過永明寺   어제 영명사를 지나다
  暫登浮碧樓   잠시 부벽루에 올랐네.
  城空月一片   빈 성엔 달 한 조각,
  石老雲千秋   오래된 바위엔 천고의 구름.
  麟馬去不返   기린마는 가서 돌아오지 않는데

---

32) 徐贊奎, 『臨齋集』 권6, 「題平壤圖後」. "東方古無君長, 有桓因生雄, 雄生檀君, 檀君以堯二十五年立國於平壤, 今江東有檀君墓. 檀君生扶婁, 禹會諸侯於塗山也, 扶婁往朝焉."

天孫何處遊	천손이 어디에서 노니는가.
長嘯倚風磴	길게 휘파람 불면서 돌계단에 기대니
山青江自流	산은 푸르고 강은 절로 흐르네.33)

평양은 단군과 관련하여 언급되기도 했지만 평양의 유적에 대한 주된 관심은 구제궁, 영명사 등 동명왕의 유적으로 모아졌다. 이 시에서 작자의 시선은 동명왕의 궁궐인 구제궁과 그 안의 영명사, 부벽루, 부벽루 아래의 기린굴로 이동한다. 이러한 회고시의 기본구도는 "빈 성"과 "오래된 바위"에 나타난 시간의 흐름이 성대했을 왕조의 도읍지를 쓸쓸하게 버려진 폐허로 만들어 놓는다는 것이다. 영원한 자연과 대비되는 덧없는 인간사는 옛 왕조를 상징하는 과거의 유적을 발견하는 순간 강렬하게 대비된다. 이곳을 방문하는 사람들에게 평양은 고조선이나 고구려의 도읍지로 언급되는 과거의 공간이며 그 흔적을 대면하면서 이들은 사라진 과거의 영화를 떠올리고 탄식하는 것이다.

帝宮秋草冷凄凄	임금의 궁궐에는 가을풀 쓸쓸하고
廻磴雲遮徑轉迷	구름 낀 돌계단은 길 더욱 아득하네.
妓館故基荒薺合	청루 옛터엔 냉이풀이 우거졌고
女墻殘月夜烏啼	성 담의 희미한 달에 까마귀 우짖네.
風流勝事成塵土	풍류 넘친 사연들 모두 먼지 되었고
寂寞空城蔓蒺藜	적막한 빈 성에는 쐐기풀이 우거졌네.
唯有江波依舊咽	오직 강물만 예전처럼 울면서

---

33) 『新增東國輿地勝覽』 권51 「平壤府」와 『牧隱集』「牧隱詩藁」 권2에 실려 있다.

滔滔流向海門西　　　　바다를 향해 도도하게 흘러가네.34)

　동명왕의 유적을 읊은 시 역시 상당량이 남아있다. 동명왕의 유적에 초점을 맞춘 시들은 적막한 과거의 유물을 보고 감개 어린 심정으로 회고하는데 그중에서도 김시습의 「부벽정(浮碧亭)」은 한층 우울한 어조를 보였다. 부벽루에서 바라보는 풍경은 모두 생기를 잃은 지난 과거의 모습들로, 풀이 우거진 임금의 궁궐과 인적이 없어진 돌계단, 옛터의 청루와 성처럼 평양은 과거의 공간으로 추억되고 사라져간다.

　이전의 문사들이 평양에서 옛 왕조의 도읍지라는 사실을 가장 먼저 떠올렸다면 명 사신이 왕래하면서 평양에 다른 모습이 덧입혀지기 시작했다. 평양은 사신 접대의 거점이 되면서 유람과 풍류가 전면에 부상하였다. 사신 접대를 위한 평양 유람은 전적으로 정해진 코스를 안내를 받아 짧은 시간에 이루어졌으므로 이들이 유람한 지역은 일정한 범위 안에 있었다. 「평양승적」에 열거된 장소들은 이들이 유람한 지역의 최대치라고 볼 수 있는데 이 지역들은 『평양지』에 수록된 김극기(金克己)의 시에 나온 패강 나루터, 구제궁, 부벽루, 영명사, 관풍전, 다경루, 기린굴, 조천석, 주암사, 흥복사, 연창교, 통한교, 박금천, 임원역, 영귀루과도 다소 차이가 있다. 이들이 거쳐 간 곳은 여러 누정과 단군, 기자, 동명왕의 사당, 문묘 정도였고 후대로 가면 단군사나 동명왕사에 대한 관심은 현저하게 줄어들었다. 국내 문인들이 구제궁이나 영숭전을 찾아가서 시를 남겼던 것에 비해 이들의 시에서

---

34) 『平壤志』 권6, 「浮碧亭」(金時習) 중 제2수. 이 시는 『金鰲新話』 「醉遊浮碧亭記」에 실려 있다.

구제궁과 영숭전에 대한 언급은 거의 보이지 않았다.

평양에서 고조선과 고구려의 역사를 뒤덮은 것은 기자였다. 기자에 대한 명 사신들의 적극적인 관심에 조선 관원들은 민감하게 반응했고 이에 따라 적지 않은 기자 관련 자료들이 간행되었으나 결국 조선 또는 평양에서 기자라는 존재는 일종의 상징으로만 존재했던 것 같다. 『평양지』에서는 중국 사료에 나타난 평양 관련 기사를 「분야(分野)」나 「연혁(沿革)」 항목에서 부분적으로 인용했을 뿐 역사를 다룬 「고사(古事)」 항목에서는 전적으로 『동국통감(東國通鑑)』과 『삼국사기(三國史記)』, 『고려사(高麗史)』, 『고려사절요(高麗史節要)』의 기록에 입각하여 고구려부터 기술하였다. 아무래도 역사인식이라는 문제에 있어서는 중국의 관점을 전적으로 납득하거나 받아들이기는 어려웠기 때문에 역사성이 희석된 하(夏)-은(殷)-주(周)라는 신화적 공간에 있던 '기자'만 선택적으로 수용했던 것이다.

명 사신들이 조선 전체를 기자의 나라로 보았지만 조선에서는 기자가 고조선에 들어왔다는 기록에 따라 평양에서 기자의 흔적을 찾으려는 노력이 경주되었다. 이러한 노력을 보여주는 단적인 예가 『평양속지』 권2 「고적(古蹟)」에 실려 있는 거울과 관련된 일화이다. 여기에는 1620년 참봉 조흡(趙洽)이 기자정(箕子井) 동쪽에서 땅을 파다가 오래된 거울을 얻은 일의 전말이 실려 있다. 뒤에 20개의 글자가 있었는데 '동왕정(東王公)' 구절이 있어 당시 사람들이 '동왕'을 기자라고 생각했는데 월사 이정구가 이 글자가 예서이기 때문에 기자 시대에 제작된 것이 아니며 '동왕'은 동명왕을 가리킨다고 해석했다는 것이다. 이정구의 설명에도 불구하고 이 거울은 기자의 거울로 인식되었다. 『평양속지』 권3의 「문담(文談)」에서는 참봉 양덕록(楊德祿)이 기자와 연결지어 쓴 명(銘)을 제시하면서 "사람들이 지금까지 전송하고 있다"고 덧붙였다. 평양 외성에 있다고 하는 정전을 문헌에 맞게 변경했다는 증언도 있다. 이익(李瀷)은 「기자전(箕子田)」에서 "근래에 전해 듣건대 감사가 그것이 주나라 제도와 맞지 않는다는 것을 마땅치 않게 생각해서 크게 민력을 발동하여 한 정(井)에 아홉 농가와 한 경(頃)에 백 무(畝)의 제도로 변경했다"고 전하면서 "하루아침의 잘못된 생각으로 기자의 남긴 자취를 마침내 사라지게 했다"고 개탄하였다.35)

대체로 지나간 왕조에 대한 기억이 역사 회고와 감개로 흐르는 것과는 달리 기자에 대한 관심은 기자 관련 유적을 고증하는 방향으로 흘러 『기자지(箕子志)』, 『기자실기(箕子實記)』 등 기자 관련 서적들이 적지 않게 간행되었다. 평양은 기자와 결부되어 '팔조목(八條目)'과 교화가 펼쳐진 곳으로 언급되었고 이른 시기부터 중화(中華)의 세례를 받은 곳이라는 상징성을 얻어갔다. 그러나 기자에 대한 관심이 고조되었다고 해서 평양이 문명의 첨병으로 인식되지는 않았다. 평양 외성의 정전을 분석하고 고증하는 노력이 뒤따랐지만 기자는 어디까지나 신화적인 인물로 상징성을 가질 뿐 현재성을 가지지도 못했고 시간적 낙차가 큰 만큼 그 실체를 확인할 방법이 있는 것도 아니었다. 박미(朴瀰)의 「서경감술(西京感述)」 제5수는36) 외성이 기자가 도

---

35) 李瀷, 『星湖僿說』 권12, 「箕子田」. "比者傳聞, 監司嫌其與周井不合, 大發民力, 悉變爲一井九夫一頃百畝之制, 其果然否? 三代因革, 此實爲左契, 一朝妄想, 使箕子之遺迹遂泯焉. 後世何從而尋其典則耶? 可嘅也已."
36) 朴瀰, 『汾西集』 권8, 「西京感述」.

읍한 곳이라고 하는데 기자의 유민이어서 장원급제자가 많이 나온다는 내용이지만 실제로 평양이 문풍(文風)이 강한 곳으로 여겨졌던 적은 없었다.

평양이 정말 고조선의 수도인가에 대한 회의도 제기되었다. 박지원(朴趾源)이 『열하일기(熱河日記)』에서 "우리나라 선비들은 단지 지금 평양만 알고 있어서 기자가 평양에 도읍했다는 말을 믿고, 평양에 정전(井田)이 있다는 말을 믿으며, 평양에 기자묘(箕子墓)가 있다는 말을 믿어서 만일 봉황성이 곧 평양이라고 하면 크게 놀랄 것이다. 더구나 요동에도 또 하나의 평양이 있었다고 하면 해괴한 말이라 여기고 나무랄 것이다."[37]라고 서술한 것처럼 여러 문헌을 고증할수록 평양과 고조선, 기자의 연결고리는 약해졌다.

기자는 평양의 역사가 되지 못하고 중국과의 관련 속에서 문명의 상징으로만 존재했으며 어떤 형태로든 평양 사람들에게 실질적인 혜택을 주지 못했다. 그럼에도 1905년에 간행된 『평양지』[38] 서문의 서두는 "평양은 예부터 '소중화(小中華)'라고 일컬어졌다. 산천은 수려하고 인물은 뛰어나 한 고장의 최고이고 또 민속은 충후(忠厚)하고 음식을 먹을 때는 변두(籩豆)를 써서 어진 성현이 남긴 덕화가 여전히 남아있다."[39]로 시작한다. 평양을 '소중화'로 이해하는 이유는 "어진 성현이 남긴 덕화(仁賢之遺化)" 때문이며 "어진 성현"은 기자를 지칭하는 것이었다. 기자는 평양에 어떤 현실적인 혜택도 주지 못했

---

37) 朴趾源, 『熱河日記』, 「渡江錄」.
38) 국립중앙도서관 소장본 〈古2772-4〉.
39) 李承載, 『平壤誌』, 「平壤續誌序」, 1905. "平壤古稱小中華也. 山川之秀麗, 人物之魁偉, 爲一州最. 且民俗尙忠厚, 飮食以籩豆, 猶有仁賢之遺化."

고 시간이 지남에 따라 기자와 평양을 연관짓는 것에 회의적인 시각들이 나타났지만 그럼에도 불구하고 관습적으로 '기자의 평양'을 언급하는 서술은 사라지지 않았다. 그것이 명분이든 필요에 따른 것이든 간에 20세기 초까지도 평양 인식에서 기자는 빠뜨릴 수 없는 영역에 잔존해 있었던 것이다.

2) 새롭게 부상한 평안감사의 풍류

1828년 동지사(冬至使) 홍기섭(洪起燮)의 수행원으로 사행에 따라간 박사호(朴思浩)가 쓴 「연계기정(燕薊紀程)」에는 산골 출신으로 순박한 성품을 지닌 조 첨사(趙僉使)의 일화가 나온다. 그 내용은 그가 처음 평양에 와서 "내 나이가 장차 일흔이 되려 하고, 살쩍에 옥관자를 달았고, 아들 있고 손자 있고 하니, 이 밖에 다시 무엇을 구하랴마는 천지간에 이런 별세계가 있는 줄 미처 몰랐다. 만약 내가 아름다운 기생 서너 명을 데리고 풍악과 술과 안주를 싣고는 능라도와 부벽루, 청류벽 아래에서 배를 띄우고 놀 수만 있다면 죽어도 여한이 없으리라."40)라고 탄식했다는 것이다. 이 기록이 의미하는 것은 단순히 평양이 아름답고 화려하며 경제적으로 풍요로운 곳41)만은 아니라는

---

40) 朴思浩, 『心田稿』 권1, 「燕薊紀程」. "趙僉使, 楊州人也. 生長峽邑, 爲人淳慤. 初見浿城, 歆羨不已, 乃言曰: '吾年將七旬, 鬢懸雙玉, 有子有孫, 此外更何求也, 但天壤間, 不知有此別世界. 若使我携美妓三四, 設笙歌, 排酒肴, 泛舟於綾羅浮碧淸流之下, 則死無餘恨.'"
41) 朴來謙, 『西繡日記』. "平壤府舟車之所通也, 物貨之所聚也, 故興利資生, 致富甚易. 而紛華逸蕩, 又易覆隆, 俗言平壤富人之孫可矜云. 蓋其父謀利致

것이다. 평생에 한 번이라도 평양을 갔으면 좋겠다고 열망하는 사람들이 원하는 것은 아름답고 화려하고 풍요로운 평양에 가서 교방의 기생들과 대동강의 뱃놀이를 즐기는 호사를 맛보는 것이다. 이 서술에서 분명한 것은 어떤 도시에 대한 열망이 공간 그 자체에 있는 것이 아니라 그곳에서 어떤 즐거움을 누린다는 행위에 있다는 것이다. 그리고 이러한 상상은 각종 시문에 집적된 풍류상(風流像)에 기초하고 있다. 『평양지』에 실린 「교방(敎坊)」 항목에 "교방의 설립은 오래되었으며 사신 행차의 고단함을 위로하고 여행의 즐거운 이야기를 나누게 하기 위한 것으로, 또한 태평시대를 장식하는 일이다."고 서술된 것처럼 이전 시기에 명 사신들은 평양에서 유람을 하고 누정 잔치의 주빈(主賓)이 되어 교방의 기생들이 대동하는 현세적인 의미에서의 풍류를 마음껏 누릴 수 있었고 이것이 모두 긍정되었던 유일한 사람들인 것이다.

  명이 멸망한 뒤에도 여전히 청의 사신들이 조선을 방문했지만 이들은 명 사신들과 같은 위상을 얻지 못했다. 명 사신의 유람과 문인풍류는 『황화집』에서 『신증동국여지승람』으로, 다시 『평양지』로, 때로는 『평양지선』으로 알려졌던 반면, 청 사신들이 사행 당시 보였던 풍류적인 면모들은 거의 알려지지 않았다. 평양은 풍류 도시로서의 명성을 얻어갔지만 이러한 과거의 영광을 평양의 내부에서 계승하기는 어려웠다. "평안도의 충신과 의사들이 세상에 알려지지 않는 경우가 많고 습속이 날로 무너져 업으로 삼는 것은 다만 상업에 종사하여 모리하는 것뿐입니다."라고 언급된 것처럼[42] 평양의 상인들이 문인풍류를

    富, 則其子遊蕩用盡, 其孫流丐無依矣."

계승할 주역이 되기는 어려웠고 사족이 약한 지역적 상황43) 때문에 명 사신의 문인풍류를 계승할 대체자를 밖에서 찾아야 하는 상황이었다.

그렇다면 조선후기에 평양에서의 누리는 풍류의 중심에 평안감사가 있게 된 계기가 무엇일까. 청렴함을 미덕으로 삼는 '관찰사'와 교방의 기생을 끼고 뱃놀이를 즐기는 '풍류'는 평양 인식의 주된 부분이지만 본질적으로 모순적일 수밖에 없다. 『평양지』와 『평양속지』에는 「환적(宦績)」 항목을 두어 감사의 선정을 특기해 놓고 있는데, 제사를 지내 황충을 쫓아내었다든가 반란을 진압하고 학교를 세웠다는 내용이다. 생사당(生祠堂)의 시초로 자주 언급되는 이원익의 경우에도 폐단을 다스려 마을 재건에 공로가 있다는 점이 강조되었으며 다른 지방처럼 청렴함은 훌륭한 지방관의 요건이었다. 현실에서는 평안감사에게 감사로서 직분 수행이라는 역할을 기대했으며 감사로 부임하는 당사자의 입장에서 보면 평안도의 경제적 번영은 감사의 수입 증대와 직결되는 문제였으므로44) 선호할 만한 외직이었다.

평양의 뱃놀이, 누정에서의 잔치, 유람이라는 기억은 여러 자료를 통해 전해졌지만 이 모든 것의 주인공이었던 명 사신들은 현실에서

---

42) 『承政院日記』 1732년(영조 8) 1월 21일 기사.
43) 오수창, 「조선후기 경상도 평안도 지역차별의 비교」, 『역사비평』 통권 59호, 2002. 오수창은 「조선후기 평안도 지역차별의 극복 방향」(『역사비평』 계간 33호, 1996.)에서 평안도를 포함한 서북인들의 학문과 덕행, 성리학적 소양의 부족은 그 이전부터 차별과 소외를 초래한 근거가 되었지만 동시에 그동안 이루어진 차별이나 소외의 결과이기도 했다고 지적한다.
44) 고석규, 「18세기 말 19세기 초 평안도지역 鄕權의 추이」, 『한국문화』 11, 서울대 한국문화연구소, 1990.

사라졌다. 명 사신들이 중국 사절단이라는 우월적 지위 속에서 긍정되었던 반면, 명이 멸망하고 청 사신들이 오면서 사신들의 창화시는 정례적인 관례가 되지 않았고 이후 몇 차례 간행된 평양읍지에서도 시는 더는 수록되지 않았다. 상황이 이렇게 달라졌음에도 불구하고 명 사신들의 제영시는 『평양지』, 『평양지선』으로 유통되어 마치 지금도 그런 것처럼 풍류공간으로서의 이미지를 증폭시켰다. 명 사신들은 사라졌지만 그때의 명성은 예전의 시문이 유통되는 과정에서 계속 확산되었고, 그 풍경에서 관찰사는 현재까지 남아있는 유일한 인물이 되어 풍류의 주체로 변모해 있었던 것이다.

조선후기 평양의 유흥이 지난 시대의 제영시가 남긴 잔향이며, 당대 현실과 직결되지 않는다는 점은 교방 관련 기록에서도 엿볼 수 있다. 전란을 겪었다는 점을 고려한다고 해도 1590년에 간행된 『평양지』에 비해 1730년에 간행된 『평양속지』에 제시된 교방의 규모는 급속한 감소세를 보이고 있었다. 조선후기 야담집에서 평양이 배경으로 자주 등장하고 평안감사와 기생 관련 내용이 큰 부분을 차지하고 있다고는 하지만[45] 『평양지』에서 교방에 기생 180명, 악공 28명이 있었다고 제시된 것과는 달리 『평양속지』에서 기생은 감영기생과 부 기생을 합쳐도 84명, 악공은 도합 12명으로 현저하게 줄어들었고 교방에서 연주되던 곡들도 상당수가 일실되었다. 따라서 조선후기에 평안감사의 풍류가 부각된 것이 교방의 실제 규모나 당대적 상황을 직접적으로 반영한 결과는 아니라는 것을 알 수 있다. 교방의 축소에도

---

45) 오수창, 「〈청구야담〉에 나타난 조선후기 평양인식과 그 성격」, 『한국사연구』 137, 한국사연구회, 2007, 79-108면.

불구하고 명 사신이 왕래하던 시기보다 그 후에 더 유흥지로서의 평양이 유명해진 것을 보면 지방에 대한 인식이 당대의 현실상황과 반드시 결부된다고 볼 수는 없다.

그런 측면에서 지방에 대한 외부의 인식은 지방의 현실보다는 문학작품을 통해 확대 재생산되었다고 보아야 하는 것이 아닐까. 그렇다면 조선후기 평양이 관찰사의 행락이 극대화된 풍류지로 인식되게 된 이유는 『평양지선』을 통해 전 시기의 시문들이 유포되었고 이러한 문학적 형상화를 계승하는 작품들이 뒤이어 등장했다는 점에서 찾아야 할 것이다. 평안감사의 도임의례와 절차, 뱃놀이, 평양의 순력을 가장 잘 보여주고 있는 신광수의 1774년작 「관서악부(關西樂府)」 역시 마찬가지이다. 평안감사와 풍류를 연결 짓는 데에 일조한 이 시는 평안감사로 부임하는 채제공(蔡濟恭)을 위해 썼으며 자서(自序)에서 '관서백사시행락사(關西伯四時行樂詞)'나 '서관지(西關志)'를 표방하고 있는 데에서도 보이듯이 『평양지』의 내용이 부분적으로 포함되어 있다. 따라서 이 시는 실제 감사의 모습을 재현한 것이 아니라 관찰사의 '행락(行樂)'을 부각시킨 작품이다.

신광수는 이전에 평양에 갔던 경험이 있긴 하지만 도임에서 귀로까지 평안감사가 누리는 행락이 실제 본 것을 묘사한 것은 아닐 것이다. 오히려 이 부분은 『평양지』의 시문을 비롯하여 '행락'과 관련된 관습적 모티브를 집대성한 것처럼 보인다. 특히 이 시에서 화려하게 묘사된 평안감사의 도임의례와 절차, 대동강 선유, 평양 유적을 유람하는 대목이 낯설게 느껴지지 않는 이유는 이전의 『평양지』와 『평양속지』의 시문에서 자주 등장하는 장면들이기 때문이다. 평안감사의 도임을 맞는 환영행사와 구경하는 사람들의 행렬은 1488년에 조선에 온 동월(董越)의 「조선부(朝鮮賦)」에 평양과 황주, 서울의 연회를 언급하는 부분이나46) 1449년에 온 예겸(倪謙)의 시에서 이미 인상적으로 묘사되어 있다.

奉詔抵近郭	조서 받들고 성으로 오니
出迎動鼓樂	환영 나와 북소리 울리네.
龍亭覆黃繖	용정47) 위에 황색 일산 쓰고
儀仗高驚握	의장을 높이 올려 잡았네.
沿道陳百戱	길 따라 온갖 놀이 펼쳐지니
顚倒互觝角	재주도 넘고 씨름도 하네.
彩輿向前導	화려한 수레가 앞을 인도하니
搖曳爭歡躍	이리저리 다투며 기뻐하네.
更有大字書	여기에 글자를 크게 쓴
旗幡半空卓	깃발들이 반공에 우뚝하네.
上書何所云	글을 올려 뭐라고 했던가.
大平事耕鑿	태평시대라 밭 갈고 샘 판다고.
鼇兩山相倚	두 개의 산대를 서로 기대어
工巧勞結縛	솜씨 좋게 묶어 놓았네.
伶人競歌舞	배우들은 다투어 가무를 하고

---

46) 원문의 맥락은 서울의 연회가 훌륭하다는 것에 강조점이 있다. "평양과 황주에게서도 산대 천막을 설치하여 각종 연회를 베풀어 조서를 맞이했지만 유독 왕경이 훌륭했다.(平壤黃州, 皆設鼇山棚, 陳百戱迎詔, 而惟王京爲勝.)"
47) 玉冊이나 金寶 따위의 나라의 보배를 운반할 때 쓰는 가마를 이르던 말.

懽呼振寥廓	떠들썩한 소리 널리 울려 퍼지네.
上女億萬計	부녀자들은 억만을 헤아릴 듯
走視笑且愕	달려와 보는데 웃기도 놀라기도.
借問此誰爲	이 사람 누구인가,
觀察使韓確	관찰사인 한확이라.
下馬入館門	말에서 내려 객관에 들어서니
冠帶集僚幕	관원들이 관청 장막에 모여 있네.
再拜仍稽顙	재배하고 땅에 머리를 조아리니
禮儀忻卒度	예의가 법도에 맞아 흐뭇하네.48)

이들이 사행길에서 방문하는 모든 지역은 사신 접대를 위한 준비가 완벽하게 이루어진 곳이었고 따라서 이들에게 평양의 첫인상은 평양의 지역색이 아니라 자신들을 맞이하는 성대한 환영행사, 구경하러 온 수많은 인파, 질서정연하게 도열한 관원들로 이어지는 장관이 펼쳐지는 곳이었다.

長林五月綠陰平	5월의 장림(長林)은 녹음이 짙은데
十里雙轎勸馬聲	십리에는 쌍마교에 말을 재촉하는 소리.
永濟橋頭三百妓	영제교 어귀에서 3백 명 기생들이
黃衫分作兩行迎	노란 적삼 두 줄로 행차를 맞는다. [제6수]

물론 「관서악부」는 평안감사의 도임 부분을 과정별로 상세하게 보여주고 있기 때문에 구체성이라는 측면에서 예겸의 시와 비교할 수는

---

48) 『平壤志』 권6, 「大同館」(倪謙). 인용한 부분은 제5구~제28구이다.

없다. 그러나 이 시기에 〈평안감사연회도(平安監司宴會圖)〉의 등장을 평안감사에게만 일어날 수 있는 독특한 풍경이라고 볼 수는 없다. 선행연구에서 지적했듯이 〈화성능행도(華城陵幸圖)〉 8폭과의 도상적 친연성이 확인되며[49] 1785년 요산헌(樂山軒)의 부친이 황해도 안릉의 현감으로 부임하는 모습을 그린 김홍도의 〈안릉신영도(安陵新迎圖)〉의 존재처럼 공식적 기록화가 사적 기념물로 전화되는 모습으로, 또 당시 행렬도의 제작과 영향관계 속에서 이해할 수 있기 때문이다.

정리하자면 도임과 연회, 선유로 대표되는 평안감사의 풍류는 평안감사 그 자체보다는 사행로의 주요 경유지였던 평양의 지역적 특징에서 기인한 측면이 크다. 『평양지』, 『평양읍지』에 수록된 시들에서 최소한 명 사신들이 평양에 체류했을 당시 사신의 대접 차원에서라도 이러한 일들이 행해지고 있었다는 점을 발견할 수 있기 때문이다. 이러한 경험은 명 사신들의 제영시에서 극대화되어 나타났고 그 이후에는 평안감사를 주인공으로 대체시켜 평양의 '유락지'로서의 면모를 강화시켜 나갔다.

평안감사의 풍류는 조선후기에 돌출된 하나의 현상이 아니라 명 사신의 등장으로 발달한 유락지로서의 성격이 어떻게 이어지는가를 보여주는 사례로 볼 수 있다. 물론 이것은 도시의 큰 규모와는 달리 사족이 성장하지 못했던 평양의 지역적 문제들이 복합적으로 작용한 결과이기도 하다. 정부의 통제력과 향촌의 지배질서가 약했던 평양의 도시적 특성을 감안할 때 관찰사는 사라진 명 사신을 대신해서 그 위

---

49) 박정애, 「18-19세기 箕城圖 屛風 연구」, 『고문화』 74, 한국대학박물관협회, 2009.

상을 이어받은 유일한 적임자였던 것이다.

4. 결론

　조선 후기에 평양은 도시로서는 드물게 평생에 한번 찾아가 보고 싶은 동경의 장소였다. 금강산 같은 여타 명승지처럼 다른 곳에서 보기 어려운 비경이 있어서가 아니라 그곳에 가면 풍류라는 이름으로 향락적인 경험을 할 수 있을 것 같았기 때문이다. 평양은 외부인들에게는 낭만의 도시였고 유람지로 소비되고 찬양되었다.
　본고에서 논의한 바를 요약하면 다음과 같다. 『평양지』와 『평양속지』에는 시문이 다수 실려 있으며 특히 명 사신의 제영시가 많다는 점에서 특색을 가지고 있다. 이 자료들을 통해 명 사신이 평양을 왕래하던 상황을 재구성해보면 초창기에 대동강에서 뱃놀이를 하고 부벽루에서 잔치를 하던 정도였으나 시간이 지날수록 기자의 유적을 둘러보거나 「평양승적」이 여러 차례 지어진 것처럼 대략 16~21경이 되는 평양의 명소를 둘러보는 유람의 전통을 마련하게 되었다. 명 사신들은 평양에 기자가 봉해졌다는 중국 문헌에 따라 평양에서 그 실체를 확보하기를 원했고 중국과의 외교관계가 중시되면서, 또 평양에서는 문명의 진원지라는 명분 아래 평양에서 기자의 구체적인 행적과 관련 사항들을 찾으려는 시도가 적극적으로 이루어졌다.
　중국 사신, 특히 명 사신들의 언행과 시문은 이들의 우월적 지위 때문에 『평양지』, 『평양속지』에서 큰 비중을 차지했는데 이런 점들로 미루어볼 때 이들의 제영시가 평양에 대한 인식변화에 적지 않은 영향을 미쳤을 것으로 생각된다. 명 사신들의 시에 나타난 평양은 기자와 아름다운 풍류지로 단순화되었고 이 때문에 이전에 정지상의 시로 유명해진 대동강의 이별이나 이색의 시에 그려졌던 옛 도읍지로서의 면모는 상당히 약화되었다. 고조선과 고구려의 도읍지였던 평양은 역사 도시로서의 면모 대신 기자가 봉해진 곳으로 강조되었다. 또 명이 멸망한 뒤 사신들이 와서 창화하는 시적 관례가 청으로 이어지지 못하게 되자 풍류도시로서의 면모는 이어나가되 그 풍류의 주체로 평안감사가 새롭게 부상하게 되었다.

따라서 평안감사의 풍류로 대표되는 평양 인식을 이해하기 위해서는 조선후기 평양의 상황보다는 이전부터 이어져 온 문학적 전통을 더 고려할 필요가 있다. 조선시대에 평양에 대한 열망의 정체가 뱃놀이와 유람을 즐기는 풍류적 체험에 있다면 이것은 평양이 여타 지역과는 달리 유흥적 모습으로 가득 차 있었기 때문이 아니라 사행로의 경유지이자 사신을 접대하는 지역적 성격과 이를 누리는 명 사신들의 제영시의 영향 아래에서 만들어진 것에 가깝기 때문이었다.

만들어진 유적, 평양의 로컬리티

1. 서론

평양은 평양기생과 평안감사로 대표되는 부유하고 풍류 있는 도시이자 동시에 옛 왕조의 자취를 발견하고 과거사를 회고하는 역사 도시로 인식되었다. 이색의 유명한 시 「부벽루(浮碧樓)」에서 영명사를 지났다가 잠시 부벽루에 올라 감개에 젖으면서 떠올린 것은 '천손'과 '기린마'였는데[1], 영명사와 부벽루가 자리한 일대에 동명왕[2]이 기린마를 타고 하늘에 올랐다는 '기린굴'이 있었기 때문이다. 이곳은 1714년에 북성이 축조되면서 일정하게 구역화되었는데, 그전부터 사람들은 이 일대에 오게 되면 으레 부벽루와 함께 영명사와 기린굴에 어린 옛 역사를 회고하며 인간사의 허망함을 탄식했다. 내성(부성)에는 문묘와 함께 단군과 기자, 동명왕을 모신 사당들이 모여 있었다.

그런데 평양은 고조선과 고구려의 도읍지였고 고려 때는 '서경'으

---

1) "昨過永明寺, 暫登浮碧樓. 城空月一片, 石老雲千秋. 麟馬去不返, 天孫何處遊. 長嘯倚風磴, 山青江水流"
2) 조선 문인들이 대체로 주몽과 동명왕을 동일인으로 이해하는 이유는 『삼국사기』와 『삼국유사』, 「동명왕편」에 입각해 있기 때문이다. 이 책들에서는 동명왕은 고구려의 시조이자 고주몽이라고 보고 있다. 그러나 현재 학계에서는 고주몽(왕호가 동명성왕)과 동명왕을 별개로 보고, 고주몽은 추모왕으로 고구려의 시조이고 동명왕은 부여의 시조라고 구분한다.

로서 이궁(離宮)을 두고 왕이 행차하던 곳이었기 때문에 역사 도시로 간주되었으나, 엄밀하게 보면 고조선과 고구려의 도읍지라고 확정할 수 있는 증거가 있었던 것은 아니었다. 그 시대가 아득하게 먼 과거이기 때문에 신화처럼 전하는 유적을 고증할 수 있는 방법은 상고시대의 문헌밖에 없었다. 이렇게 확실한 물증이 없는 상태에서도 평양은 고대 문헌의 기록만 가지고 고조선과 고구려의 도읍지로, 기자조선을 상징하는 도시로 인식되었다. 본고에서는 평양에 남아있는 역사 유적의 성격과 이 도시를 방문하는 사람들이 갖는 인식을 중심으로 평양이 어떤 과정을 통해 역사 도시로 인식되었는지, 또 역사 도시로서의 평양의 로컬리티를 어떻게 규정할 수 있을지를 논의하고자 한다.

2. 시문에 나타난 평양의 역사 유적

평양의 역사를 이야기하면서 역사 인물과 결부시킨 기록은 고려시대부터 시작한다. 최자(崔滋, 1188~1260)가 지은 「삼도부(三都賦)」[3], 이승휴(李承休, 1224~1300)의 『제왕운기(帝王韻紀)』[4], 김극기(金克己, 1379~1463)의 「구제궁(九梯宮)」[5], 「기린굴(麒麟窟)[6], 「조천석(朝天石)」[7], 이색(李穡, 1328~1396)의 「부벽루」에서는 단편적으

---

[3] "辨生曰唯唯, 西都之創先也. 帝號東明, 降自九玄. 乃眷下土, 此維宅焉."
[4] "往來天上預天政, 朝天石上麟蹄輕."
[5] "鳳輿今問俗, 麟馭昔升仙."
[6] "朱蒙駕馭欲朝眞, 嶺半金塘養玉麟. 忽隨寶鞭終不返, 梯宮誰復上秋旻."
[7] "麒麟一駕上朝天, 空使人間涕泫然."

로 동명왕을 언급하며 평양과 동명왕을 결부시켰다. 기자도 홍간(洪侃, ?~1304)의 「봉황대(鳳凰臺)」8), 정총(鄭摠, 1358~1397)의 「18일에 대동강에 도착하다(十八日到大同江)」, 권근(權近, 1352~1409)의 「대동강(大同江)」9)에서 차차 등장하기 시작하는데, 조선 중기로 가면 단군이나 기자 등을 주요 소재로 삼아 시를 지은 사례를 어렵지 않게 발견할 수 있다.

  檀君生我靑丘衆 단군께서 우리 백성을 낳으시고
  敎我彛倫浿水邊 대동강가에서 인륜을 가르치셨네.
  採藥阿斯今萬世 아사달에서 산신 된 지 만세가 되었으나
  至今人記戊辰年 지금도 사람들은 무진년을 기억하네.10)

이 시는 남효온(南孝溫)의 「단군묘정에 배알하다(謁檀君廟廷)」라는 시이다. 평양에 가서 단군을 떠올린다면 단군묘(檀君廟)를 방문했기 때문이다. 그 외에는 단군과 관련된 유적이 없기 때문에 단군의 사당에 가게 되면 단군이 고조선의 시조라는 점을 떠올리게 된다. 제3구는 『삼국유사』 「고조선」 조에 단군이 아사달에 은둔하여 산신이 되었다는 내용을 바탕으로 했으며, 제4구는 단군이 나라를 세운 때가 당요(唐堯) 무진년(戊辰年)이라는 설에 입각한 표현이다. '무진년'은 확증할 수 없는 문제이다. 이승휴의 『제왕운기』나 『고려사』, 『평양지』에서는 단군이 요임금과 같은 해 무진년에 즉위했다는 설을 따른 반

---

8) "始封箕子名空在, 遠徙秦人迹轉賒."
9) "箕子遺墟地自平, 大同西折抱孤城."
10) 南孝溫, 『秋江集』 권3, 「謁檀君廟廷」.

면, 『삼국유사』에서는 요임금이 즉위한 지 50년 된 경인년(『위서(魏書)』에 입각, 『고기(古記)』에 따라 정사년으로 수정)으로 보기도 한다.

이전의 역사서 기록에 따라 평양은 고조선의 단군, 기자조선의 기자, 고구려의 동명왕과 결부된 곳으로 간주되었지만 여기에 대해서 사람들이 크게 주목했던 것은 아니었다. 평양에서 역사의 문제가 화제가 된 것은 명나라 사신들이 평양에 와서 며칠을 머무르면서 평양의 명소를 둘러보면서 본격화되었다고 볼 수 있다. 명나라 사신들은 관찰사와 접반사의 안내를 받으면서 평양에서 쉬거나 잔치를 즐기거나 유람을 했는데, 『평양지』에 수록된 시를 보면 대체로 15세기 명나라 사신들은 사신을 맞는 성대한 환영행렬, 대동강 뱃놀이, 부벽부 연회를 특별히 기록하고 있다. 그런데 어느 시점이 되면 명나라 사신들을 안내하여 평양 명소를 유람하는 코스가 만들어지게 된다. 그전에는 대동강이나 부벽루의 연회를 언급하는 정도였지만, 1521년에 조선에 온 당고와 사도는 평양의 20곳을 선정하여 「평양승적」을 지었다. 여기에 포함된 장소는 금수산, 모란봉, 대동강, 덕암, 주암, 능라도, 백은탄, 기린굴, 조천석, 정전 유제, 을밀대, 연광정, 쾌재정, 풍월루, 부벽루, 기자묘, 문묘, 단군사, 기자사, 동명왕사였다. 이후에 명 사신들도 이를 따라 「평양승적」을 지었는데 장소 선정에서 빼고 넣는 차이가 있다고 해도 거의 비슷하게 유지되었다. 그런데 그 이후에 명나라 사신들이 「평양승적」을 지을 때 모범으로 삼은 것은 당고와 사도의 시가 아니라 1537년에 조선에 온 공용경의 「평양승적」 21경이었다. 사행 가는 사람들이 바뀔 수는 있지만 기본적으로 사행의 여정은 고정되어 있기 때문에 자신이 잘 모르는 낯선 지역에 가야 하는 상황이라면 정보를 알려 줄 자료가 필요했다. 그 때문에 사행을 가는 사람들에게 이전 사람이 썼던 기록은 중요한 지침서가 되었는데,[11] 공용경도 그런 맥락에서 조선에 사행 갔을 때 보고 들은 것을 『사조선록(使朝鮮錄)』으로 정리하였고 이후 명나라 사신들은 이 책을 가지고 와서 필요할 때 열람하고 확인하는 과정에서 「평양승적」도 관례적으로 지었던 것이다.[12]

바로 그 21경에 포함된 장소 중에는 단군사, 기자사, 기자묘, 동명왕사가 들어있었으므로 이곳을 둘러보는 것이 정례화되었는데 이때 시를 쓰는 과정에서 일정한 역사 인식이 반영되었다. 특히 단군과 동명왕의 경우 명나라 사신들은 정보가 거의 없는 상황에서 동행하는 접반사나 관찰사, 또는 안내하는 실무자의 설명에 의존할 수밖에 없었으므로 시의 내용은 거의 대동소이했다.

  檀君開國土 단군이 이 나라를 열어
  誅茅樹區宇 띠집을 만들고 구역을 만들었네.
  至今邦之人 지금도 이 나라 사람들은
  稱爲朝鮮祖 조선의 시조라고 한다.[13]

---

11) 사행 기록의 특수성과 텍스트간 참고 양상에 대해서는 이은주의 「『중유일기』와 『열하일기』의 거리, 오마주와 표절 사이」(『한국문화』 80, 서울대 규장각한국학연구원, 2017, 72~74쪽) 참조.
12) 이은주, 「명 사신의 평양 제영시 연구」, 『한국문화』 68, 서울대 규장각한국학연구원, 2014, 7~14쪽.
13) 龔用卿, 「檀君」. 윤두수의 『평양지』 권7에 수록되어 있다.

東明開高麗	동명왕이 고구려를 세워
故都在平壤	도읍을 평양에 두었네.
廟貌始何年	사당은 언제 세웠던가.
至今猶祀享	지금까지도 제사를 지낸다.14)

 명나라 사신들은 단군은 고조선이라는 나라를 개창한 사람, 동명왕은 고구려를 세운 사람이라는 내용, 또 평양에서는 이렇게 사당을 건립하여 국조들을 제향한다는 사실만을 반복적으로 시의 내용으로 삼았던 것이다. 그런데 단군과는 달리 동명왕과 관련된 유적은 동명왕사만이 아니라 구제궁, 기린굴, 조천석도 있었다. 특히 이 유적들은 신화적 색채가 강해서 동명왕의 궁궐은 '구제궁(九梯宮)'인데 하늘로 올라갈 때 통한교(通漢橋)를 통해 구제궁으로 내려갔고, 기린마를 타고 '기린굴(麒麟窟)'을 경유하여 '조천석(朝天石)'으로 나와 승천해서 하늘로 조회하러 갔다가 돌아오지 않았다는 이야기를 바탕에 두고 있다. 그래서 태자가 동명왕이 남긴 옥채찍을 허장하였는데 사람들이 이 무덤을 '진주묘(眞珠墓)'15)라고 한다는 것이 전설의 대략적인 내용이다. 그래서 동명왕을 언급할 때에는 고구려의 시조라는 내용도 나오지만 더불어 학 울음소리나 신선의 패옥 소리가 들리는 것 같다는 낭만적 분위기를 표현하기도 했다.
 반면 명나라 사신들에게 기자(箕子)는 남다르게 인식되었고, 이러한 맥락에서 기자는 조선 중기부터 국내에서도 중시되었다. 이들은

---

14) 龔用卿,「東明王祠」. 윤두수의『평양지』 권7에 수록되어 있다.
15) 진주묘의 위치는 평양과 인접한 중화군인데, 평양에서 동명왕을 떠올릴 때 함께 언급되는 경우가 많다.

조선에서 중국의 영향을 발견하는 것에 관심을 보였기 때문에 대체로 기자로 인해 조선이 얼마나 문명적으로 교화되었는가를 설명하는 데에 주력했다. 이것을 설명하는 데에 평양은 유리한 장소였다. 사당뿐만 아니라 기자묘(箕子墓)도 있었고, 무엇보다도 정전(井田)의 흔적도 발견할 수 있었기 때문이었다. 1537년에 공용경과 함께 조선에 온 오희맹(吳希孟)이 기자의 사당에 대해 지은 시는 당시 명나라 사신들의 인식을 단적으로 보여준다.

  東國仰封澤　　동쪽 나라에선 봉해준 은덕 감사하여
  春秋享牢豕　　봄가을로 제물 올려 제사 지내네.
  外王八條治　　밖으로는 왕이 되어 팔조의 법으로 다스렸고
  內聖九疇理　　안으로는 성인 되어 홍범구주로 다스렸네.16)

 이들은 변방인 조선의 문명은 중국의 영향이라는 것을 확인하고 싶어했고, 그렇게 봤을 때 기자가 적임자였던 것이다. 그래서 조선에서 국조인 단군이나 동명왕의 반열에 기자를 놓고, 기자의 사당을 세워 철마다 제사를 지낸다는 것에 큰 의미를 부여했다. 무엇보다도 단군이나 동명왕이 단순히 국조인 것에 비해 기자가 조선의 풍속을 순후하게 한 실질적인 공신이라는 점을 극력 강조했다. 살인, 상해, 절도를 금지하는 8조법과 함께 '홍범구주(洪範九疇)'를 함께 거론하고 있는 점도 특징적이다. 홍범구주는 주(周) 무왕(武王)이 기자에게 천도(天道)에 대해 묻자 기자가 대답한 내용으로, 중국 하나라 우임금이

---

16) 吳希孟「平壤勝蹟」중 '箕子祠'. 윤두수의 『평양지』 권7에 실려 있다.

홍수를 다스릴 때 하늘로부터 받은 낙서(洛書)를 보고 만들었다고 하는 정치이념이다. '홍범'은 큰 규범이라는 뜻이고 '구주'는 9개의 조목인데 성인인 기자가 조선에 와서 홍범구주를 정치에 구현했을 것이라고 상상하는 것이다. 이런 연상 작용의 결과 1539년에 조선에 온 설정총(薛廷寵)처럼 기자의 사당에서 바람 소리를 듣고 마치 이것은 주지육림처럼 향락에 젖은 이곳의 분위기를 원망한 것이라는 해석도 나왔다.17)

이렇게 명나라 사신들이 사행 중에 머무르는 곳이 되면서 이곳은 유락지이자 동시에 조선의 역사를 설명하는 곳이 되었다. 이 과정을 거치면서 평양에 왔을 때 고려시대 서경(西京)의 자취를 회고하거나 묘청의 난 정도를 떠올렸던 조선 문인들도 상고시대부터 시작된 평양의 역사를 조망하려는 노력18)을 하게 되었다.

정유길(鄭惟吉, 1515~1588)의 「서경도(西京圖)」도 평양의 역사로 시작한다. 명종이 승전색 최한형(崔漢亨)과 승지 이양(李樑)에게 명하여 조선 태조의 어진을 봉안하고 있던 영숭전(永崇殿)을 봉심(奉審)하고 풍경을 그려오게 한 뒤에 화가에게 채색하여 병풍을 만들게 하고 정유길에게는 시를, 이양에게는 기문(記文)을 짓게 하였는데,19) 그

---

17) 薛廷寵,「平壤勝蹟」중 '箕子祠.' "江城甲古訪箕祠, 下馬踟躕循階右. 松風忽忽作琴聲, 怨恨分明語池酒." 윤두수의 『평양지』 권8에 실려 있다.
18) 명나라 사신들이 평양의 역사를 서술하는 방식이 늘 동일한 것은 아니지만, 극단적으로 1476년에 조선에 온 張瑾의 「平壤懷古」처럼 중국의 사료만을 중심으로 기자조선-遼東外徼-王儉城처럼 중국의 입장에서 평양과의 관계를 정리한 경우도 있다. 구체적인 내용은 이은주(2014)의 논문 12~13쪽 참조.
19) 『명종실록』 1560년 6월 2일 기사.

때 지은 시이다.

西京素稱佳麗地	서경은 본디 아름다운 곳이라 하니
檀下眞人始都此	박달나무 아래 진인이 처음 도읍했다.
中間千載太師來	그 사이 천 년 전에는 태사가 와서
八條遺風井田址	팔조목의 유풍과 정전 터가 남아있네.
平生夢想今見之	평생 꿈꾸다가 지금에야 보게 되니
十幅金屛開透迤	열 폭 금병풍에 이어져 펼쳐 있네.
緬思割據互吐呑	군웅이 할거하여 서로 병탄하다가
樂浪始平安東始	낙랑이 평정하여 안동에서 시작했네.
經營未免壑藏舟	나라 경영도 결국 변화20)하는 법,
統三爲一歸麗氏	삼국을 통일했다가 고려로 돌아갔네.
年年巡幸春復秋	해마다 봄가을에 순행했으니
長樂宮花大同水	장락궁과 대동강에 꽃 피웠었지.
前王遊豫後嗣荒	앞 임금은 놀았고 뒤 임금은 황음하여
坐令金甌完又毁	온전한 황금병21) 다시 깨뜨렸구나.22)

---

20) 壑藏舟 : 사물이 끊임없이 변화하는 것. 『장자』「大宗師」에 "배를 골짜기에 감추어 두고 어살을 연못 속에 감추어 두면 잘 감추었다고 할 만하다. 그러나 밤중에 힘 있는 자가 그것을 짊어지고 달아날 수도 있는데 어리석은 자들은 그 사실을 알지 못한다.(夫藏舟於壑, 藏山於澤, 謂之固矣. 然而夜半有力者負之而走, 昧者不知也.)" 구절이 있다.
21) '金甌'는 국가의 영토를 뜻하는 말로, 南朝 梁의 武帝가 "우리나라는 마치 황금 단지와 같아서 하나도 상하거나 부서진 곳이 없다.(我家國猶若金甌, 無一傷缺.)"고 말했다는 고사에서 유래한 것이다.
22) 鄭惟吉, 『林塘遺稿』상, 「西京圖」.

인용한 부분은 정유길의 「서경도」의 앞부분이다. 이 내용을 정리하면 평양의 역사는 고조선, 기자조선, 낙랑으로 언급된 한사군(漢四郡), 당나라 때 평양성에 설치했다는 안동도호부를 거쳐 고려로 이어졌다고 했다. 이 시에서는 고구려가 빠져 있는데, 공식적으로 어명을 받아 쓴 시라는 점을 감안하면 당시의 일반적인 인식이었던 것 같다. 평양의 역사를 바라보는 대체적인 생각은 이 땅에서 나라를 처음 연 사람은 단군이지만 중국에서 현인인 기자가 와서 교화함으로써 순후한 풍속을 이루었다는 것이다. 또 평양이 고려의 수도는 아니지만 왕들이 자주 순행했던 서경인데, 이들은 행락에 몰두하고 황음한 사람들이었으므로 패망은 필연적이었다는 내용이다. 고려를 부정적으로 서술하는 점도 전 왕조에 대한 조선 관료 문인의 일반적인 인식이라고 볼 수 있다.

3. 만들어진 역사 유적

1) 만들어진 유적

평양에 간 사람들은 단군과 기자, 동명왕의 사당을 보면서 아득히 먼 옛날에 이곳에 있었을 사람들을 떠올리며 흥망성쇠에 대한 감개에 젖었지만, 이 사적들의 성격이 아득한 과거이기 때문에 확실하게 고증할 만한 자료가 없다.

단군을 우리나라의 시조라고 생각한 시점은 생각보다 길지 않다.

최자의 「삼도부」에서 평양의 역사를 언급할 때 단군이 아니라 동명왕만 나왔다는 점, 이색의 시 「서경(西京)」의 "듣자하니 옛날 여기에 조천석이 있었고, 단군의 영걸함은 군웅의 으뜸이었다고 하네(聞說朝天曾有石, 檀君英爽冠群雄)" 구절을 근거로 해서 동명왕이 조천한 곳이라고 전하는 조천석을 단군과 관련짓고 있기 때문에 이 당시에는 한국사의 출발점을 단군의 고조선으로 보는 관념이 성립되어 있지 않았다는 점이 이미 지적되었다.23) 이와 함께 단군과 고조선을 인정한다고 해도 이것이 평양과 어떻게 결부되는지도 설명해야 할 문제이다.

『평양부』의 「연혁」에서는 평양부가 삼조선(三朝鮮, 전조선(前朝鮮), 후조선(後朝鮮), 위만조선(衛滿朝鮮))의 도읍지인데 신인(神人)(단군)이 박달나무 아래로 내려와 백성들이 그를 임금으로 세운 뒤에 평양에 도읍하였다고 했고, 주 무왕이 상나라를 멸망시킨 뒤에 기자를 조선에 봉하였으며, 41대 기준(箕準) 대에 연나라의 위만(衛滿)이 천여 명의 무리를 데리고 와서 기준의 땅을 뺏고 왕검성(王儉城)에 도읍했다고 서술하였다.24) 『평양지』의 인용 자료는 『한서(漢書)』, 『후한서(後漢書)』, 『남사(南史)』, 『북사(北史)』, 『수서(隋書)』, 『당서(唐書)』 같은 중국 역사서와 『삼국사기』, 『고려사』, 『동국통감』, 『청구풍아』, 『여지승람』, 『목은집』, 『요동지』, 『파한집』, 『동문선』, 『속동문선』 같은 국내 역사서와 시문집이었는데, 고대사는 아마도 중국 사서에 전적으로 의존하고 있었을 것이다. 그래서 역사서에서 언급된 '평양'이

---

23) 서영대, 「단군관련 문헌자료 연구」, 윤이흠 외, 『단군-그 이해와 자료』, 서울대학교출판부, 1994, 68쪽.
24) 윤두수, 『평양지』 권1, 「沿革」.

과연 우리가 생각하는 평안도 평양인가에 대한 해석, '왕검성'이 정말 평양을 가리키는 것인가 같은 문제가 대두되었다. 또 기자를 조선에 봉했다는 사실을 믿는다고 해도 여기에는 평양에 대한 언급도 없고 위만이 기자의 후손인 41대 기준이 위만에게서 땅을 뺏고 왕검성에 도읍했다는 서술을 인용하는 맥락을 보면 '왕검성'이 평양이라는 것인데, 『평양지』「군명(郡名)」에서는 왕검성에 대해 주를 달면서 옛 기록에는 단군의 이름이 '왕검'이라고 한다25), 또는 왕의 도읍을 '왕검'이라고 한다26)는 내용을 덧붙이고 있어서 같은 책 내에서도 상고 시대에 대한 기록이 통일되지 않은 방식으로 나타나 있다.

이 문제는 다시 『평양지』「산천」의 '대동강' 항목에서 상세하게 재론하고 있다. 주로 역사서에서 언급된 '평양성'과 '패수'의 위치가 정확하게 어디인가 하는 문제인데, 우리나라에서 패수는 세 곳으로, 사마천의 『사기』에서는 "위만이 망명하여 동쪽으로 변방을 넘고 패수를 건너 왕검에 도읍을 세웠다"고 했을 때 패수는 압록강이고, 『당서』에서 "평양성은 한(漢)의 낙랑군(樂浪郡)이며 남쪽으로 패수 물가에 닿았다"고 할 때 패수는 대동강을 가리킨다는 것이다. 특별한 유적이 남아있지 않지만, 단군이 평양을 고조선의 도읍지로 삼았다는 기록으로 평양과 단군의 연결점을 마련한 것이다.

한편 기자의 경우 『평양지』에 따르면 성 북쪽의 토산(兎山)에 기자의 의관이 묻힌 기자묘가 있고 기자궁(箕子宮), 기자정(箕子井), 기자장(箕子杖)27)이 있었다는 점을 서문과 각 항목에서 서술하고 있다.

---

25) 윤두수, 『평양지』 권1, 「郡名」.
26) 윤두수, 『평양지』 권4, 「古事」.

특히 평양에 기자의 무덤이 있었다고 믿는 점이 주목되는데, 『사기색은』에서는 중국 양국(梁國) 몽현(蒙縣)에 기자총(箕子塚)이 있다고 했기 때문에 조선에서는 여기에 대해 반론을 제기하고 평양에 전하는 기자묘가 진짜라는 점을 역설하였다. 그 근거로 중국 사료에는 기자의 묘가 '몽현', '박성(薄城)', '상구현(商邱縣)'으로 지명이 통일되지 않았다는 점을 문제로 지적했다. 그러나 여러 문헌에서 기자가 주나라를 피해 망명했는지, 아니면 주 무왕이 기자를 조선에 봉해주었는지의 해석도 엇갈리고, 기자와 미자(微子)의 관계가 때로는 형제간으로, 때로는 삼촌간으로 보는 문헌들이 있기 때문에 사적을 정확하게 따져서 일관된 논리로 구성하는 것도 불가능하다. 또 공식적으로 주 무왕과 기자가 군신 관계를 맺지 않았다면 기자가 주나라에 조회하러 가는 길에 은허(殷墟)를 지나다가 슬픈 마음이 들어 맥수가(麥秀歌)를 지었다는 이야기의 개연성도 떨어지기 때문에[28] 상이하고 더러는 모순적인 몇몇 구절들을 판단하고 정합적으로 서술하는 것이 필요했더라도 서로 다른 내용의 문헌을 오랜 시간이 지난 뒤에 변증할 방법은 없었을 것이다.

  동명왕의 경우에는 더 문제이다. 『평양지』에서는 『삼국사기』를 인용하여 고구려 장수왕 때 의주 국내성에서 평양으로 도읍을 옮겼다고 했는데, 이렇게 보면 평양과 동명왕은 아무런 관련이 없다. 『평양지』 「고적(古蹟)」에서는 이 부분을 해명하기 위해 구제궁이 동명왕의 행

---

27) 윤유의 『평양속지』 「雜志」에 따르면 기자장은 등나무 재질로 이미 너무 오래되어 거의 썩어 부러질 것 같은 상태인 것을 주석 상자에 넣어 보관해 두었는데 임진왜란 때 잃어버렸다고 한다.
28) 李圭景, 『五洲衍文長箋散稿』 경사편 5, 「箕子事實墳墓辨證說」.

궁(行宮)이라는 설을 소개하고 이 설이 맞다는 해석을 덧붙이고 있다. 『평양지』에서는 문정과 무정, 청운교와 백운교가 동명왕 때 만든 것이라고 설명하였는데 이것은 모두 구제궁 터 안에 있다. 그러나 평양의 역사를 서술한 『평양지』의 「고사(古事)」는 고구려 247년(동천왕 21)에 동천왕이 위나라와의 전쟁으로 환도성(丸都城)이 도읍지 역할을 제대로 해내지 못할 정도로 파괴되자 평양으로 도읍지를 옮길 생각을 하고 평양에 성을 쌓고 종묘와 사직을 옮긴다는 내용으로 시작하므로, 문헌에서 동명왕과의 관련성을 고증할 수 없었다. 이런 맥락에서 보면 동명왕의 행궁이라는 설도 평양의 유적을 동명왕과 결부시키려는 의도만 있을 뿐 실제로는 근거를 제시하지 않은 추측에 불과했다.

게다가 동명왕의 조천석과 기린굴은 실제 있었던 일이라고 보기 어려웠다. "말을 타고 하늘에 조회한다"는 표현은 죽음을 비유한 것으로 이해할 수는 있지만, 이 경우에는 실제로 동명왕이 기린마를 타고 기린굴을 통과하여 조천석으로 나와 하늘로 올라갔다는 물리적인 경험을 전제로 한 실물 유적이었기 때문에 이것을 현실적으로 납득할 만하게 설명하기는 요령부득이었던 것이다. 그래서 후대에는 다소 완화된 해석이 나오기도 했다. 윤유의 『평양속지』「고적」에는 1714년에 평양에 북성을 축조할 때 '기린굴' 동쪽에서 흙을 가져가는 바람에 기린굴이 드러났는데 굴을 파보니 여러 구멍이 있는데 층계가 있거나 평평한 대가 있거나 연못 모양이 있어서 구제궁의 숨겨진 도랑 같다고 이해한 것이다.

2) 믿고 싶은 것과 믿을 수 없는 것

이렇게 보면 단군과 기자와 동명왕은 평양에 확실히 실존했다기보다는 고조선, 기자조선, 고구려라는 나라의 도읍지라는 연결고리를 통해 왕조를 상징하는 차원에서 제시된 인물이었다는 점을 알 수 있다. 바로 그런 이유로 평양에 이들의 사당이 건립되었고, 이 점에 대해 사람들도 크게 이상하다고 여기지 않았다.

흥미로운 점은 평양에는 단군과 관련된 직접적인 유적이 없지만, 다른 지역에는 특정한 유적이 전한다는 것이다. 『신증동국여지승람』에 따르면 강화도 참성단(塹城壇)은 단군이 하늘에 제사 지내던 곳이며, 황해도 문화현의 구월산(九月山)은 단군이 처음에 평양에 도읍하였다가 옮긴 곳이고, 평안도 영변의 태백산은 천신인 환인(桓因)이 내려온 곳이며, 평안도 강동현의 대총(大塚)도 단군묘라고 전한다는 내용이 있다. 그래서 구월사에는 평양의 단군사보다 훨씬 이전에 삼성사(三聖祠)라는 단군의 사당이 있었으나 공식적으로 국가의 단군 사당으로 인정받게 된 것은 1471년(성종 2)이었다.[29] 따라서 평양에는 고조선의 도읍지라는 점에 착안하여 고조선을 세운 단군의 사당을 만

---

29) 이렇게 삼성사의 공식화가 늦어진 이유에 대해 서영대(「전통시대의 단군 인식」, 노태돈 편, 『단군과 고조선사』, 사계절, 2000)는 삼성사가 평양의 단군사와는 달리 단군의 祖인 환인과 父인 환웅을 같이 모셨고 이 때문에 민속 종교의 신격이라는 측면이 강했기 때문에 유교 국가인 조선으로서는 받아들이기 어려웠다고 해석한다. 곧 환인-환웅-단군으로 이어지는 계보는 단군이 직접 천강하여 고조선을 세웠다는 조선 왕조의 표준적인 단군 인식과 맞지 않았다는 것이다.

들었고, 그 결과 실물 유적이 없는 상태에서 평양에 오는 사람들이 단군사를 참배한 뒤 할 수 있는 말은 이 땅에 가장 처음 나라를 세운 국조(國祖)라는 점밖에 없었던 것이다.

단군은 실증적인 유적이 있어서 믿었다기보다는 민족의 시조로서의 상징성이 갖는 무게가 컸기 때문에 역사적인 측면을 부각하려는 노력이 이루어졌다고 할 수 있다. 다만 구체적인 상황이 소거된 채 단군이라는 이름만 전해졌으므로 평양에서 단군은 시조라는 측면만 반복적으로 언급되었다. 반면에 기자의 존재는 대체로 조선 문인에게는 확고한 사실처럼 굳어졌다. 특히 윤두수의 경우, 예전에 중국 사신의 질문에 대답을 하지 못했다는 생각 때문에 『기자지』를 편찬했는데, 범례에 나오는 "사원과 묘소는 모두 『평양지』에 근거하여 함께 수록하였다.(祠院墓所一依平壤志並載)"를 보면 『평양지』를 편찬한 뒤에 『기자지』 편찬에 곧바로 착수한 것 같다. 그러나 『기자지』에 수록한 글은 거의 기자를 거론한 사람들의 글이며, 평양에 있는 기자 관련 유적에 대한 글도 거의 조선전기에 쓴 글들이다. 이 책은 기자가 평양에 왔다는 사실을 기정사실화하고 있기 때문에 『기자지』에서 기자가 평양에 있었는지 여부를 논증하고 있지는 않다.

그런데 윤두수를 비롯하여 여러 사람들이 평양 외성의 네모로 구획된 전답을 기자 때 조성한 것에는 기본적으로 동의했다고 하더라도[30], 수긍하지 못하는 부분이 전혀 없지는 않았기 때문에 이 문제를

---

[30] 『중종실록』 1537년 4월 3일자 기사에 餞慰使 許沆이 평양에서 돌아와 복명한 내용이 나온다. 그 중에는 명나라 사신들이 기자의 묘를 참배하고 이어 영귀루로 가는 길에 길가에 있는 井田 제도를 보고 "분명하지는 않지만 그래도 남은 자취가 있다"고 하였다는 것이다. 정약용은 『경제유표』에

어떻게 해결할 것인가에 대한 나름의 방안도 나왔다.

기자의 정전은 사실 정전이 아니다. (중략) 기자는 하후(夏后)의 제도를 따르지 않고 별도로 밭고랑을 정리했기 때문에 한 경의 70보 제도를 만든 것이다. (중략) 그런데 근자에 전해 듣건대, 감사가 그 주나라 제도와 맞지 않는 것을 꺼려서 크게 민력을 발동하여 한 정(井)에 아홉 농가와 한 경(頃)에 백 묘의 제도로 변경했다 하니, 정말 그런 것일까? 삼대(三代)가 서로 이어받거나 개혁한 것은 실상 이것이 증거가 되는데, 이제 하루아침의 잘못된 생각으로 기자의 남긴 자취를 마침내 사라지게 하니 후세에는 어디를 따라 그 전칙(典則)을 찾겠는가? 개탄할 만한 일이다.[31]

이익은 외성의 논밭이 기자의 정전이라는 것에는 동의하면서도 한백겸(韓百謙)이 『기전고(箕田考)』에서 이 논밭의 형태가 맹자(孟子)가 말했던 정전법(井田法)과는 달리 모든 구획의 기초가 '전(田)'자(字)

서 『고려사』 지리지의 "(평양) 성안의 구획이 정전제도를 사용하였다"에서는 성의 내부를 아홉 구역으로 구획한 것이 정전과 같았다는 것이지 정전이 있었다는 뜻은 아닌데 명나라의 王圻와 董越이 평양부 외성에 정전이 있다고 언급한 것은 맥락이 다르다고 지적했다. 또 정전은 본래 아홉구역인데 외성은 네 전지와 여덟 구역으로 전지가 모두 64구역이 있다고 보았는데, 이 점도 외성이 기자의 정전이라고 볼 수 없다는 근거로 꼽았다.

31) 李瀷,『星湖僿說』권12「箕子田」. "箕子井田, 其實非井也. (중략) 箕子不因夏制, 而別治田畝, 故為一頃七十步之制. (중략) 比者傳聞, 監司嫌其與周井不合, 大發民力, 悉變為一井九夫一頃百畝之制, 其果然否. 三代因革此, 實為左契, 一朝妄想使箕子之遺迹遂泯焉, 後世從何而尋其典則耶. 可慨也已."

라고 주장한 설을 비판하면서 기자가 은나라 사람이기는 하지만 별도로 구획을 변형하였다는 논리를 전개했다. 그런데 이 서술에서 유의할 점은 후대 사람들이 외성의 논밭을 고대 문헌에서 설명한 정전법의 제도와 일치시키기 위해 변개를 시도하고 있다는 점이다. 평양의 유적을 문헌에 제시된 기자와 결부시키기 위해 적극적인 변개나 해석을 시도하는 것은 다른 곳에서도 발견할 수 있다. 참봉 조흡(趙洽)이 기자정(箕子井) 동쪽에서 땅을 파다가 거울을 발견했는데 거울 뒤에 '동왕공(東王公)'이라는 구절이 있어서 당시 사람들이 '동왕'을 기자라고 생각했다는 것이다. 그러나 이정구(李廷龜)가 글씨가 예서이므로 기자 시대에 제작된 것이 아니며 '동왕'은 기자가 아니라 동명왕이라고 해석하고 이를 「기성고경설(箕城古鏡說)」로 남겼지만, 그 이후에도 사람들은 이 거울을 기자의 유적으로 믿었다.[32] 기자를 신성시하는 인식을 보여주는 일화는 『문헌비고』에서도 발견할 수 있다. 임진왜란 때 왜구가 기자의 묘를 도굴하려고 무덤 왼쪽을 한 길쯤 파 들어갔을 때 갑자기 구덩이 안에서 풍악 소리가 울렸기 때문에 두려워하면서 중지했다는 것인데, 이 일화는 윤유의 『평양속지』에 근거했다.

한편 동명왕의 경우에는 위에서 언급했듯이 조금 다른 차원의 문제가 제기되었다. 기자묘나 기자장, 기자정은 말 그대로 무덤, 지팡이, 우물 같이 실물이 전하고 있는데 이것이 정말 기자의 것인가 하는 문제였다면, 동명왕의 기린굴과 조천록은 전설의 성격상 실제로 일어난 일이었다고 볼 수는 없었기 때문에 낭만적인 신화 정도로 이해했다.[33]

---

32) 尹游, 『平壤續志』 권3, 「文談」.

往事悠悠怪且神	아득한 지난 일이 괴상하고 신비하니
城東有窟號麒麟	성 동쪽에 기린굴이라는 굴이 있네.
明王從此朝天上	동명왕이 여기에서 하늘로 조회했는데
巨石依然在水濱	큰 바위 아직도 물가에 남아있구나.
沅水源深堪避世	원수34)는 근원 깊어 세상 피할 만하고
仇池穴窄僅容身	구지35)는 구멍 좁아 몸을 들일 정도.
流傳足可供談笑	전설은 이야깃거리로 삼기에 충분하니
過客何煩辨僞眞	과객이 구태여 진위 따져 무엇하랴.36)

18세기에 안정복은 고구려의 사적이 허황하다는 사실을 지적하면서 정사(正史)에서 이 부분을 사실 여부를 분변하지 않고 모두 수록한 것을 비판하는 한편, 우스갯소리로 치부할 수 있는 예로 평양의 구제궁, 기린굴, 조천석을 들었다. 그리고 이첨의 이 시를 인용하면서

---

33) 김창현, 「고려시대 평양의 동명 숭배와 민간신앙」, 『역사학보』 188, 역사학회, 2005. 고려시대에 만들어낸 동명 숭배가 조선 시대로 들어오면 거의 이야깃거리의 수준으로 떨어지는데, 이는 외부인의 시점에서 평양의 역사 유적을 선택한 결과이다.
34) 초나라 굴원은 참소로 沅水와 湘水 사이에 방축되었다.
35) '仇池'는 산 이름으로 구지산에는 동쪽과 서쪽 두 군데에 산 안으로 들어가는 작은 구멍이 있다. 고지산의 중국 감숙성 成縣 서쪽에 있으며 사방이 천길 절벽으로 이루어진 고원 지대이다. 이곳의 못에서 자라는 물고기를 먹으면 신선이 된다는 전설이 있다. 杜甫의 「秦州雜詩」에 "만고라 옛적부터 구지 구멍이, 별천지 소유천과 몰래 통했지. 신기한 고기 본 사람 없어도, 복지란 말 정말로 전해온다네.(萬古仇池穴, 潛通小有天. 神魚人不見, 福地語眞傳)" 구절이 있다.
36) 『신증동국여지승람』 권51, 「平壤府」.

이렇게 문제를 확실히 언급하지 않고 모호하게 지나갔다면 후대로 갈수록 사실처럼 둔갑했을 것이라는 점과 당시 평양은 낙랑(樂浪) 땅이었는데 동명왕이 이곳에 왔을 리가 없다는 점을 지적하였다. 성현의 「부벽루기」에도 기린마와 조천석에 얽힌 동명왕의 사적이 "신이하고 허탄한 자취라 황홀하여 믿기 어렵다"는 전언[37]을 옮겨오고 있다.

그러나 이렇게 실제로 일어났다고 믿지 않았지만, 여전히 사람들은 북성 구역에 가서 조천석과 기린굴을 화제로 삼아 시문을 지었다. 물론 중국 사신들은 동명왕의 사적을 존중할 필요가 없었기 때문에 이후에 「평양승적」을 지으면서 문묘와 사당을 제외하고 명승지만으로 구성하는 상황에서도 조천석과 기린굴은 남아있었다. 이 장소를 역사적인 곳이라고 생각하지 않고 그저 흥미로운 관광 명소 정도로 보았기 때문이다. 그런데 그 점 때문에 믿는 것과 무관하게 지속적으로 여행객들에게 동명왕의 존재가 각인되었고, 사람들은 고구려의 도읍지로서의 평양을 생각할 때 장수왕이 아니라 동명왕을 떠올렸다.

4. 장소신화와 로컬리티의 형성

1) 관광과 장소신화

조선 시대 평양이라는 도시적 성격은 여타 지역에 비해 독특한 부분이 있다. 평양은 대개 일상적인 삶을 영위하는 생활공간이나 떠나

---

[37] 成俔, 『虛白堂文集』 권3, 「浮碧樓記」. "其神蹤誕蹟, 恍惚難信."

면 그립고 돌아가고 싶은 고향 같은 곳이 아니라 풍요롭고 화려한 풍류의 도시이면서 동시에 고조선과 고구려, 고려의 유적까지 남아있는 역사 도시로 인식되었다. 이것은 평양이 대외적으로 일상적인 삶의 터전보다는 놀러 가서 유람하기 좋은 곳이라는 이미지가 덧씌워졌기 때문이다.

그런 점에서 평양은 일찍부터 다른 도시와는 달리 관광특구로 조성되었다고 볼 수 있다. 특히 조선전기에 명나라 사신들이 사행하는 과정에서 잠시 머무르고 쉬는 곳이 되면서 이들을 위무하기 위해 유람하는 일이 관례화되었으며 그 과정에서 여러 명소를 둘러보며 시를 쓰는 「평양승적」 전통이 마련되었다. 그런데 중국 사신들은 평양의 풍광이나 누정, 잔치에만 관심을 둔 것은 아니었다. 사당을 포함하여 평양의 여러 명소를 둘러보다 보면 자연스럽게 기자뿐만 아니라 조선의 역사나 유적 관련 내용을 듣고 물어보게 된다. 이렇게 보면 이들은 누군가의 설명을 들으면서 명소를 돌아보는 '관광'을 했다고 할 수 있다. 현대사회에서 관광객의 특정한 시선을 거쳐 장소의 이미지가 재해석된다고 한다면, 전근대 시기에 평양은 보기 드물게 중국 사신이라는 관광객을 맞이했고, 이들은 숫자는 적었지만 위상이 높아서 당시 조선 사회에 막강한 영향력을 미쳤던 것이다.[38] 이들은 평양에

---

38) 에드워드 렐프의 『장소와 장소 상실』(김덕현 외 옮김, 논형, 2005.)에 따르면 장소에 대한 대중적 정체성이 집단과 개인의 경험으로부터 발전해 온 것이 아니라 '여론을 주도하는 사람'에 의해 만들어지며 사람들에게 기성품으로 공급되고 대중 매체 특히 광고를 통해 살포되는 것이라는 설명은 조선 시대에 평양을 유람하는 명나라 사신들, 또 이들을 안내하는 조선의 관료들의 이해관계와 잘 부합하는 보기 드문 사례라고 볼 수 있다. 이 책에

비교적 오래 머물렀는데, 이때 지은 시는 『신증동국여지승람』, 『황화집』 또는 『평양지』, 『평양속지』, 그 외 여러 시화집에 우선적으로 수록됨으로써 이들이 느꼈던 평양의 이미지가 확산될 수 있었다. 접반사나 관찰사로 이들과 동행했던 관료들도 이들에게 조선의 역사를 설명해야 하는 상황에 놓이면서 자연스럽게 역사 유적을 의식하게 되었다.

어떤 장소에 대해 오랫동안 실재와 환타지가 조합되어 사회적으로 구성된 산물을 의미하는 '장소신화'[39])는 역사적인 장소에 함유된 여러 이미지들의 집합 역사를 추적하여 장소 이미지가 사회적으로 의미를 획득하는 과정을 보여주기에 유리한 개념이다. 평양의 경우라면 이 공간의 여러 요소가 어떻게 특정한 이미지로 구현되었는가 하는 문제를 이해하기에 유용하다.

앞서 언급했던 것처럼 평양의 역사 유적들은 확실한 역사 시기의 산물이 아니며 거의 대부분은 상고시대에 해당하는 내용이므로 처음부터 역사적인 이미지를 가지고 있지는 않았다. 그렇다면 신화적인

서는 이 대중적 정체성은 자의적으로 선택해서 만들어낸 피상적이고 진부한 이미지를 가지고 있다고 보고 있다.

39) '장소신화(place-myths)'는 로브 쉴즈(Rob Shields)가 제안한 용어로, 관광객이 공간을 소비하면서 재현하고 변형시키는 인식 과정을 가리킨다. 이때 '신화'는 바르트(Bartes)의 용어로, 신화란 논리적 귀결에 의해 도출된 지식이 아니라 일정한 왜곡이 수반된 것이며, 이 왜곡은 사회적 의미화 과정의 산물이라는 것이다. 관련 내용에 대해서는 심승희의 「문화관광의 대중화를 통한 공간의 사회적 구성에 관한 연구-강진, 해남 지역을 사례로」 (서울대 박사논문, 2000.) 참조.

인물과 전설이 어떤 이유에서 평양에서 유적으로 특정되었고 이것이 평양을 '관광'하는 데에 어떤 효과를 낳았을까.

생각해 보면 평양에서 흔적도 제대로 남아 있지 않은 단군과 기자, 동명왕을 내세운다는 것은 다소 부자연스럽다. 공동체를 결속하는 효과를 거두기 위해서 역사 인물을 표창한다는 측면으로 보면 '평양 출신'의 역사 인물이 없는 것도 아니기 때문이다. 『평양지』의 「인물」조항에는 그 유명한 온달과 을지문덕이 있다. 온달의 경우, 어릴 때 못생겨서 '바보 온달'이라고 했다는 점과 나중에 전사한 후에 관이 움직이지 않았다가 공주가 관을 어루만지며 달래서 결국 장사지낼 수 있었다는 기이한 일화가 나오기는 하지만 주(周) 무제(武帝)가 요동을 정벌할 때 선봉에서 싸워 공훈을 세웠다는 것과 신라와 아단성(阿旦城) 아래에서 싸우다가 전사했다는 중요한 사적을 핵심에 놓고 있다. 을지문덕에 대해서도 수 양제의 고구려 정벌 때 사신을 보내 항복하는 척하면서 기습전을 벌여 압승했다는 공적을 서술하고 있다. 「인물」조에 나오지는 않지만 「고적」에서 연개소문도 대단한 전공을 세웠다는 것을 확인할 수 있다. 당나라가 644년에서 661년까지 여러 차례 고구려를 침공했을 때 연개소문이 이끄는 고구려군은 끝까지 방어해 냈지만, 연개소문 사후에 고구려는 신라와 당 연합군에게 멸망했다.

이들은 실제로 평양에 있었고 외적이 쳐들어왔을 때 나라를 지켜낸 구국의 영웅이었지만, 『평양지』를 비롯하여 평양 관련 시문에서 이들은 크게 부각되지 않았다. 물론 연개소문은 김부식의 『삼국사기』에서 임금을 시해한 역적이며 고구려의 멸망을 초래했다는 기술 때문에 이후에도 좋은 평가를 받는 경우가 극히 드물었지만, 최소한 을지문덕은 1730년에 간행된 윤유의 『평양속지』에서는 1670년(현종 11)에 충무사우(忠武祠宇)에 위판을 봉안했다고 했으며 「고사」에서도 을지문덕의 사적을 길게 서술하면서 드물게 사신의 논평을 제시했다. 또 「문담」에 심의(沈義)의 「기몽(記夢)」을 인용하면서 을지문덕을 재상으로 꼽고 "문장으로 우리나라 시학(詩學)의 조종(祖宗)이 된다"40)고까지 치켜세웠다. 그런데 이 구절은 심의의 「기몽」에도 없고 을지문덕은 장수로 유명하기 때문에 이러한 평가는 과장된 것처럼 보이는 측면이 있다. 오히려 『평양속지』에서 을지문덕에서 강조하는 맥락은 사신의 말을 빌자면 "강한 수나라를 꺾어 위엄을 세운 공적" 때문인데, 이것은 윤유의 『평양속지』에서 『평양지』를 바탕으로 추가한 내용이 거의 임진왜란이나 병자호란 때 일이기 때문에, 과거에 나라를 지켜 낸 영웅을 칭양하려는 의도를 기저에 두고 있었기 때문이다. 곧 여러 역사 인물 중에서 누구를 선택하여 부각시킬 것인가 하는 것은 '외부자'가 주체가 되어 당시의 맥락에 따라 결정한 것이다.41) 그렇게 봤을 때 온달과 을지문덕, 연개소문은 중국과 싸워 이긴 전쟁 영웅이었기 때문에 명나라 사신에게 보여주고 설명할 때 갈등의 소지가 있을

---

40) 尹游, 『平壤續志』 권3, 「文談」. "若乙支公文章爲吾東詩學之祖宗, 則固不敢抗衡."
41) 평양민의 입장에서 보면 평양에 온 지방관이 평양민의 시선을 고려하지 않고 평양의 역사 유적을 선별하고 재구성하는 것이다. 평양민들은 일제 식민지 시기에 일본 사람들이 유적지를 조사하고 평양의 명승고적을 재구성하는 것에 불편한 마음을 토로하는데, 과장해서 말한다면 비슷한 느낌이었으리라고 생각한다. 일제식민지시기 평양의 고도 인식에 대해서는 우미영의 「억압된 자기와 古都 평양의 표상」(『동아시아문화연구』 50, 한양대학교 동아시아문화연구소, 2011.) 참조.

수 있었다. 평양은 고려 때 태조 어진이 있었고 여러 왕들이 순행하던 곳이었지만 조선 시대에는 고려의 흔적도 깨끗이 지워졌다. 고려 시대 묘청의 난의 거점지였기 때문에 반면교사로 역사적 교훈을 주는 곳이 될 수도 있었을 것이다. 그러나 조선 관료 문인들은 명나라 사신들에게 조선에 대해 알려주는 가장 안전한 방법은 단군이나 동명왕처럼 신화화된 건국 시조를 강조하면서 유구한 역사를 부각시키는 데 초점을 두는 것이라고 보았던 것 같다.

이렇게 해서 평양은 단순한 유락지로 인식되지 않을 수 있었다. 자칫 노는 공간이라는 가벼운 이미지로만 머물 수 있었지만 여기에 역사 사적이 가미됨으로써 평양은 역사 도시로서의 깊이를 획득했다. 이 이미지가 집약된 곳이 바로 북성 일대로, 명나라 사신들과 조선 관료들이 연광정에 대해 시를 쓸 때 주된 착안점은 '연광(練光)'에서 연상되는 대동강의 맑은 빛깔이었지만, 같은 맥락의 이름을 가진 부벽루에 올랐을 때는 '부벽(浮碧)'보다는 '시름(愁)'에 젖는 내용이 나타나는 것이다. 그런 맥락에서 보면 현세의 쾌락과 진지한 역사 공간은 서로 보완적인 역할을 하면서 평양 여행을 견인했다고도 말할 수 있다.

2) 이념적인 역사 도시

그렇다면 어떤 과정을 통해 단군과 기자, 동명왕만 평양에 남게 되었을까. 단군이 처음부터 확실하게 한국사의 시작점으로 자리잡은 것이 아니라 신성한 존재로만 모호하게 여겨지다가 12~13세기에 한국사의 출발점이 고조선이며 고조선의 시조가 단군이라는 인식이 확립하게 되었던 사실을 『삼국유사』, 『제왕운기』에서 발견할 수 있다. 일연과 이승휴가 각기 사상적 지향이나 역사 인식이 다름에도 불구하고 우리나라 역사를 고조선에서 시작하고 고조선의 시조를 단군이라고 동일하게 서술했다. 이 서술의 역사적 배경을 거란족의 침입과 몽고의 침입이라는 위기에 대한 대응방안이라고 볼 수 있다면[42] 이러한 관점은 고려에는 고구려 계승 의식과 신라 계승 의식이 병존해 있었는데 경주 출신의 문벌귀족이었던 김부식이 수도를 서경(평양)으로 천도하자고 주장했던 묘청(妙淸)과 대립했고, 12세기 후반 무신집권기에 경상도 지역에서 민란이 일어나 신라 부흥을 표방하자 여기에 대응하여 이규보가 「동명왕편」을 지었다는 해석[43]과 같은 맥락으로 읽을 수 있다.

여러 가지 요소들이 잔존해 있다가 어떤 시대적 상황에서 특정한 인물이 부각되고 신화화되는 이러한 양상은 평양에서는 극단적으로 드러나는데, 그것은 평양의 도시적 특성과 관련이 깊다. 평양읍지를 위시하여 평양 관련 여러 문헌에서 평양 출신의 토착 인물에 대한 기록이 거의 없는 대신, 중국 사신이나 평양에 지방관으로 오거나 사행

---

[42] 서영대, 「단군관련 문헌자료 연구」, 윤이흠 외, 『단군-그 이해와 자료』, 서울대학교출판부, 1994, p.70. 이 책에서는 『제왕운기』에서 단군 기원의 역사의식이 시작되어 고려말 신진 사대부에게 전승, 조선 개국 후 단군을 국조로 정착시켰는데, 『제왕운기』는 충렬왕의 실정과 원나라의 정치 간섭이 있던 시기에 현실에 대한 회의감과 새로운 사회에 대한 바람을 역사에서 찾은 것으로 다분히 정치적인 의도를 깔고 있다고 보고 있다.
[43] 박창희, 「이규보의 「동명왕편」 시」, 『역사교육』 11·12, 역사교육연구회, 1968.

길에 들른 관료들의 글이 많고, 주로 이것을 통해서 평양의 대외적 이미지가 형성되었기 때문에 역사 유적은 내부 구성원의 정체성이나 결속력을 위한 것이 아니라 대외적인 이념을 표명할 필요가 있었기 때문에 선택적으로 소환된 것이었다.

이것을 잘 보여주는 사례가 김경서(金景瑞, 초명은 김응서(金應瑞)) 장군과 계월향의 이야기이다. 조면호(趙冕鎬, 1803~1887)는 1835년에 평양부 기생들이 연판장을 돌려 관찰사가 북성에 계월향을 봉사하는 의열사라는 사당을 세우자 여기에 시를 썼는데 그 시에는 "오늘 노래하고 춤추는 서경에서, 몇 사람이나 계월향의 사당을 물어볼까. (今日西京歌舞地, 幾人來問桂娘祠)"44) 구절이 있다. 김윤식(金允植, 1835~1922)도 1868년에 평양전도 병풍을 보고 "보통문 앞에 달무리 지니, 김 장군이 여기에 왜적의 수급을 매달았네. 계월향이 이룬 공 참으로 진기하니, 끝내 미천한 몸을 나라 위해 바쳤다.(普通門前陣月暈, 金帥於此倭級懸. 桂娘成功眞奇事, 竟將微軀爲國捐)"45) 구절이 포함된 시를 지었다. 이들이 알고 있는 계월향의 이야기는 모두 윤유의 『평양속지』「고사(古事)」에 근거한 것이다. 『평양속지』에 따르면 1592년 8월 1일에 평양부 기생 계월향이 유키나가(行長)의 부장(副將)46)에게 붙잡혔지만 매우 총애를 받았는데 그래도 계월향은 탈출하려고 성에 올라가 소리치다가 그 소리를 듣고 온 김경서 장군과 탈출 계획을 세우기로 했다. 계월향은 김경서 장군을 오빠라고 하고 성에

---

44) 趙冕鎬, 『玉垂集』 권4, 「題義烈祠」.
45) 金允植, 『雲養集』 권2, 「題平壤全圖屛風百一韻」.
46) 『평양속지』에서는 "이름이 나와 있지 않는데 야사에는 고니시 히(小西飛)라고 한다."는 보충설명을 달았다.

들였고 어느 날 밤 김경서는 자고 있는 왜장을 칼로 베어 죽였으나 둘 다 탈출할 수는 없어서 계월향을 죽이고 단신으로 돌아갔고, 왜군들은 왜장의 죽음을 알고 나서 사기가 저하되었다는 내용이다. 그런데 읍지의 원출처가 어디일까. 평안도 출신인 이시항(李時恒, 1672~1736)이 김경서의 사적과 유문(遺文)을 모아 『김장군유사(金將軍遺事)』를 엮었는데,47) 간행한 시점은 1738년이어서 『평양속지』보다도 8년 뒤지만 그 전에 관련 기록을 썼을 가능성이 있으므로 일차적으로는 이 기록을 참고했을 가능성이 있다. 『김장군유사』의 「연보(年譜)」에는 1592년 8월 1일에는 이원익과 함께 평양성에 진격했으나 패퇴했다는 내용이 나오고 11월에 계월향과의 일화가 나온다는 점에서 『평양속지』의 날짜와는 차이가 있다. 「연보」에서 계월향과 관련된 내용은 다음과 같다.

11월 심유경이 약속을 하여 표식을 세우자 일본도 병력을 철수하고 약탈도 하지 않았기에 성의 길 중에는 통하는 곳도 있었다. 평양부 기생 계월향이 왜적에게 붙잡혔는데 왜장에게 총애를 받았지만 탈출해서 돌아가려는 마음이 있었다. 부모를 찾는 것처럼 하면서 성에 올라가 슬픈 어조로 "오빠 어디 계세요? 왜 나를 찾으러

---

47) 1738년 평양에서 목판으로 간행하였다고 한다. 이 자료는 성균관대 존경각(1책(87장), 기성 간행, 무오년(1738?) 판각 후쇄), 서울대 규장각①(1책(86장), 표제 '金襄毅公遺事錄', 1735년 이시항 발문), 서울대 규장각②(1책(88장), 1738년 기성 간행, 1735년 이시항 발문), 국립중앙도서관①(2권 2책, 평양 간행, 1791년 李敏輔 續編 序), 국립중앙도서관②(1책(87장), 기성 1738년 간행, 표제 '金襄毅公遺事錄', 1735년 이시항 발문)에 소장되어 있다.

오지 않나요?"라고 소리쳤다. 공(김경서)이 마침 성 아래를 지나다가 그 소리를 듣고 갔더니 계월향이 맞아 성안으로 들여 왜장에게 데리고 갔다. 왜장이 그를 믿어 성을 출입할 수 있게 해 주어서 공은 적의 상황을 정탐할 수 있었다. 어느 날 밤에 계월향이 공을 데리고 성안에 잠입하게 하자 왜장의 머리를 베고 나왔다. 왜적은 (왜장의 죽음을) 알고 사기가 떨어지고 위축되었다.[48]

여기에는 김경서 장군이 일차적으로는 계월향을 구하러 왜군이 점령한 평양성에 들어갔으나 왜장의 믿음을 얻어 적의 상황을 정탐하다가 어느 날 왜장의 머리를 베고 나왔다고만 했을 뿐, 나오는 길에 계월향을 죽였다는 내용은 없다. 이 자료가 실린 「관서충렬전(關西忠烈傳)」에도 김 장군이 왜군에게 붙잡힌 평양 기생과 약속하여 밤에 성에 들어가서 적장의 머리를 베고 나와 왜군들의 사기가 꺾였기 때문에 명나라와 평양성을 협공하여 대승을 거둘 수 있었다고만 서술했다. 『평양속지』의 기록은 「연보」와 비슷하지만 내용을 좀 더 추가했는데, 덧붙인 부분은 김경서가 왜장을 죽일 때 왜장의 목을 베어서 머리가 떨어졌는데도 목이 잘린 왜장이 검 두 개를 던져서 하나는 벽에 꽂혔고 다른 하나는 기둥에 꽂혀 긴장감을 고조시키는 장면과, 김경서가 둘 다 살아서 돌아오기는 힘들다고 판단하여 칼을 휘둘러 계월향의

---

48) 李時恒, 『金將軍遺事』, 「年譜」. "十一月自沈惟敬結約立標之後倭乃歛兵不搶, 城路或通. 府妓桂月香陷賊, 雖寵於倭酋, 而有脫歸之意. 詒以訪問父母. 登城哀呼曰, 吾娚何在, 何不尋我. 公適過城下聞而往赴, 則香迎入城引謁倭酋. 倭酋信之, 使其出入, 公仍體探賊情. 一日夜香引公潛入斬倭酋頭而出去. 賊徒覺之脫氣喪膽."

목을 베고 성을 넘어 돌아왔다는 부분이다. 이렇게 보면 『평양속지』 외에는 계월향의 이야기를 교차 확인할 수 있는 자료가 거의 없다는 점(야사의 기록은 『평양속지』를 출전으로 삼고 있다), 야사처럼 이 왜장이 고니시 히라면 1598년에 일본에 돌아간 뒤 1600년의 세키가하라 전투에서 패하여 참수되었다는 인적 정보와 맞지 않다는 문제, 또 왜장이 이미 죽었는데 굳이 김경서 장군이 계월향을 죽일 필요가 있었는가에 대한 의문 때문에 계월향의 이야기가 사실인지 의심스러운 부분이 있다. 그래도 계월향의 이야기는 그대로 전승되었고, 1921년 『동아일보』에는 '평양 의열사 제사'라는 제목 아래 매년 진주 의기 옥개(玉介)와 겸사(兼祠)하여 음력 3월 15일과 9월 15일에 평양기생들이 합동 제사를 지냈다는 기사도 나왔다.

계월향은 『평양속지』 이외의 다른 자료가 없기 때문에 실존 여부를 확증하는 데에는 난점이 있다. 그런데 다른 한편으로 윤유의 『평양속지』가 앞의 을지문덕의 경우처럼 임진왜란과 병자호란이라는 전쟁 체험을 의미 있게 다루고 있기 때문에, 또 읍지의 성격상 정확한 사실만을 수록하는 게 아니라 그 지역과 관련된 거의 모든 이야기들을 가감없이 수록하기 때문에 『평양속지』에 나온다고 해서 모두 실재했던 사실로 믿을 수만은 없다. 다만 전란을 특기하는 맥락에서 계월향의 이야기가 『평양속지』에 비중 있게 수록되었던 것처럼 일제 식민지 시기에 계월향이라는 존재는 국난의 영웅이라는 점에서 크게 강조되었던 것이 아닌가 생각된다.

그런데 이 이야기에서 계월향의 역할은 매우 모호하다. 이 이야기에는 계월향의 충절을 보여주는 대목이 거의 없다. 왜장을 죽인 것은 김경서였고 계월향은 진주의 논개 이야기처럼 왜장을 안고 강에 떨어져 죽는 것처럼 적극적인 행동을 하지도 않았다. 왜장을 죽였던 김경서를 성안으로 불러들인 공을 이야기하려면 계월향이 그럴 의도가 있었는가를 묻지 않을 수 없는데, 애초에 계월향은 성을 탈출하고 싶다는 의지는 있었지만, 김경서를 끌어들여 왜장을 죽이려고 했다는 내용은 찾을 수 없다. 그 때문에 나중에 계월향을 표창하거나 사당에 제향하는 일련의 움직임을 합리적으로 이해하기는 쉽지 않다.

그렇다면 어떻게 이런 결과로 이어졌을까. 평안도 출신 이시항의 기록에는 계월향이 잠깐 언급되기는 하지만 내용은 주로 김경서 장군의 행동에 초점을 맞추고 있다. 이러한 일련의 과정은 평양에서 역사 유적을 만들어내었던 그간의 정황과 크게 다르지 않다. 당시 사람들에게 각인되었던 평양의 역사 유적은 거의 대부분 실체가 없지만 상징성은 강한 것이었다. 단군이나 기자, 동명왕은 믿음의 영역이었다. 기자의 경우에도 사람들은 확고한 신념을 가지고 논증하려고 애썼지만 신념과 배치되는 내용들이 나올 때마다 이것을 어떻게 짜 맞출 것인가 하는 과제를 안게 되었다.

고구려 계승 의식을 강조하기 위해 동명왕 숭배 풍조가 나타났고, 외적의 침입에 대한 결속의식을 강화하기 위해 단군을 시조로 삼고, 명나라 사신들에게 문명과 교화를 증명하기 위해 강조한 기자 유적은 각기 당시 상황에서 어떤 의도를 가지고 내세운 이념적 인물들이다. 그렇게 볼 때 평양 출신 계월향이 임진왜란 이후 부각된 것도 이념적인 성격이 강했기 때문이며, 한편으로는 상대적으로 충절이라는 이념을 내세우기에는 충분하지 않았으므로 이후에 계속 계월향과 김경서

의 이야기는 내용이 확대되고 부연되는 양상으로 나타났다.[49)]

조선 시대에 단군과 동명왕에 비해 기자의 위상이 높았다고 하더라도 평양의 역사 유적에서 단군과 동명왕의 존재는 계속 살아남았다. 확실한 증거가 없더라도 전설이 있는 명소를 통해 여행자들에게 무의식적으로 그 사실을 각인시켰던 것이다. 중국 사신들의 「평양승적」에서 문묘와 사당이 점차 빠졌지만 조천석과 기린굴은 남았는데, 이들은 조천석과 기린굴이 동명왕의 진짜 사적이라고 보지 않았다. 그러나 사실 여부와 관련 없이 유적과 관련 전설은 끊임없이 유전되었고 관광의 영역에서 무수한 사람들에게 마치 우스개소리처럼 언급되었지만 이렇게 기억된 일들은 특정한 상황이 되면 역사적 의미가 증폭되어 되살아났다.

평양은 지역 내부 세력이 강하지 않았고, 중앙에서 파견된 관료나

---

49) 김경서 장군과 계월향의 이야기에 대해 이시항의 『김장군유사』와 『평양속지』를 바탕으로 여러 사람들이 기록을 남겼다. 1791년에 평안감사였던 洪良浩는 『김장군유사』를 보고 「副元帥金景瑞將軍傳」을 썼고, 채제공도 「金公神道碑銘」(『번암집』 권47)을 썼다. 이 이야기는 20세기 초에 다시 흥미를 끌었다. 20세기 초에 나온 것으로 추정되는 「김장군실기」에 대해 임유경은 「〈김장군유사〉와 〈김응서실기〉의 서술방식 연구」(『인문과학연구』 18, 대구가톨릭대학교 인문과학연구소, 2012)에서 「김응서실기」에 임진왜란 서술 분량이 많은 이유가 일제강점기라는 국가적 상황에 기인한 것이라고 이해했다. 김경서는 평양성 탈환에 공을 세운 장수였기 때문이다. 그런데 계월향 화소는 흥미로운 일화 정도로 활용되었다. 강창규는 「김응서를 기억하는 방식과 그 문학적 형상화」(『용봉인문논총』 40, 전남대 인문학연구소, 2012.)에서 평양지역 유림들과 관찰사들이 김응서와 계월향의 이야기를 확대 변주하였을 것이라고 논의하였고, 1618년 평안도병마절도사로 부원수가 되어 후금 정벌에 출전한 김경서를 평양 재지사족이 어떻게 충신으로 변모시키는지를 다루었다.

중간에 경유하는 국·내외 사신들의 영향력이 상대적으로 더 컸기 때문에 밖에서의 인식이 매우 중요하게 작용하는 곳이었다. 그래서 평양 출신 인물 또는 특정한 사건과 관련된 역사 사적이 강조되지 않고 제대로 된 역사 유물 하나 없으면서 국가로 격상될 수 있는 상징적인 인물이 평양을 대표하는 역사 인물로 자리 잡았다. 그래서 평양은 여러 인물로 대표되는 상고시대 왕조를 떠올릴 수 있는 공간으로 남았을 뿐 그렇다고 해서 평양이라는 지역의 위상이 높아지지는 않았다. 조선 후기에 기자를 논했던 조선 문인들도 평양을 특별한 성지로 여기지는 않았다. 외부인들에게는 필요에 따라 결속력이 필요하면 동원할 수 있는 역사적 상징이 있는 공간 정도의 의미였기 때문에, 일제 식민지 시기에 단군 신앙이 다시 흥기되었을 때 반드시 그 공간이 평양으로 특정되지 않아도 되었던 것이다.

5. 결론

본고의 논의는 평양이 고조선과 고구려의 도읍지인 역사 도시로 인식되지만 관련 유적들이 역사적으로 증명되기 어렵거나 신화적인 이야기 정도로 남아있다는 사실에 착안하여 이루어졌다. 사람들은 단군의 사당을 가서 이곳이 고조선의 도읍지라는 사실을 새삼 환기하고 평양의 외성에 있는 정전을 보고 기자를 추모하며, 구제궁과 기린굴, 조천석을 보면서 동명왕을 떠올리지만, 단군이나 기자, 동명왕과 평양의 연결점은 뚜렷하지 않다. 단군이 나라의 시조라고 본격적으로 인식된 시점은 고려 후기이며 기자의 존재를 증명하려고 본격적으로 노력을 기울인 것은 명나라 사신의 왕래가 이루어진 즈음이었다. 동명왕 또한 고구려 계승 의식이 있었던 고려시대에는 표창의 대상이 되었겠지만 조선 시대로 접어들면 낭만적인 신화적 색채가 덧입혀졌을 뿐 동명왕이 실제로 평양에 있었는지 같은 문제는 더 이상 중요하게 다루지 않았다.

그럼에도 읍지 같은 관찬자료와 평양의 유적을 둘러보면서 지은 시문에서는 평양을 대표하는 역사 인물을, 분명하게 근거를 제시할 수 있는 온달이나 을지문덕, 연개소문, 또는 고려의 여러 왕들의 흔적이 아니라 단군, 기자, 동명왕이라는 상고시대의 국조(國祖)로 지목해 왔다. 그 이유는 조선시대 평양에서 큰 영향을 미쳤던 사람들이 토착세력이 아니라 외부에서 온 사신이나 지방관이었기 때문이다. 특히 사행로의 유락지 역할을 하면서 평양의 역사는 관광화되는 경향을 보였다. 평양의 토착적이고 구체적인 특징을 보여주지는 않지만 조선의 역사를 설명하기에 좋았고 그런 점에서 평양은 역사와 풍류가 공존하는 관광에 최적화된 곳이 될 수 있었다. 그러나 그 결과 평양의 역사 유적에는 이념화된 기억만 남게 되었다. 거란과 몽고의 침입에 대응하여 강조된 단군 시조, 명나라 사신들과 조선 관료들이 중화 문명 수용이라는 점에서 이해관계가 맞아 떨어져 가속화된 평양에서의 기자 찾기, 고려 후기 고구려 계승 의식을 강조하는 차원에서 이루어진 동명 숭배에 더하여 치열한 전투가 이루어진 평양에서 다시 충절의 상징하는 계월향이라는 인물이 새롭게 제시된 것이다. 평양은 구체적인 상황과 실제 고증할 수 있는 역사 유물이 있는 여타 도시와는 달리, 추상적이고 이념화된 역사 유적만 전하면서 상징적인 역사 공간으로서의 이미지를 얻게 되었다.

김제학(金濟學)의 관서 죽지사에 나타난 역사 인식

1. 서론

19세기 문인 김제학(金濟學, 1791~1859)의[1] 「차신석북관서악부

---

1) 김제학의 인적 사항을 소개한 선행 연구는 다음과 같다. 정용수, 「『낙포도정』의 편찬자와 그 자료적 성격」, 『동양한문학연구』 35, 동양한문학회, 2012; 이은주, 「평양 죽지사의 새로운 모색 – 張之琬과 金濟學의 작품을 중심으로」, 『규장각』 56, 서울대 규장각한국학연구원, 2020. 김제학은 성균관 유생으로 있었으나 끝내 출사하지 못했고 문집으로 『龜巖集』이 있다. 이 시는 1858년작 뒤에 수록되어 있지만 그 뒤에는 편년순으로 수록되어 있지 않고 또 김제학이 평양에 간 경험을 토대로 지은 것이 아니기 때문에 김제학의 행적과 결부시킬 수 없어서 창작 시기를 특정하기 어려운 점이 있다. 또 문집에 김제학의 인적사항을 알 수 있는 정보가 많지 않아서 생몰년조차도 정확하게 알기가 어렵다. 생년은 문집에 「辛亥歲回甲」 시가 있으므로 1791년이 확실하다. 정용수의 논문에서는 김제학의 몰년을 1860년으로 보고 있는데 동생 김제성이 1859년 7월에 작성한 문집 서문을 보면 문집은 김제학을 30여 년간 종유하여 김제학의 문장을 익숙히 봐왔고 김제학의 지기를 흠모한 金仲陶라는 사람이 김제학의 시문이 인멸될까 봐 자료를 모아 손수 베껴 만든 것이었고 그 원고를 가져와서 김제성에게 서문을 요청했다고 했다. 이때 김제학이 살아있었다면 이런 식으로 문집을 간행하지는 않았을 것이다. 문집에 수록된 연도 표시 작품 중 가장 늦은 작품이 「感遠堂重修記-代金仲陶作己未(1859)六月」이고 1860년 이후 연도를 명시한 작품은 찾지 못했다. 선행 연구에서 몰년을 1860년으로 본 근거가 무엇인지 알 수 없으나 상황으로 봤을 때 1859년에 사망하고 그 뒤에 문집을 정리한 것이 자연스러워 보이기 때문에 본고에서는 몰년을 1859년으로 표

백팔운(次申石北關西樂府百八韻)」(이하 '김제학 차운시'로 약칭)은 18세기에 나온 신광수(申光洙, 1712~1775)의 「관서악부(關西樂府)」를 차운한 시이다. 원시처럼 108수로 구성되어 있으며 원시의 내용을 고려하되 새롭게 가미한 측면도 많다. 이 작품은 평양을 중심에 두고 관찰사의 평안도 지방 순력을 일부 포함시킨 「관서악부」보다 평안도 여러 지역의 비중을 훨씬 높였기 때문에,[2] '관서(關西)'의 죽지사(竹枝詞)에 더 부합한다고 볼 수 있다. 무엇보다도 이 작품은 평양에 가본 적이 없었던 김제학이 여러 자료를 통해 정보를 선별하고 정리했으므로 풍물보다는 사건에 주안점을 두었다는 점이 특징이다.[3] 곧 평

기하였다.
[2] 이은주, 위의 논문, 282면. 필자가 과문한 탓이겠지만 죽지사는 보통 지역을 단위로 하기 때문에 이 작품 같은 도 단위의 죽지사를 더 발견하지는 못했다. 예컨대 李學逵의 「嶺南樂府」도 明 李東陽의 「西涯樂府」를 모델로 했는데 「서애악부」는 영사악부 성격이 강하며 「영남악부」도 신라에서 고려까지로 한정하여 영남 지역의 사적과 인물에 대해 쓴 시이다. 물론 죽지사도 '上元'이나 '異域'처럼 주제나 범위를 특화시키는 사례가 없는 것은 아니다. 또 외국이라면 죽지사의 소재가 나라 단위로 확대되기도 한다. 다만 국내로 한정할 때 소재가 대부분 개별 지역 단위이고 도 단위의 죽지사를 발견하기가 극히 어려우므로 이 작품은 매우 독특하다고 할 수 있다.
[3] 위의 논문. 4장에서 이 문제를 다루었다. 시 제목에 「관서악부」 후속작임을 명기했듯이 김제학 역시 「관서악부」의 강점과 한계에 대해 명확히 인식한 뒤에 이를 보완하려고 하였다. 신광수의 「관서악부」가 창작 당시 외부에서 인식한 화려한 도시로서의 평양 이미지를 극대화했고 그런 차원에서 평안도 관찰사를 주축에 놓았다면, 김제학은 평양에 관한 정보를 모아서 조합하는 방식을 택했기 때문에 특정한 개인의 경험담이라는 느낌은 거의 없고 다룰 수 있는 범위도 지역이나 소재면에서 크게 확대시켰다. 다만 후속작이라는 측면에서 이 작품은 평안도의 여러 정보를 담는 것에 치중했기 때문에 「관서악부」만큼 평양의 풍경을 시각적으로 재현하지 못했다는 한계가

안도를 가본 적이 없는 김제학이 관련 자료를 통해 평안도 지역을 재구성했기 때문에 그 지역을 직접 보고 느낀 시각적 재현이나 감회보다는 평안도의 특징적인 정보가 두드러지며 평안도의 여러 지역사의 비중도 높게 나타났다.

일반적인 죽지사에서 특정 사건은 해당 지역만의 일로 인식될 것이다. 그런데 개별 지역에서 '도' 단위로 범위를 확대하게 되면 상황이 달라진다. 특히 평안도는 고조선에서 고구려까지의 역사를 조망할 수 있는 특수한 공간이다. 이전 시대로 올라갈수록 평안도의 지역사는 그대로 고대사로 정리될 수 있다. 그리고 죽지사는 성격상 지역의 제반 사항을 포괄하는 양상을 보이기 때문에 역사 저술이나 역사만을 다룬 영사시(詠史詩)와는 성격이 다르다. 곧 김제학의 차운시가 원시에 비해 역사 관련 내용이 많다고 해도 평안도 정보의 일부이기 때문에 김제학의 특수한 논점이나 분석보다는 당대의 일반적인 인식과 이해를 반영했을 가능성이 높다. 또 특정 지역의 죽지사는 읍지나 기존의 작품에서 관행적으로 다루는 내용들을 가져오게 된다. 김제학이 「관서악부」 차운시를 구상하는 단계에서 애초에 '도' 단위의 죽지사를 계획하게 된다면 평안도 여러 지역의 지역사 중에서 무엇을 선택하고 어떻게 유기적으로 통합시킬 것인가가 중요한 문제로 부상하게 될 것이다. 역사적 사건을 서술할 때 평안도의 고유성이 주된 선별 기준으로 작용할 것이므로 이 작품은 19세기의 평안도 인식과 그 의미를 읽어낼 수 있는 유용한 자료로 볼 수 있다.

그렇다면 이 작품에 나타난 평안도 역사 인식을 어떻게 볼 수 있을

있다.

까. 본고에서는 원시인 신광수의 「관서악부」 및 평안도의 역사적 사건을 다룬 여러 작품들을 참조하면서 이 작품에 나타난 평안도 지역사 인식의 양상과 그 의미를 논의해 보고자 한다.

2. 「차신석북관서악부백팔운(次申石北關西樂府百八韻)」의 역사 관련 내용

김제학의 차운시는 말 그대로 「관서악부」를 차운했기 때문에 원시의 내용과 구성을 염두에 두고 있다. 신광수의 「관서악부」는 1774년에 채제공(蔡濟恭)이 평안도 관찰사가 되어 부임한 얼마 뒤에 지어 보낸 시로, 관찰사가 평양에 부임하는 것으로 시작해서 이임하는 장면으로 끝맺는다. 당대(唐代) 유우석(劉禹錫) 이후 대부분의 죽지사는 자신의 경험담을 토대로 그 지역을 형상화했지만, 「관서악부」는 내용 자체로 보면 신광수의 경험담이라고 보기도 어렵고 시의 주인공도 신광수가 아니라 친구인 채제공이었다. 물론 신광수는 대략 15년 전쯤인 1760년경에 평양에 간 적이 있었다. 그러나 「관서악부」의 기본 내용은 관찰사 채제공이 평양 생활이기 때문에 자신의 경험담을 바탕으로 한 것이 아니며, 시 내용이 대부분 앞으로 관찰사가 겪게 될 일이기 때문에 실제 상황을 서술했다고 보기도 어려웠다.[4]

「관서악부」는 평양의 이모저모에 대한 것이므로 평양의 역사도 다

---

4) 이은주, 「신광수 「관서악부」의 대중성과 계승양상」, 서울대 박사논문, 2010; 신광수, 이은주 역해, 『관서악부』, 아카넷, 2018.

소 포함되었다. 그 내용은 제17수~제27수에 집중적으로 나타났는데, 시작 부분은 관찰사가 도임한 뒤 문묘를 참배하는 공식 일정이 나오는 대목이다. 평양의 향교에는 문묘 옆에 단군과 기자의 사당이 있었기 때문에 같이 참배하면서 자연스럽게 평양의 역사를 회고하게 되었다. 회고 내용은 단군(제17수)과 기자(제18수~제20수), 고구려 동명왕(제21수)과 연개소문(제22수), 온달(제23수), 고려의 묘청의 난(제24수)과 멸망(제25수), 임진왜란(제26수~제27수)에 대한 것이다.5) 평양은 삼조선(三朝鮮)과 고구려의 도읍지라는 점이 먼저 조명되었는데, 최초로 나라를 세운 단군에 대해서는 중국 요 임금과 동시대 사람이라는 정도로 간략하게 언급된 반면, 기자에 대해서는 비중을 크게 두고 있다. 기자는 중화 문명을 가져온 인물로 인식되었으며 또 평양에는 외성의 정전(井田), 기자묘(箕子墓), 기자정(箕子井) 등 기자 관련 유적이 남아 있다는 점도 중요하게 고려되었다. 제18수에는 외성의 정전, 제19수에는 팔조목(八條目)과 기자궁(箕子宮), 기자정, 제20수에는 북문인 칠성문(七星門) 근처에 있는 기자묘(箕子墓)에 대한 내용이다. 제21수에는 고구려 동명왕의 무덤인 대동강 너머 중화(中和)에 있는 진주묘(眞珠墓)가 나오는데 평양성 동북쪽(북성 지대)에는 구제궁(九梯宮), 기린굴(麒麟窟) 등 동명왕과 관련된 유적들도 전하고 있었다. 동명왕도 평양을 소재로 한 시에서는 자주 나왔지만 신화적인 색채가 있어서6) 죽지사의 역사 회고에서는 그나마 현실성 있는

---

5) 제85수에 살수대첩이 나오는데, 이 내용은 관찰사가 평안도를 순력할 때 안주에 가서 떠올린 것이라 이 글에서는 역사 회고라기보다는 안주의 특징을 부각시킨다고 보았으므로 논외로 처리하였다.
6) 이은주, 「만들어진 유적, 평양의 로컬리티」, 『돈암어문학』 34, 돈암어문학

무덤을 언급했다고 볼 수 있다. 제22수에는 고구려의 연개소문, 제23수에는 고구려의 온달이 나오며 제24수에는 고려 때 평양이 왕들이 자주 행차하는 곳이었다는 점과 묘청의 난이, 제25수에는 터만 남은 장락궁(長樂宮)을 통해 고려의 멸망이 암시적으로 표현되었다. 제26수에는 명나라 장수가 왜군을 격파한 평양성 전투를 언급했고 제27수에는 이후에 임진왜란 때의 의기(義妓) 계월향의 일화를 제시하였다.

김제학 차운시에서는 역사 관련 내용이 「관서악부」에 비해 거의 2배 정도로 늘어났다. 「관서악부」와 유사한 내용도 있고 원시를 의식해서 약간 다르게 쓴 부분도 있다. 또 아예 새롭게 넣은 부분도 있다. 「관서악부」와 소재가 같은 부분은 제3수(단군), 제4~5수(기자), 제7수, 제14수, 제18~21수(고구려), 제26~28수, 제35수(임진왜란)이다. 고구려라는 점에서 같다고 해도 원시가 있는 만큼 세부 소재나 기조에서 차이를 보이기도 했다. 또 김제학의 차운시에서는 평안도 역사를 회고하는 부분이지만 「관서악부」에서는 특정 지역과 관련해서 언급된 경우도 있었다. 예컨대 제18수의 살수대첩은 「관서악부」에서는 관찰사의 평안도 순력 과정 중 안주(安州) 부분에서 나왔고 제30수의 홍익한 관련 내용은 「관서악부」 제78수에서 대동강 하류 섬 벽지도(碧只島)를 서술할 때 섬과 관련된 사건으로 제시되었다.[7] 곧 「관서악부」는 시제의 '관서'와는 달리 실제로는 대부분 평양에 대한 내용이

회, 2018, 85, 89~90면. 예를 들어 동명왕이 기린마를 타고 영명사 근처에 있는 麒麟窟로 들어갔다가 대동강의 朝天石으로 나와 승천했다는 전설이 대표적이다.

7) 「관서악부」에서는 벽지도와 홍익한을 결부시켰는데 오류이다. 홍익한은 豆里島(豆老島)에서 체포되었는데 벽지도보다 상류에 있는 섬이다.

기 때문에 역사를 조망할 때에도 평양의 지역사만 다루었던 반면, 김제학의 차운시는 평안도 지역에 초점을 두었기 때문에 평안도의 여러 지역사를 포괄할 수 있었다. 19세기 작품인 김제학의 차운시는「관서악부」에 포함되지 않은 병자호란 전후 시기에 대해서도 비중 있게 제시했는데(제30~34수, 제41수, 제91수) 이 또한 소재를 평양에 한정하지 않아도 되었기 때문이다. 특히 홍경래난과 관련된 내용은 매우 길게 나와 있다(제67~82수). 대체로 보면「관서악부」와는 임진왜란까지는 겹치는 부분이 많다.「관서악부」에 없지만 김제학의 차운시에만 나오는 사건은 심하 전투와 홍경래난 두 사건이어서 일단 원시와 차운시의 관계 속에서 김제학 차운시의 특징을 살펴보기 위해 이 시에 나오는 역사 관련 부분을 간략하게 정리하였다.

제3수	단군	제26수	명 건국, 최영	제72수	李堯憲, 朴基豊
제4수	기자, 팔조목	제27수	李如松	제73수	金見臣
제5수	기자, 정전	제28수	駱尙志	제74수	許沆, 金大宅
제6수	위만, 왕조 교체	제29수	楊鎬	제75수	尹郁烈
제7수	고구려	제30수	洪翼漢	제76수	韓浩運
제8수	고려, 위화도 회군	제31수	林慶業	제77수	林之煥
제9수	무신란, 姜栢	제32수	崔孝一	제78수	李濟初, 洪總角
제14수	동명왕 전설	제33수	최효일	제79수	정주성 진압
제15수	변한	제34수	최효일	제80수	柳孝源
제18수	수양제, 살수대첩	제41수	南明, 임경업	제81수	南公轍의 기록
제19수	안시성 전투	제67수	洪景來의 난	제82수	鄭晩錫의 반란 수습

제20수	을지문덕, 연개소문	제68수	倡義	제90수	邢玠, 毛文龍
제21수	수당 침공 경계	제70수	鄭蓍	제91수	金應河
제25수	왕조의 흥망성쇠	제71수	정주성 함락		

「관서악부」에 나온 고조선과 기자, 고구려에 대한 내용은 김제학의 차운시에서도 대체로 유사해서, 아득한 예전에 단군이 나라를 세웠다는 점을 간단하게 언급한 뒤에 은나라의 기자가 건너와 팔조목 등을 통해 교화를 펼쳤고 그 흔적이 외성 정전에 아직도 남아있으며, 고구려에서 을지문덕이 수, 당나라의 침공을 막아내었다는 내용이다. 임진왜란 전까지 「관서악부」와 비교할 때 김제학의 차운시에서 새롭게 추가된 부분은 다음과 같다.

箕業千年晏若平 기자의 업적으로 천년 간 평안했으나
何來衛滿倡虛聲 어디에서 위만이 와서 헛된 위세 부렸나.
柳京自此如郵舍 평양은 그때부터 역참 같은 곳이 되어
舊去新回幾送迎 옛 왕조와 새 왕조가 얼마나 바뀌었던지.
[제6수]

이 시에서는 위만 조선을 언급했지만 「관서악부」에서는 나오지 않은 부분이었다. 물론 평양을 이야기할 때는 늘 단군조선, 기자조선, 위만조선이라는 삼조선의 도읍지라는 점이 언급되었는데, 위만은 기자 이후 41대왕이었던 기준(箕準)을 축출하고 그 땅을 차지하여 왕검성에 도읍한 인물이었다. 평양에서 단군과 기자 외에 위만을 언급하는 것이 드문 일은 아니었다.8) 기자와 위만 모두 중국에서 건너 온 사람이지만 위만은 거의 대부분 부정적으로 인식되었는데, 가장 큰 이유는 훌륭한 기자의 나라를 탈취해서 나라를 세웠다는 점 때문이었다. 한나라 연왕(燕王)이었던 노관(盧綰)의 모반으로 망명한 위만이 자신을 받아준 기준을 기만하여 나라를 빼앗았다는 것에 대한 비판적인 인식은 연산군대까지의 역사까지 포함한 심광세(沈光世, 1577~1624)의 「해동악부(海東樂府)」44수 중 첫 수 '차지한(借地恨)'에 선명하게 나타나며,9) 위만이 의롭지 못하여 나라가 단명했기에 나라가 장구하게 지속된 단군조선이나 기자조선과 같이 볼 수 없다는 허목(許穆)의 논평도10) 비슷한 맥락에서 나온 것이다. 권근(權近)과 허목

---

8) 평양의 역사를 떠올릴 때 위만이 포함되는 경우는 적지 않은데 대체로 간단하게 언급하는 식이다. 南孝溫, 『秋江集』 권1, 「八月念日謁先君空門友一庵於九月山貝葉寺是日乃先忌也請於師奠祀涅槃堂仍話舊師年八十有三」. "獻詩檀君殿, 贊述箕王賢. 流憩浿江邊, 細閱衛滿跡. 歷覽九梯宮, 想像東明德."; 金麟厚, 『河西集』 권10, 「西都」. "檀君生有異, 箕子敎無窮. 井畫存遺制, 科條革舊風. 流亡聞衛滿, 崛起說朱蒙."; 李萬敷, 『息山集』 권1, 「南風」. "東土九域初, 君長始桓因. 滿土建革威, 不曾漸南垠."; 朴胤源, 『近齋集』 권1, 「浮碧樓」. "登樓秋色至, 入寺白雲生. 江動朱蒙石, 山廻衛滿城. 興亡高鳥過, 今古夕陽明. 野樹天邊立, 孤舟萬里情."
9) 심광세의 「해동악부」를 읽고 쓴 權萬의 시에는 이 점이 선명하게 나타나 있다. 權萬, 『江左集』 권2, 「閱海東樂府倣古樂」. "莫借土, 借土還爲盜, 前有衛滿後溫祚. 可憐箕子業, 遂絶不復續. 借土恨, 恨何及." [借地恨]
10) 許穆, 『記言』 권32, 「東史」 중 '衛滿世家'. "滿未有積仁行德, 徒以亡人, 因天下亂, 聚黨千餘. 初以小弱, 乞臣僕於朝鮮, 旣驟强, 以詐逐王準, 奪之國而幷之, 不義甚矣. 因以兵威財物, 略屬傍國, 地方數千里, 然二世而滅亡. 天道暴得者暴亡, 何以傳世久長, 與檀君箕子竝哉."

은 위만 이후에 풍속이 사납게 변했다고 했다.[11] 김제학도 위만을 부정적으로 본다는 점에서 비슷하다고 할 수 있다.

    弁韓何在不分眞   변한이 어디였는지 알 수가 없으니
    談說千年摠漏塵   천년 간 이야기도 모두 아스라하네.
    海左無憑空蕩地   남은 흔적 없어 물을 곳 없으니
    依俙薉貊是江春   어렴풋한 예맥땅 강춘도(江春道)에 있는데.
    [제15수]
    (주: 전하기를 변한이 평안도라고 하는데 맞는지 알 수 없다.)[12]

『평양지』에서 평양의 연혁에 대해 삼조선의 도읍지였다가 한 무제 때 한사군을 둘 때 낙랑이었으며 고구려, 신라, 고려, 조선으로 이어져 온다고 설명하는 것으로 볼 때, 평안도의 역사를 회고하면서 '변한'을 언급하는 것이 일반적이지는 않다. 대조영(大祚榮)이 고구려에서 도망친 무리를 모아 '진(震)'이라는 나라를 세웠고 나중에 발해(渤海)로 이름을 바꾼 나라에서 차지한 곳, 곧 부여(扶餘), 옥저(沃沮), 변한(弁韓), 조선(朝鮮) 영역을 차지했다고 할 때 그 변한을 말할 수 있겠지만, 주석을 보면 삼한(三韓) 중에서 변한을 고구려로 본 『동국사략(東國史略)』를 염두에 두었을[13] 가능성도 있다. 김제학은 낙랑을

---

11) 權近, 『陽村集』 권12, 「平壤城大同門樓記」; 許穆, 『記言』 권48, 「四方」 중 '關西誌'.
12) "俗傳弁韓是平安道而未知是否."
13) 삼한에 대한 인식은 문창로, 「조선후기 실학자들의 삼한사 연구와 의의」, 경기문화재단 실학박물관 편, 『실학자들의 한국 고대사 인식』, 경인문화사, 2012, 98면. 참조.

평안도로, 예맥(濊貊)을 강원도로,14) 변한을 낙랑의 후예로 본15) 견해를 참고하였지만, 왕조의 특성을 구체적으로 설명하는 방식을 택하지 않았다. 김제학은 평안도 지역에 들어선 여러 왕조, 곧 제6수에서 언급했던 것처럼 평안도에서 왕조가 여러 차례 교체했다는 점을 강조하는 차원에서 단군조선, 기자조선, 위만조선, 고구려, 발해를 언급했고 여기에 한사군은 넣지 않았는데, 이런 방식은 평안도 지역을 국가 단위의 역사와 결부시키려는 노력으로 볼 수 있다.

이 지점에서 우리나라 역사를 소재로 한 영사시에 나타난 평안도 지역 관련 소재를 참고하면16) 이 시에서 평안도 지역사를 조망한 양상의 특징이 좀 더 드러날 수 있을 것이다.

저자, 시 제목	평안도 관련 小題 (김제학 차운시 언급 내용과 관련된 소재는 진하게+밑줄로 표시)
沈光世 1577~1624 「海東樂府」	<u>**借地恨(위만)**</u>, <u>**城上拜(안시성 전투)**</u>, 種穄田(도선, 묘청), 古長城(천리장성), <u>**攻遼誤(요동정벌)**</u>
李瀷 1681~1763 「海東樂府」	瓢風曲(玄鶴琴), 七稜石(유리왕), 黃鳥歌(유리왕), 駈騄行(太武王(大武神王)), 西鴨綠行(乙巴素), <u>**城上拜(안시성 전투)**</u>, <u>大同江(기자)</u>, 金花八枝歌(강감찬), 大斧僧(묘청의 난)
林昌澤 1682~1723 「海東樂府」	<u>**檀君祠(단군)**</u>, <u>**箕子廟(기자)**</u>, 柳花歌(금오, 유화, <u>**주몽**</u>), 福章歎(太祖王, 高福章), 乙巴素(故國川王, 을파소), 溫達婦(온달), <u>**城上拜(안시성 전투)**</u>, 塞上謠(강감찬), 蒙人釋(崔春命)
吳光運	<u>**太伯檀(단군)**</u>, <u>**黃河歌(기자)**</u>, <u>朝天石(동명왕)</u>, <u>**城上拜(안시성**

---

14) 李瀷, 『星湖僿說』 권2, 「樂浪濊貊」.
15) 許穆, 『記言』 48, 「關西誌」.
16) 영사악부를 중심으로 목록을 작성하는 그 과정에서 다음의 자료를 참조했다. 정구복 편, 『海東樂府集成』, 驪江出版社, 1988; 김영숙, 『한국영사악부연구』, 경산대학교출판부, 1998.

1689~1745 「海東樂府」	<u>전투</u>), <u>薩水捷(살수대첩)</u>
李匡師 1705~1777 「東國樂府」	<u>太伯檀(단군)</u>, <u>黃河歌(기자)</u>, <u>朝天石(동명왕)</u>, <u>薩水捷(살수대첩)</u>, <u>城上拜(안시성 전투)</u>
李福休 1729~1800 「東國樂府」	<u>桓雄詞(환웅, 단군)</u>, <u>八條詠(기자)</u>, <u>殺使歎(위만)</u>, 衛右渠), 北扶餘(북부여), 東扶餘(동부여), 柳花曲(금와, 유화, 주몽), 七稜石(<u>동명왕</u>), 十濟曲(동명왕, 유리왕, 비류, 온조), 扶芬奴(부분노), 黃鳥歌(유리왕), 檎原怨(유리왕, 해명태자), 毁卵行(帶素王), 陷泥淖(대무신왕), 乙豆智(을두지), 好童怨(대무신왕, 호동), 慕本原(慕本王), 福章嘆(고복장), 遯山怨(新大王), 淸野行(신대왕), 乙巴素(을파소), 解裙帶(山上王), 郊彘詞(산상왕), 七重松(동천왕), 沸流戰(동천왕), 紐由行(유유), 柴原悲(동천왕), 革囊歌(中川王), 思達買(西川王), 販鹽曲(烽上王), 毁都歎(故國原王), 馬跡行(故國壤王), 笑北風(장수왕), 溫達行(온달), <u>薩水戰(살수대첩)</u>, <u>城上拜(안시성 전투)</u>, 楸南怨(평원왕), <u>召男生(연개소문)</u>, 劍牟岑(검모잠), 大花勢(묘청의 난), <u>威化行(위화도 회군)</u>, 錦鈴曲(계월향), 牛家戰(강홍립, <u>모문룡</u>)
金壽民 1734~1811 「箕東樂府」	<u>震檀歌(단군)</u>, <u>箕子操(기자)</u>, <u>朝鮮侯(위만)</u>, 高句麗謠(금와, 유화, 동명왕), 斷劍合歌(<u>동명왕</u>), 乙豆智歌(을두지), 鼓角謠(낙랑), 湛樂歌(고복장), 鴨綠山歌(을파소), <u>乙支文德歌(을지문덕)</u>, <u>安市城歌(안시성 전투)</u>, 馬嶺山謠(보장왕), 姜邯贊歌(강감찬), <u>忠愍歌(임경업)</u>, <u>遼東伯歌(김응하)</u>, 平安監司歌(李泰淵), 用拙堂歌(閔聖徽), <u>芝所歌(黃一皓)</u>, 鐵州歌(李元禎)
李令翊 1740~? 「東都樂府」	<u>太伯檀(단군)</u>, <u>黃河歌(기자)</u>, <u>朝天石(조천석)</u>, <u>薩水捷(살수대첩)</u>, <u>城上拜(안시성 전투)</u>
姜浚欽 1768~1833 「海東樂府」	黃鳥歌(유리왕), <u>大同江(기자)</u>
李學逵 1770~1835	<u>借地恨(위만)</u>, 七嶺松(동명왕), 朽木柱(동명왕), 忿恚城(<u>동명왕</u>, 유리왕, 비류, 온조), 檎京歎(유리왕, 해명태자), 愚溫達

「海東樂府」	(온달), **城上拜**(안시성 전투), 種黍田(도선, **묘청**), **木子得國謠**(위화도 회군, 조선건국)
李裕元 1814~1888 「東國樂府」	**箕子樂**, **高句麗**, 渤海樂
柳得恭 1749~? 「二十一都懷古詩」	**檀君朝鮮**(단군, 해부루), **箕子朝鮮**(기자묘와 기자 정전), **衛滿朝鮮**(**위만, 낙랑**), 高句麗(**동명왕**, 유리왕, 온달, **을지문덕**, **안시성 전투**와 연개소문)
尹愭 1741~1826 「詠東史」	제목은 없음. 소재는 **단군**, **기자**, **위만**, 한사군, **동명왕**, 해명태자, 유리왕, 을두지, 대무신왕, **敎素**, 호동, 모본왕, 고복장, 차대왕, 을파소, 고국천왕, 산상왕, 동천왕, 중천왕, 서천왕, 미천왕, 장수왕, 온달, **을지문덕**, 영류왕, **연개소문**, 보장왕, 대조영, 숙종 예종 서경 행차, 묘청의 난,
朴致馥 1824~1894 「大東續樂府」	**素沙捷**(정유재란, **양호**), 報恩錦(의주 洪純彦), **柳下將**(김응하)

위에 제시한 것은 영사악부에서 평안도와 관련된 내용이다. 죽지사로 볼 때 역사 관련 내용이 많다고 해도 영사악부와 비교하면 김제학 차운시에서 다룬 내용은 비교적 적다. 물론 박미(朴瀰, 1592~1645)의 「서경감술(西京感述)」이나 신광수의 「관서악부」보다는 역사 관련 내용이 많지만, 대체로 김제학의 차운시에서는 어떤 사건이나 인물의 특징을 포착해서 제시한다기보다는 위에 인용한 제6수나 제15수처럼 간단하게 언급하고 넘어가는 편이다. 곧 조선이라는 당대사 이전까지의 역사는 "이 땅의 흥망성쇠는 희비가 교차했고, 조선까지의 일은 알 수 있구나. 여름 지난 나뭇잎은 바람에 떨어지다가, 때가 되면 봄 가지에 꽃이 핀다."라고 했듯이[17] 이 시에서 역점을 두는 부분은 조

---

17) 제25수. "興亡此地喜兼悲, 三到朝鮮事可知. 運去葉飄經夏木, 時來花發入

선 시대의 사건들이기 때문이다. 곧 이전까지의 지역사에서는 평안도 지역과 관련된 여러 왕조들의 흥망성쇠를 간단히 일별하는 것으로 넘어가는데, 평안도 지역사에서 잘 언급하지 않는 위화도 회군(제8수, 제26수)과 무신란(戊申亂)(제9수)을 언급하는 것도 비슷한 맥락으로 이해할 수 있다.18)

위의 영사악부 수록 내용을 볼 때 김제학의 차운시에서 평안도 지역사에서 고려 시대에 대한 내용이 거의 없다는 점도 눈여겨볼 대목이다. 평안도 지역에서 특기할 고려시대 사건은 묘청의 난으로, 처음에 『평양지(平壤志)』(1590년 간행)를 간행할 때에도 여러 대목에서 상당히 비중 있게 수록한 사안이었다. 심광세와 이학규의 「해동악부」 '종제전(種穧田)'에서도 도선(道詵)의 예언을 중심으로 하면서도 인종대에 묘청과 백수한이 서경 천도를 주장하며 대화궁(大花宮)을 짓게 했고 나중에는 난을 일으켰다는 점까지 명기했으며, 고려말까지 다룬 윤기의 「영동사」의 경우 제463~468수를 묘청의 서경 천도와 반란 내용으로 할애해서 비중 있게 수록했다. 반면 김제학의 차운시에서는 묘청은 절과 관련해서 잠시 언급될 뿐이다. 평양에 절이 많고 불교적인 습속에 젖어든 것을 비판하면서 고려시대 인종이 행차했을 때 묘

春枝."이 시에서 '三到朝鮮'은 전조선과 후조선 이후 세 번째 조선이라는 국호를 붙였다는 뜻이다.

18) 제8수. "松京風雨暗西邊, 麗末蒼生載漏船. 新日初回威化島, 東人始見太平年." 주: "我太祖威化島回軍逐崔瑩."; 제26수. "兵到西京棄甲歸. 中原新日大明暉. 當時老憒崔都統, 不念千秋有是非." 주: "崔瑩狹辛禑伐大明, 至平壤聞威化回軍, 狼狽還歸."; 제9수. "生世不知泮杏亭, 面墻遐俗馬牛形. 戊申還作西人幸, 淸北能文始子靑." 주: "子靑姜栢字. 戊申亂栢竄淸北, 敎西人科詩."

청이 기름을 채운 떡을 강에 던져 넣고 기름이 떠오르자 상서로운 조짐이라고 속인 유병계(油餅計)를 언급했는데 이 부분에서의 핵심은 묘청의 난이 아니라 이런 부정적 인물인 묘청이 승려라는 점이었다.[19]

위에 제시한 영사악부에서 거의 최근의 사건까지 거론하는 경우가 많지도 않지만[20] 그렇다고 해도 김제학의 차운시는 19세기 작품이기 때문에 임진왜란에서 심하 전투, 홍경래의 난까지 조선 중후기의 굵직한 사건을 비중 있게 다루었다. 이 시기의 내용은 이복휴의 「동국악부」와 김수민의 「기동악부」, 박치복의 「대동속악부」에서 단편적으로 제시되었는데 김제학의 차운시에서는 평안도 지역사로 한정하면서 상당한 분량을 할애하고 있다.

3. 평안도 지역사에 대한 인식

1) 전란기 친명(親明) 인물과 홍경래의 난

선행 연구에서 지적했듯이 김제학의 차운시에서 지역사를 조망할 때 특히 선명하게 드러나는 것은 대명의리이다.[21] 김제성(金濟性)이

---

19) 제89수. "幾處崢嶸佛塔僧, 愚民多事走燃燈. 西俗應知油餅事, 麗王見賣䂳淸僧."
20) 심광세의 「해동악부」는 연산군대까지, 이익의 「해동악부」는 광해군대까지 다루었다.
21) 이은주(2020), 앞의 논문, 289~290면.

『구암집(龜菴集)』 서문에서 형 김제학이 「재조번방송(再造藩邦頌)」을 쓴 이유가 임진왜란 때 구원병을 보내준 만력제의 은혜를 잊지 않기 위해서라고 명시했던 것처럼22) 김제학은 임진왜란 때는 이여송(제27수)과 낙상지(제28수), 정유재란 때는 양호(제29수)를 떠올렸다. 이여송의 경우에는 일본군을 격파하지 않으면 돌아가지 않겠다는 맹세를,23) 낙상지는 평양성 전투 때 선봉에 서서 일본군을 압도하던 모습을,24) 양호는 늠름한 위풍을25) 강조하는 것으로 이 시기 사건들을 요약하였다. 임진왜란 때 성을 탈환하기 위해 4차에 걸쳐 격전을 벌인 평양성 전투를 생각하면 이여송과 낙상지를 언급한 것은 당연하게 느껴질 수 있지만, 정유재란 때 양호는 평양에 머물렀던 적이 있었지만 직산(稷山, 지금의 천안)의 소사(素沙) 전투에서 이겼기 때문에 평안도의 지역사에 포함시키는 것이 적절하게 보이지는 않는다.

병자호란 때 심양으로 압송된 홍익한(洪翼漢)과 친명파로 나중에

---

22) 金濟性, 「龜菴集序」, 『龜菴集』 권1. "皮幣之北貢今且二百餘年, 風泉之思日以浸遠, 萬曆之恩久而易忘, 故作再造藩邦頌以示春秋之義."
23) 제27수. "隴李將軍又出飛, 臨江射鷺奮戎衣. 東征是汝封侯地, 不破倭兵誓不歸." 주: "李提督鴨江射白鷺."
24) 제28수. "南兵先躍震鐃歌, 螳臂其如巨轍何. 十里長林陰雨夜, 啾啾蠻鬼至今多." 주: "平壤戰南將駱尙志先登."
25) 제29수. "寧夏西歸更不廻, 蠻氛再熾渡江來. 東人稽首瞻天日, 經理風稜御史臺." 이은주(2020), 앞의 논문, 290면, 이 부분에서 이 시의 '經理'를 萬世德으로 보았는데 오류이다. 경리는 楊鎬를 가리킨다. 김제학은 「再造藩邦頌」의 "於是詔都察院都御史弘農楊公經理征倭事天津巡撫萬公參贊機務兵部尙書邢公總督軍門, 大臣親行士氣百倍, 小邦永賴軍政一歸, 誠危急存亡之秋賊復大熾際分崩蕩析之後民且盡劉."처럼 '楊經理', '萬參贊'이라고 썼다.

명나라에 망명하기도 했던 임경업(林慶業)이 나온 뒤에 제32수에서 제34수까지 3수에 걸쳐 조명된 인물은 의주 출신의 최효일(崔孝一)이었다. 실록 기사를 따라가 보면 이 사건은 처음에는 의주 사람 최효일이 남녀 19명과 배를 타고 서해로 도망갔다는 보고가 들어온 정도였다.26) 그런데 아무 죄도 짓지 않은 사람이 도망갔다는 사실 때문에 여러 억측을 낳았다. 그중 하나가 최효일이 도망간 뒤 명나라 선박이 출몰하는 것으로 봤을 때 명나라와 내통하는 것 같다는 의혹이었다.27) 그러다가 청나라의 명으로 의주부윤 황일호(黃一皓)가 죽게 되면서 몇 가지 사실이 드러났다. 그중 하나는 청나라에서 최효일과 그의 친족이 주고받은 서찰을 입수해서 보니 최효일이 명나라에서 벼슬을 하고 있으며 의주의 친족이 생존해 있는 것은 황일호 덕분이라는 것이었다. 이 편지로 황일호와 최효일의 친족,28) 그동안 비슷한 사안으로 의심을 샀던 잠상(潛商)들이 여기에 연루되어 처형당했는데, 이 중에는 차충량(車忠亮)도 있었다. 이 당시 황일호는 누명을 쓰고 억울하게 죽은 것 같았으나,29) 숙종대에 오면 청나라가 억지를 부린 것이 아니라 거사 전에 모의가 발각되어 처형된 것이 기정사실화되었다. 즉 최효일이 명나라로 갈 때 차예량(車禮亮)30) 등 여러 사람과 함께

---

26) 『인조실록』 1639년 8월 15일 기사. 평안 병사 임경업의 보고였다.
27) 『인조실록』 1639년 8월 16일 기사.
28) 『인조실록』 1641년 11월 9일 기사. 이어 12월 8일 기사에 최효일 족속 12인을 죽였다는 내용이 나온다.
29) 尹拯, 『明齋遺稿』 권42, 「秋浦先生黃公行狀」. 秋浦 黃愼의 후사 황일호를 언급하면서 최효일을 뜻을 슬퍼하여 최효일의 친족들을 보살펴 주었다가 변을 당했다는 내용이다.
30) 『영조실록』 1756년 2월 24일 기사. 원문에는 '車汝良'으로 나온다. 최효

최효일이 명나라와 함께 심양을 공격하면 청나라가 구원병으로 군대를 징발할 것이니 그때 청의 군대에 들어가 대사를 도모하자는 계획을 세웠는데 그 뒤 황일호와 차예량이 화를 당한 것은 이 사건 때문이라는 것이다.31) 또 최효일이 중국으로 망명한 뒤 총병(摠兵) 오삼계(吳三桂)의 파총관(把摠官)이 되었는데 청나라 군대가 산해관을 공격하자 일이 이루어지지 않을 것을 알고 숭정제 무덤 앞에 가서 7일 동안 단식하다가 굶어 죽었다는 내용도 추가되었다.32) 이 계획에 참여한 사람에 안극함(安克諴)도 포함되면서 이들은 통칭 '관서삼걸(關西三傑)'이 되었다. 여기에 이 사건의 피화자인 차충량, 장후건(張厚健), 차원철(車元轍), 차맹윤(車孟胤)까지 더해서33) 다시 '칠의사(七義士)'로 명명되었다.34) 이후에 나온 글들은 이런 내용을 바탕으로 한 것인데,35) 흥미로운 점은 최효일과 임경업의 관계이다. 당시 최효일이 도망갔다는 보고를 올린 사람이 임경업이었기 때문인지 최효

일의 종형제였다고 한다. 이 기사는 영조가 「崔孝一傳」과 관련하여 부교리 元仁孫과 나눈 대화인데 이 기사로 미루어보면 「최효일전」에 최효일이 宣川의 차여량 집에 머물렀다가 행장을 꾸려 북쪽으로 떠났다는 내용이 나온 것 같다.
31) 『숙종실록』 1713년 4월 13일 기사.
32) 『숙종실록』 1715년 8월 25일 기사.
33) 장후건은 최효일과 편지를 주고 받은 조카이다. 차충량과 차예량은 형제간이고 차맹윤은 차충량의 아들, 차원철은 차예량의 사촌동생이었다. 『인조실록』에서 차충량을 潛商이라고 했는데 일족이 이 일에 종사했던 것 같다.
34) '칠의사'에 속하는 인원을 다르게 보기도 한다. 成大中의 「黃一皓等七義士傳」(『靑城集』 권7)에서는 위의 명단에서 차맹윤을 빼고 황일호를 넣었다. 義州의 顯忠祠에는 8명 모두 제향하였다.
35) 최효일 관련 글에서 강조점의 차이는 임유경, 「최효일 일화의 전승과 변이 양상」, 『서지학보』 22, 한국서지학회, 1998 참조.

이 임경업에게 죄를 지었다는 소문도 있었지만,36) 어느 시점이 되면 이 두 사람이 매우 친밀한 관계였던 것으로 인식되었던 것이다.37)

김제학의 차운시에서 황일호와 최효일 또는 '관서삼걸', '칠의사'를 함께 조명하지 않고 최효일만 특히 부각시킨 이유는 최효일의 최후가 인상적이기 때문일 것이다.

  一死煤山奉帝閽 매산의 숭정제가 자결한 곳에서 죽음으로써
  危忠卓節是名門 위기에서의 충절로 명문가를 만들었으니
  天於報善元無忒 선행에 대한 하늘은 언제나 보답하기에
  諫院臣今七世孫 지금 사간원 신료에 칠세손이 있구나.
  [제34수]

 (주: 최효일은 숭정제가 자결한 곳에 가서 열흘 동안 단식하다 죽었다. 지금 특별히 제수된 정언 최식(崔湜)이 최효일의 7세손이라고 한다.)38)

---

36) 李肯翊, 『燃藜室記述』 권26 「三學士」 중 黃一皓 관련 내용.
37) 『정조실록』 1793년 9월 13일 기사. 정조의 전교에서는 최효일을 임경업의 '畏友'라고 표현했다. 黃景源의 「明陪臣傳」 4(『江漢集』 권30)의 최효일 항목에서는 뜻을 같이하는 동지이면서도 왜 임경업이 최효일이 도망간 소식을 보고했는지를 정합적으로 설명하려는 노력이 보인다. 최효일이 차예량과 모의한 뒤 황일호와 임경업에게 알려주었는데 이때 임경업에게는 국내에서 의심을 살까봐 장군에게 죄를 얻었기 때문에 도망친 것으로 했으면 좋겠다고 제안했고 임경업은 그 제안을 받아들여 나중에 어떤 일로 최효일에게 곤장을 치고 강등시켰고 그때 최효일이 주변 사람들에게 임장군이 자신을 모욕했기 때문에 고향에 갈 면목이 없으니 바다로 떠나겠다는 식의 말을 했다는 것이다.
38) "孝一往毅宗殉社處, 不食十日而死. 今特除正言湜卽孝一七世孫云."

이 점을 강조하는 이유는 최효일이 명나라에 가서도 체발을 하지 않고 숭정제의 빈소 앞에서 죽었기에 칭송받는 것이지 만약 그냥 있다가 죽었다면 강홍립과 다름없는 일개 항복한 포로일 뿐이라는 성대중의 언급에서도 짐작할 수 있다.39) 제41수에도 만력제의 은혜와 '남명(南明)'의 건재를 희구하는 마음을 의인 임경업과 승려 독보(獨步)를 언급하는 것으로 담아냈다.40) 다만 성대중의 기록에서 1644년에 성제관(省祭官)으로 간 조일계(趙一桂)가 숭정제의 장례에 대해 매우 상세하게 기록하면서도 최효일에 대해서는 전혀 언급이 없다는 부기를 보면41) 최효일의 순국과 표창, 또 나중에 후손들이 녹훈되는 일련의 과정에서42) 어떤 서사가 새롭게 만들어진 것이 아닌가 하는 의구심을 가지게 된다.

그런데 최효일만이 아니라 명 장수 이여송과 양호나 조선의 장수 임경업의 서사에서도 유사한 양상을 발견할 수 있다. 청나라가 안정기에 접어들고 조선에 가하는 압박감이 줄어든 외부적 요건과 정권교체 논리든 왕권 강화 논리든 국내의 여건이 맞물리면서 숙종대부터 영·정조대에 이르기까지 '재조지은(再造之恩)'이라는 대명의리론이 강화되었고43) 전쟁 당시의 여러 기억은 변조되거나 재구성되었다. 만력

---

39) 成大中, 『靑城雜記』 권3, 「醒言」.
40) 제41수. "南明消息海東來, 木道朝天獨步廻. 萬曆皇恩猶未忘, 淸人且莫義人猜." 주: "林慶業送獨步僧航海通問南京."
41) 成大中, 『靑城雜記』 권3, 「醒言」. "趙一桂甲申四月, 以省祭官, 營葬思陵事, 記載甚悉, 無孝一殉死一段."
42) 『正祖實錄』 1793년 9월 13일 기사.
43) 한명기, 「'再造之恩'과 조선후기 정치사-임진왜란~정조대 시기를 중심으로」, 『대동문화연구』 59, 성균관대 대동문화연구원, 2007.

제가 파병한 원군 덕분에 조선이 왜적을 물리칠 수 있었다는 재조지은이라는 관념은 숙종대에 대보단(大報壇)을 설립하는 것으로 마무리되었다. 전쟁 이후 사당 건립 등의 명군의 요구가 과도해지자 선조는 '재조번방(再造藩邦)'을 판각해서 거는 것으로 대신하였고 청나라에 사대하게 된 상황에서 명군의 제사를 공공연하게 이어나가기가 어려워서 대보단 건립 전까지 명군의 사당은 방치되었으며 전란 당시 명군의 무능과 폐단을 목도했으므로 『선조실록』을 편찬한 시점만 하더라도 명군이 별로 한 일이 없다는 인식이 있었지만 어느새 전란 때의 명나라에 대한 기억이 중화문명의 수호자로서의 보편성으로 대체되면서 강력한 상징물로 자리잡았던 것이다.44) 국내의 장수 임경업도 마찬가지였다. 가도(椵島) 전투에서 적의 앞잡이였고 심기원의 역모에 연루되어 국문 중에 죽은 임경업은 17세기 후반에 임경업이 청군의 요구를 회피했다는 서사로 거듭남으로써 숙종대 신원되고 '존주'에 충실한 대명의리의 화신으로 자리 잡았다.45)

이렇게 보면 김제학 차운시에서 대명의리라는 관점은 김제학의 독특한 시선이라고 볼 수는 없다. 그러나 김제학의 차운시가 '관서'의

---

44) 우경섭, 「'再造藩邦'에서 '非禮不動'으로: 바위에 새겨진 명나라에 대한 두 가지 기억」, 『한국학연구』 28, 인하대 한국학연구소, 2012; 우경섭, 「17-18세기 임진왜란 참전 明軍에 대한 기억」, 『한국학연구』 46, 인하대 한국학연구소, 2017.
45) 서동윤, 「1637년 가도 전투를 둘러싼 기억의 전승에 관한 연구」, 『진단학보』 123, 진단학회, 2015. 이 논문에서는 당시 실록 기사과 송시열의 「林將軍慶業傳」, 송시열의 문인 李選의 「林慶業傳」, 成大中의 「黃一皓等七義士傳」을 통해 시간이 흐르면서 임경업의 서사가 어떻게 변모하는지를 다루었다.

죽지사라는 점을 다시 떠올려보면 이런 방식의 역사 회고가 평안도의 지역사와는 다소 무관해 보이는 것도 사실이다. 김제학은 평안도의 지역사를 조망했지만 사건의 특징을 드러낸 것도, 대표적인 인물을 선별하게 뚜렷하게 제시한 것도 아니기 때문이다.

그런데 제67수에서 제82수까지 가장 길게 제시된 홍경래의 난은 앞에 나온 사건들과는 전혀 다른 양상을 보이고 있다. 제81수를 보면 김제학이 홍경래의 난을 남공철(南公轍)의 '신미충의록(辛未忠義錄)'으로 접했다고 했는데, 이 글은 『금릉집(金陵集)』에 수록된 「정주충의단비명(定州忠義壇碑銘)」을 가리키는 것 같다. 남공철의 이 글은 1811년에 홍경래의 난의 전말과 이때 순국한 사람들을 표창하는 내용이다. 봉기군이 이듬해 정주성을 점거한 뒤 관군에 진압되기까지 기간 동안 이들에게 맞서다가 죽은 정시(鄭蓍), 한호운(韓浩運), 백경한(白慶翰), 제경욱(諸景彧), 김대택(金大宅), 허항(許沆), 임지환(林之煥)의 공적을 상세하게 기록하는 한편으로 특히 세간에서 경솔하게 나섰다고 비난한 제경욱과 김대택을 변호하는 성격을 띠고 있다.

김제학의 차운시는 남공철의 글보다 훨씬 더 자세하다. 이 시에서는 홍경래의 난이 일어나 청천강 북쪽 지역을 점령하여 제대로 저항해 보지도 못하고 항복했던 관리들과는 달리 목숨을 걸고 창의(倡義)한 사람들을 조명하면서도 남공철의 글보다는 사건의 순서를 따라가려는 흔적이 보인다. 선천부사 김익순(金益淳)이 항복했을 때(제68수) 가산군수 정시는 맞서다가 죽었고(제70수) 정주목사 이근주(李近冑)는 달아났다는 내용과(제71수) 순무사 이요헌이 진압하러 파견된 이후 순무사 이요헌(李堯憲) 및 한양 중군 박기풍(朴基豊)(제72수), 전사한 김견신(金見臣)(제73수), 허항, 김대택(제74수), 윤욱렬(尹郁烈)(제75수), 한호운(제76수), 임지환(제77수)의 공적을 하나하나 제시했고 정주성에 있던 이제초(李濟初)와 홍총각(洪總角)을 생포한 결말(제78수)과 개선하며 돌아간 순무사 류효원(柳孝源)(제80수)과 선위사 정만석(鄭晩錫)으로(제82수) 마무리했다. '칠의사(七義士)'를 중심으로 구성한 남공철의 글과 비교하면 사건의 전말이 더 부각된다는 점 외에 '칠의사'로 꼽히는 백경한과 제경욱을 빼고 김견신과 윤욱렬을 추가했다는 차이도 있고 순무사 같은 관군도 비중 있게 다뤘다는 특징도 있다.

각 인물별로 내용을 구성했기 때문에 시간순이라고 보기 어려운 측면도 있지만 부정확한 정보도 꽤 있다. 이제초는 1월 13일에 생포했기 때문에 제78수처럼 정주성이 함락된 뒤에 "이제초와 홍총각이 둘 다 생포된 것(齊初總角並爲擒)"이 아니며 1월 16일에 선봉에 서서 정주성에 오르다가 탄환을 맞고 죽은 사람도 제경욱과 김대택이었기 때문에 제74수처럼 "허항이 김대택을 불렀다(許沆傳呼金大宅)"는 식으로 같이 언급할 수 없다. 이와 함께 윤욱렬이 버드나무로 칼을 만든 뒤 수은을 발라 겉면을 구리처럼 보이게 했다는 내용도[46] 들어있는 것을 볼 때 남공철 글 외에도 홍경래 난과 관련된 여러 자료를 보고 있었고 그런 정보 위에서 인물 중심으로 재구성했던 것 같다. 특히 의주의 의병장 김견신이 크게 활약했고[47] 함종부사 윤욱렬이 가

---

46) 제75수 주: "尹郁烈削柳木爲大劍, 塗以水銀以銅獎面." 이 내용이 실려 있는 자료는 찾지 못했다.
47) 『순조실록』 1812년 1월 17일 기사, 1월 22일 기사, 3월 25일 기사.

장 용감했다는48) 평이 있었기 때문에 평안도 사람이 아닌 제경욱과 굴복하지 않았다가 죽은 백경한보다는 전공을 세운 사람을 위주로 선별했던 것 같다.49) 제81수와 제82수에서는 남공철의 글의 주제는 "절의와 충정 모두 빛난다(大節精忠俱炳烺)"는50) 점, 또 난 이후 정만석이 민심을 잘 수습해서 "예전처럼 밤에도 문을 열(依舊里門復夜開)"51) 정도로 복구되었다는 것으로 끝맺었다.

2) '울타리'로서의 평안도 인식

모든 역사가 당대사라고 할 때 그 의미는 현재의 관점에서 이전의 역사를 바라본다는 뜻일 것이다. 김제학이 역사적 사건을 자기 나름 대로 역사적 관점에서 분석했다고 보기는 어렵지만 여러 사건들을 선택하고 강조하는 방식을 통해 평안도 지역사를 어떻게 이해하고 있는지를 보여주었다. 김제학의 차운시에서 지역사는 기본적으로 대명의리에 바탕을 두고 있어서 후반부에 집중적으로 제시한 홍경래의 난과 잘 부합하지 않는다는 인상을 준다.

---

48) 『순조실록』 1812년 4월 21일 기사.
49) 成海應의 「關西殉節諸臣傳」(『연경재전집』 권12)과 朴允默의 「關西七義士」(『存齋集』 권3)에서는 정시, 허항, 제경욱, 백경한, 한호운, 임지환, 김대택이 수록되어 있다. 다만 성해응의 글에는 李廷良이 추가되어 있다.
50) 제81수 "金陵作史有良材, 西事書來石室開. 大節精忠俱炳烺, 千秋不盡劫灰催." 주: "南金陵作辛未忠義錄."
51) 제82수. "亂後民生亦罔涯, 誰將巡節答宸懷. 鄭公宣慰仍觀察, 依舊里門復夜開." 주: "鄭晩錫以宣慰使代李晩秀爲監司加一年."

  金陵作史有良材 금릉 남공철이 좋은 소재로 역사를 써서
  西事書來石室開 평안도 사건을 써 보내 석실에서 열어보니
  大節精忠俱炳烺 절개와 충성이 모두 밝게 빛나건만
  千秋不盡劫灰催 천추에 끝나지 않은 병화의 위협.
[제81수] (주: 南金陵作辛未忠義錄.)

 제81수를 보면 김제학이 홍경래의 난에서 강조하고 싶었던 것은 '대절정충(大節精忠)'이었다. 정만석이 난 이후의 상황을 수습하면서 예전의 평화를 되찾았다고 했지만 마지막 구절처럼 위기감은 잔존해 있었다. 홍경래의 난 부분에서 감돌고 있는 위기감의 정체는 제79수에서 땅을 파고 불을 놔서 정주성을 점거한 봉기군을 진압했을 때 이를 "우레 같은 화염이 국내만이 아니라, 동풍이 불어 유연 지역도 뒤흔들었네(震燁非徒驚海左, 東風吹去撼幽燕)"라고 한 것에서 발견할 수 있다. 이 표현을 보면 봉기군을 진압할 즈음 이들이 청나라에 원병을 요청했다는 소문도 떠올릴 수 있겠지만,52) 실제로 이 사건은 조선만이 아니라 청에서도 긴장하면서 주시한 이슈였다.53) 대명의리에 충실하다면 지금 중원을 장악한 청에 대한 의혹을 가지게 되는 것은 당연할 것이다. 이런 인식은 김제학이 다른 시에서 채제공의 의주 시를 차운하면서 "천하의 인심이 근본을 생각한 지 오래, 백 년의 천운

---

52) '胡兵의 來援'에 대해서는 오수창, 『조선후기 평안도 사회발전 연구』 287, 329면 참조. 이 책에서 근거로 인용한 자료는 의병장인 玄仁福이 쓴 『陣中日記』 1812년 1월 14일, 15일, 3월 26일, 4월 7일, 17일 일기이다.
53) 김선민, 「1812년 홍경래의 난으로 본 조청관계」, 『중국학보』 90, 한국중국학회, 2019.

은 지금껏 더디게 오네.(四海人心懷本久 百年天運到今遲)"54) 구절과도 부합한다. 이것은 홍경래의 난보다 훨씬 이른 시기인 1621년에 모문룡(毛文龍)의 가도(椵島) 주둔과 심하(深河) 전투에서 전사한 김응하(金應河)를 제90수와 제91수에 배치한 것과도 관련되는 문제이다. 사건의 시간순과 어긋나지만 이런 사건 배치는 김제학의 현실 인식을 설명해주고 있다.

邢軍門去薩江邊　형개의 군문이 청천강변을 떠난 뒤
毛摠兵來椵島前　총병 모문룡이 가도 앞에 왔으니
冷劫滄桑無限思　달라진 산천에 무한한 감회 일어
彷徨此地但風煙　이곳을 배회하니 그저 흐릿한 기운만.
[제90수] (주: 邢玠毛文龍.)

이 두 사건은 모두 후금에게 패배했다는 공통점이 있다. 제90수에서는 "흐릿한 기운(風煙)"을 말했지만 곧이어 제91수에서는 김응하가 선천군사 7백 명을 이끌고 전사하여 '요동백(遼東伯)'에 추증된 것을 두고55) "하늘의 해와 달처럼 공적이 빛났네.(光明日月揭天中)"라고

---

54) 金濟學, 『龜菴集』 권4, 「次義州韻三首」(국립중앙도서관 소장본, 한고朝 46-가456) 제2수 제5, 6구.

55) 명 神宗이 김응하에게 요동백을 증직했다는 것과 그 근거가 된 「贈遼東伯詔」의 의혹과 진위 논란에 대해서는 다음의 논문들을 참조할 수 있다. 이승수, 「심하 전역과 김장군전」, 『한국문학연구』 26, 동국대학교 한국문학연구소, 2003; 임완혁, 「명, 청 교체기 조선의 대응과 『충렬록』의 의미」, 『한문학보』 12, 우리한문학회, 2005; 이송희, 「김응하 『충렬록』 판본 변개 과정과 그 의미」, 『유학연구』 46, 충남대학교 유학연구소, 2019; 최혜미, 「

함으로써 회복해야 할 이상을 제시했다. 김제학은 홍경래의 난이 발생한 원인보다는 이런 사건이 일어났을 때 창의했던 평안도 사람들의 행동 그 자체에 주목했다. 이런 인식은 동시대의 이약렬(李若烈, 1765~1836)이 홍경래의 난 때 창의한 사람들을 '관서칠의사'에 견준 것과[56] 유사하다고 볼 수 있다. 홍경래의 난과 서북지역에 대해 여러 기록을 남긴 성해응(成海應)도 존주대의적 관점에 서 있었고 운수가 다하면 청 세력이 약화될 것이라는 생각도 마찬가지였다. 그러나 김제학의 차운시에서 청을 위협적인 존재로 본 것과는 달리 성해응은 조선이 군사력으로 정벌하여 명나라를 복구해야 하며 이를 위해 서북지역의 군사력 양성이 필수라고 생각하는 식으로 각론에서 차이를 보였다.[57]

서북 지역이 북방의 울타리이며 위기 상황에서 이들의 충정이 중요하다는 인식을 전제할 때 김제학의 차운시가 갖는 몇 가지 특이점을 이해할 수 있다. 먼저 지적할 수 있는 것은 홍경래 난에 대해 상당히 큰 비중을 두면서도 이 사건으로 쉽게 연상할 수 있는 묘청의 난을 거의 존재감 없이 가볍게 스쳐 지나가고 있다는 점이다. 앞서 언급했

『충렬록』 소재 「贈遼東伯詔」의 위작 여부에 대한 일고찰」, 『한문학보』 40, 우리한문학회, 2019.
56) 李若烈, 『訥窩集』 권2, 「自賊出關西朝廷遣使號募淸南北四十一州未聞有一人倡起以勤王獨義州金見臣許伉崔信燁相繼而起芟夷凶醜所在立功收復宣鐵龍諸郡若建瓶然倘微三人關河全境幾爲賊據其勢豈不殆哉在昔七義士出自玆州爲皇明立懍貞忠毅烈炳朗日月而今有三人倡義效忠如是偉然實非偶爾感而有賦」. 시 원문은 "曾聞七士死皇明, 千古貞忠炳日星. 今有三人相繼起, 玆州所以義爲名."이다.
57) 강석화, 「성해응의 서북 변계 의식」, 『진단학보』 115, 진단학회, 2012.

듯이 영사악부에서도 고려시대 묘청의 난을 언급한 작품이 적지 않으며 평양을 소재로 한 박미의 「서경감술」(제7수, 『분서집(汾西集)』 권8)과 이 시의 원시 「관서악부」에서도 고려시대 평양의 역사로 제시했다(제24수). 홍경래의 난을 다루면서 서북 지역의 사나운 성격과 난을 연결시켰던 조수삼(趙秀三, 1762~1849)의 「서구도올(西寇檮杌)」(『秋齋集』 권2)과는 달리 김제학은 난이 일어난 원인에 대한 것보다는 진압 과정이 장기화된 원인이 싸움 잘하는 장수가 많은 이곳 사람들이 봉기군에 맞서지 않고 도망갔다는 점에 주목했다. 곧 봉기의 원인을 평양 읍지(1837년)의 '세기(歲饑)'나 정주 읍지(고종 연간)의 '민기(民飢)'로 보면 이것은 충분히 일어날 수 있는 일이었다. 그러나 사소한 불만 제기로 끝날 수 있었던 이 사건이 크게 비화된 것은 "싸움 잘하는 장사도 많아서(能戰亦多壯健兒)" 분명히 조기에 막을 수 있는 능력과 여건을 가지고서도 "순식간에 자기 지역을 버리고 도망가면서 적군의 소굴로 만들었기(棄去一朝爲賊窟)" 때문이라는 것이다.58) 곧 김제학은 묘청의 난이 평안도에서 일어난 난이기는 하지만 서경의 반란군을 중앙의 관군이 진압하는 명확한 대립 구도를 보였기 때문에 홍경래 난과 비슷하다고 생각하지 않았고, 또 묘청의 난 진압에서 평안도 사람들의 창의가 없었기 때문에59) 홍경래의 난과 견주지 않았

---

58) 제71수. "定州天作好城池, 能戰亦多壯健兒. 棄去一朝爲賊窟, 終令天討奏功遲." 주: "定州牧使李近冑棄城逃走."
59) 『평양지』 '인물' 조에서 묘청의 난 관련 행적으로 수록된 인물은 吳先覺 뿐이다. 묘청의 난 때 어리석은 척하면서 묘청의 무리에 끼지 않았다는 것이다. 평안도 출신 李時恒의 「西京賦」에서도 절의 있는 인물로 언급되었다. ("節義則先覺佯愚, 不附賊髡.")

다.

 죽지사가 일반적으로 낯선 지역을 소개하는 측면이 있다고 할 때 김제학의 차운시에서 지역의 역사 인물 현창에 강조점을 두지 않은 것도 눈여겨볼 대목이다. 평안도 지역사를 조망하면서 지역 인물을 내세우지 않는 것은 이례적이다. 따지고 보면 단군과 기자, 동명왕, 을지문덕, 연개소문, 양란 때는 명 장수인 이여송, 낙상지, 양호, 홍익한, 임경업, 최효일, 형개와 모문룡, 김응하, 홍경래 난과 관련 인물들이 수록되어 있는 셈이다. 사실 평안도 각 지역의 입장에서 보면 현창할 인물이 없지 않다.60) 예컨대 지역에서 내세우는 인물 중에서 지명도가 높고 대개의 경우 언급되는 대표적인 인물로 평양의 계월향을 들 수 있다. 계월향은 1730년에 간행된 『평양속지』에서 처음 등장하는데 일본군에게 붙잡힌 계월향이 성에 올라가 소리치다가 우연히 김경서 장군과 만났고 탈출하려고 김경서를 성안으로 들였지만 김경서가 자고 있던 일본군 장수를 베어 죽인 뒤에 둘 다 탈출할 수 없게 되자 김경서가 계월향을 죽이고 단신으로 빠져나갔다는 이야기인데, 1835년경에는 계월향을 제향하는 의열사(義烈祠)라는 사당이 만들어질 정도로 충절의 상징이 되었고 이복휴의 「동국악부」와 신광수의 「관서악부」에서도 소재로 채택했다.

 또 다른 인물은 용강 읍지에서 강조한 김경서이다. 읍지에는 김경서가 쓴 「연옥피구시밀소(燕獄被拘時密疏)」, 관찰사 민진원(閔鎭遠)

---

60) 李時恒은 「西京賦」(『和隱集』 권1)에서 事功, 節義, 儒學, 文章, 孝烈, 志節, 翰墨, 丹靑, 科閥이라는 유형으로 분류하여 평안도 인물들을 열거하였다.

의 「양의공김경서밀소발(襄毅公金景瑞密疏跋)」, 정조(正祖)의 「어제양의공김경서치제문(御製襄毅公金景瑞致祭文)」, 현령 류경(柳畊)의 「김양의공정문음기(金襄毅公旌門陰記)」와 「김양의공정문하시(金襄毅公旌門賀詩)」가 실려 있는데,61) 앞서 언급한 대명의리와 기억의 변조 문제로 볼 때 김경서도 같은 맥락에서 이해할 수 있다. 심하 전투에서 전사한 김응하가 조선과 명이 공유하는 충절의 상징이 된 뒤 그때 투항한 도원수 강홍립과 부원서 김경서는 자연스럽게 비난의 대상이 되었지만 1627년에 아들 김득진(金得振)이 상소를 올리고 1630년에 평안도 유학 강원립(康元立)이 상소를 올리면서62) 김경서는 복관되었다. 또 존주대의가 강조되는 숙종대부터 현창을 재논의하게 되면서 이시항이 엮은 『김장군유사(金將軍遺事)』가 나왔고 정조대에는 정려하고 추증하였다. 이렇게 신원되는 과정을 거쳤다고 해도 김경서에게 '항복'했다는 꼬리표는 늘 따라다녔다. 최소한 송시열과 문인들에게 김응하와 김경서는 나란히 놓일 수 없었다.63) 김제학은 눈에 띌 정도로 채제공 시에 대한 차운시를 많이 지었지만 1855년에 쓴 상소문 「경향팔로유생윤헌구등상소(京鄕八路儒生尹憲求等上疏)」는 노론 유림의 입장을 대변한 글인 만큼64) 이 시에서 김경서를 언급하지 않은

---

61) 서울대 규장각 소장 『龍岡邑誌』(奎12345). 1876년에 용강현령 韓章錫이 주관하여 편찬한 읍지이다.
62) 『仁祖實錄』 160년 2월 16일 기사.
63) 장정수, 「조선후기 김경서 현창의 추이와 당대사적 의미」, 『역사와현실』 115, 한국역사연구회, 2020. 이 논문에서는 19세기 중엽에 김경서의 충절이 확실하게 인정되었다는 점과 소론인 홍양호는 김경서를 광해군 및 강홍립과 대척점에 두었다는 점을 언급했다.
64) 정용수, 앞의 논문, 285면.

것도 비슷한 입장이었기 때문인 듯하다. 곧 대명의리와 청에 대한 우려라는 구도에서 볼 때 계월향이 맞선 상대는 일본군이고 김경서는 어쨌든 후금군에게 항복했기 때문에 이 시의 수록대상에 포함되지 않은 것이다.

평안도가 나라를 지키는 '울타리'이며 이 지역의 강건한 사람들이 나라를 지키려는 충정을 보여야 한다는 것이 이 시의 지역사 조망에서 핵심 논지인데, 사실 변경에 대한 위기감은 김제학의 독특한 인식이 아니라 17세기부터 불거지기 시작해서 18세기 중후반에는 공공연한, 그러면서도 개연성 있는 화제로 자리 잡은 이슈였다. 청 왕조가 곧 약화되어 원래의 발상지로 돌아갈 것이라는 영고탑 회귀설과 그 과정에서 접경 지역인 조선의 피해를 우려하는 분위기가 팽배했는데,[65] 18세기 후반으로 가면서 영고탑 회귀설이 사그라드는 분위기에서 홍경래의 난은 평안도 지역을 뒤흔들며 청의 공격을 유발할 수 있다는 점에서 다시 위기감을 고조시켰다고 볼 수 있다. 김제학의 차운시는 신광수의 「관서악부」를 차운한 시이지만 거의 시작 부분부터 "변방이 곧바로 요양 심양으로 향하니, 우리나라 관문으로 굳건한 서쪽 문(關防直當遼瀋路, 吾東鎖鑰壯西門)"(제2수)으로 평안도 지역을

---

[65] 『肅宗實錄』 1714년 12월 3일 기사; 『景宗實錄』 1722년 12월 1일 기사; 『英祖實錄』 1735년 5월 26일 기사. 민간에서도 관련된 소문이 만연했다. 『이재난고』 1769년 9월 22일 일기; 『頤齋亂藁』 1769년 9월 25일 일기; 『頤齋亂藁』 1788년 1월 12일 일기. 영고탑 회귀설 관련 논의는 다음 논문을 참조할 수 있다. 배우성(1997); 홍성구(2010). 이들 논문에서는 영고탑 회귀설은 오랑캐 국가인 청 왕조가 백년을 지탱하지 못할 것이라는 낙관과 숙종대 중국에서 일어난 오삼계의 난 등의 내란, 몽골이 부상하는 국제 정세 등의 정보가 국내로 유입되는 정황 속에서 형성되었다고 설명했다.

요약했고, 당태종이 화살에 맞아 눈이 멀었다는 일화를 언급한 「관서악부」와는 달리 이 시에서는 다른 사건과는 달리 안시성 전투에서는 성문을 굳건히 지켰다는 점을 강조했다.66)

壤僻句驪近海門	구석에 있는 고구려, 바다와 가까운데
時來猶得抗中原	때때로 오히려 중국의 공격 막았다.
乙德蓋蘇何許者	을지문덕 연개소문 어떤 사람이든
用兵未必勝吳孫	병법이 오기와 손무보다 낫지 않았음에도.
[제20수]	

唐强隋富鑑於前	부강한 당나라 수나라를 경계 삼을 일,
前鑑如斯後亦然	이전처럼 이후에도 그래야 하리라.
若使爲邦能得士	만약 나라에서 인재를 얻을 수 있다면
長江何患擲秦鞭	장강을 건너온들 무엇이 두렵겠는가.
[제21수]	

고구려에 대한 역사인식도 앞에서 언급한 기억의 문제처럼 당대의 인식 속에서 소환되었다. 전란 이후 외적의 침략을 지켜낸 명장과 전란 극복의 역사가 발굴되고 재해석되는 것은 당연한 반응일 것이다. 수와 당의 공격에서 나라를 지켜낸 을지문덕과 안시성주(安市城主) 같이 강력한 고구려가 부각된 것이67) 전란 이후 17세기 문학에서도,

---

66) 제19수. "百練古事史猶存, 安市孤城鐵作門. 可惜姓名人不識, 遺孫寂寞在何村."
67) 허태용, 「임진왜란의 경험과 고구려사 인식의 강화」, 『역사학보』 190, 역사학회, 2006.

18세기 「관서악부」에서도 드러나 있지만 이 시에서는 당시 상황에서 느꼈던 위기의식과 맞물려 다시 강화되고 있는 것을 발견할 수 있다. 그래서 이 시에서는 전장이 있었던 곳을 떠올릴 때마다 감개가 일어 서풍에 검을 어루만지고(제60수)68) 곳곳마다 있는 관서의 인재들과 이들의 출중한 무예 실력을 떠올린다(제63수).69) 전란이 없는 지금이 태평성세라고 여기는 안이한 마음을 경계하는 점에서는 「관서악부」와 유사하지만, 지금이 대명시절이 아니기 때문이라고 설명하는 「관서악부」(제26수)와는 달리70) 김제학 차운시에서는 언제 북풍이 일지 모른다는(제66수)71) 위기감이 잔존해 있다. 곧 언제든 변경에 위기가 닥칠 수 있으므로 그 전에 대비해야 한다는 의식이 강하게 자리하고 있는 것이다(제85수).72)

이 시기 변방 지역의 위험을 감지하고 있었다는 것 자체가 특징적인 것은 아니다.73) 김제학이 주목한 것은 그런 상황 속에서 변방의

---

68) 제60수. "殺胡林外水流遲, 望子山頭日暮時. 到此男兒多感慨, 西風撫劍一揚眉."
69) 제63수. "高山流水好排鋪, 人傑關西無處無. 風氣由來弓馬善, 騎蒭鐵箭冠東隅."
70) 「관서악부」 제26수. "征東提督破倭歸, 剩水殘山帶落暉. 平壤遊人行樂處, 不知今日大明非."
71) 제66수. "沿邊幾處列烽臺, 條帶三江抱界廻. 莫以昇平今日像, 浮塵或忘北風來."
72) 제85수. "滿洲鐵馬吉林旌, 往往中原有用兵. 西土可無陰雨備, 春秋列邑點軍名." 「관서악부」에서 위용을 과시하는 측면에서 관서 무사(제81수)와 군사훈련(제95, 제96수)을 제시하는 것과는 양상이 다르다.
73) 權攄(1713~1770)의 「關西都護曲」과 「後關西都護曲」(『震溟集』 권1)에 음산한 변방 분위기가 잘 드러나 있다.

위험을 높일 가능성이 있었던 홍경래의 난이었다. 김제학은 관서 죽지사를 지었고 이 시에서 평안도의 여러 지역과 다양한 면모를 형상화했지만, 역사 서술로 한정지어 볼 때 평안도 지역민의 입장에서 서술한 것도, 또는 외부인에게 평안도 지역사의 특징을 제시하는 형태로 보여준 것도 아니었다. 김제학은 홍경래의 난이라는 최근의 사건을 통해 이전 평안도의 역사를 조망했고 존주의식이라는 관점에서 '오랑캐' 청 왕조의 몰락을 기원하면서도 그 과정에서 국내에 위협이 될 때 그 방어선으로서의 평안도의 역할을 강조하고 평안도 지역민의 충정과 의기를 기대했다고 할 수 있다.

4. 결론

본고에서는 19세기 문인 김제학이 신광수의 「관서악부」를 차운한 「차신석북관서악부백팔운(次申石北關西樂府百八韻)」을 대상으로 해서 이 작품에 나타난 역사인식과 의미를 파악하고자 했다. 죽지사가 일반적으로 개별 지역을 소재로 삼는 것에 비해 이 작품은 평안도라는 확장된 공간을 소재로 삼는다는 점에서 특이하며, 그런 점에서 평안도를 바라보는 외부의 시선을 보여준다고도 볼 수 있다. 해당 지역의 특징적인 면모를 형상화하는 죽지사의 성격 그대로 이 작품에서도 당시 평안도 지역의 다양한 양상, 곧 상업과 문풍(文風), 각 지역에 대해 다채롭게 그려내고 있다. 다만 지역사를 조망할 때 보통 제시할 법한 사건을 생략하거나 평안도 인물과 무관한 내용 또는 평안도 인물의 현양이 별로 보이지 않는다는 점이 눈에 띈다. 무엇보다도 심하 전투나 최효일 사건, 홍경래의 난을 각각 소재로 쓴 시들은 있어도[74] 이 사건들을 한 편의 시에 포함한 경우를 찾기는 어려운데, 그중에서 특히 거의 최근에 일어난 홍경래의 난에 비중을 두고 있다는 점도 특징적이다. 그래서 오히려 홍경래의 난을 통해 김제학 자신이 유의미하다고 보는 과거의 사건들을 특히 군사적인 부분에 초점을 맞추어 선별한 것이 아닌가 생각하게 된다.

대명의리라는 관점에서 중국 정세에 따른 변방에 대한 위기감은 평안도 지역의 민란으로 인해 고조되었기 때문에 이 시에서 지역사를 평가하는 구도는 명 왕조에 대한 충정과 변경 밖 외적의 위협으로 양분되어 있으며, 그 맥락 안에서 국가의 수호와 충정, 절의 있는 인물들을 강조하고 있다. 이것은 변경 지역의 위기 상황을 강하게 느끼는 외부인의 평안도 인식이자 이들이 평안도 지역민에게 기대했던 모습이기도 했다. 어떻게 보면 김제학이 대명의리라는 기조와 변방의 위험을 고조시킬 수 있는 당대 사건이라는 두 축을 통해 과거사를 선별한 것은 관서 죽지사를 쓸 때 평안도의 여러 지역사를 모자이크로 조합하면서 동시에 어떻게 평안도 역사를 일관되게 구축할 것인가라는 과제를 해결하는 방법이었다고도 할 수 있다.

---

74) 최효일 및 이때 관서칠의사를 소재로 한 작품으로는 朴性陽(1809~1890)의 「關西七義士贊」(『芸窓集』 권11)이 있다. 홍경래의 난을 소재로 한 시로는 趙秀三(1762~1849)의 「西寇檮杌」(『秋齋集』 권2)이 있다. 심하 전투에서 전사한 김응하를 소재로 한 시는 일일이 열거할 수 없을 정도로 많다.

평양의 내부 인식

평양인의 자기 인식

- 읍지 자료를 중심으로 -

1. 서론

'서북'의 축자적 의미는 평안도와 황해도, 함경도를 아우르는 것이지만, 평안도에서 '서북인 차별'을 언급한다면 황해도나 함경도는 자연스럽게 제외될 것이다. 여러 자료에서 서북인을 언급할 때 실제로 각 상황에서 지칭하는 범위는 맥락에 따라 차이가 있을 수 있다. 18세기 초 평양 사인 김점(金漸, 1695~1775?)이 편찬한 『서경시화(西京詩話)』와 『칠옹냉설(漆翁冷屑)』에서[1] 소세양(蘇世讓)의 무고(誣告)

---

[1] 『칠옹냉설』은 그동안 『서경시화』의 후반부로 인식되었으나 별개의 책이다. 이은주, 「평안도 인물 일화집 『칠옹냉설』 연구」, 『대동문화연구』 111, 2020, 31~37면. 『서경시화』는 1728년에 평양 문인으로 한정하여 1차 편찬을 했고, 그 뒤에 평안도 문인으로 확대하여 1733년 증보 작업을 마쳤다. 현재 『칠옹냉설』은 국사편찬위원회 소장본과 조종업이 엮은 『한국시화총편』에 수록된 필사본 2종을 확인할 수 있는데, 중복되는 내용이 있어도 분량과 수록 범위에서 차이가 있다. 위 논문에서는 각 필사본의 편자를 확정하지는 못했으나 국사편찬위원회 소장본 『칠옹냉설』에 언급된 "余外曾祖西亭田公諱闓"을 보면 외증손임을 명기한 김점의 「西亭公事蹟」(1730년 작성, 田載昌, 『南原田氏族譜』, 한국족보신문사, 1997 수록)이 있어서 최소한 국편본의 편자는 김점임을 확인할 수 있다. 『한국시화총편』 수록 필사본은 국편본을 수정 증보한 것으로 추측되나 상세한 제작 상황은 알 수 없다.

로 인한 청요직 좌절, 숙종대의 이정(李禎)과 여필희(呂必禧)의 평안도 풍속 비방을 평안도 차별의 근거로 제시한 것을 보면, 지역민에게 유의미하게 체감된 차별의 의미를 이해할 수 있다.2) 평안도 차별을 다룬 논의들은 이런 내용에서 출발하고 있다. 이렇게 볼 때 평안도 차별은 외부의 사람들이 발견해낸 것이 아니라 내부 구성원의 자기 인식 문제라고 할 수 있을 것이다.3)

2) 金漸 編, 『西京詩話』; 『漆翁冷屑』 上, 「鯉直」. 물론 그밖의 여러 자료에서도 관련 내용을 확인할 수 있다. 비슷한 시기인 1726년에 義州 幼學 金德老가 평안도 인사의 청요직 진출의 어려움을 호소하는 상소문을 올린 것도 유사한 인식의 결과일 것이다. 청요직 진출과 관련하여 평안도 사람에 대한 차별은 오수창, 「조선시대 평안도 출신 문신에 대한 차별과 통청」, 『한국문화연구』 15, 2008 참조.
3) 본고는 평안도 사람들이 관직 진출에서 차별을 당했다는 사실을 부정하려는 것이 아니다. 지금까지 이런 점들을 입증하려고 했던 선행 연구의 기조에 대해서도 이견이 없다. 평안도 차별에 대한 논의는 오수창, 2002 『조선후기 평안도 사회발전연구』, 일조각; 위의 논문 참조. 다만 평안도 사람들만 유의미하게 차별을 당했다기보다는 서울 사람들에 비해 전반적으로 지방 사람들이 열세에 있었고, 평안도 차별 논리는 선행 연구에서 지적한 것처럼 평안도에서 특히 이 문제에 대해 적극적으로 공론화했다는 의미로 이해해야 할 문제라고 생각한다. 또 평안도 차별 문제는 다른 지역의 차별과 함께 비교·검토하는 것이 자연스러운 논의 순서가 아닌가 하는 생각도 가지고 있다. 자기 지역이 차별당하고 있다는 인식은 다른 지역민도 가지고 있다. 개성인의 차별 인식은 이은주, 「박문규의 집구시집 『천유집고』 연구」, 『한국한시연구』 19, 2011, 74면; 양정필, 「조선시대 개성 지역에 대한 차별과 개성인의 정체성」, 『중앙사론』 46, 2017 참조. 전라도 흥덕 출신 황윤석의 호남 차별 인식은 배우성, 「18세기 지방지식인 황윤석과 지방인식」, 『한국사연구』 135, 2006; 이지양, 「호남선비 황윤석이 본 '호남차별' 문제」, 『동양한문학연구』 27, 2008 참조.

그렇다면 '평안도 사람들'은 단일한 공동체일까. 전근대 시기에 '도(道)'가 행정 단위를 넘어 도내 전 지역을 결속하고 같은 정체성을 가진 공동체의 단위로 기능했던 것일까.4) 이를테면 소세양 일화는 평안도 전 지역에서 공유되었던 것도, 비슷한 반응을 보였던 것도 아니었다. 이렇게 집단을 지칭하는 용어는 개별 상황을 강조하는 수사적 표현일 때도 있으므로 그 안에 혼재된 보편성과 개별성은 좀 더 따져봐야 할 문제일 것이다.5) 자기 정체성의 단위와 함께 하나의 공동체라고 하더라도 시대나 상황에 따라 자기 인식이 달라질 수 있다는 점도 고려해야 한다. 여건이 달라지거나 특정한 사건이 발생하면 이전 세대의 기억을 수정하거나 더 공고하게 만드는 방향으로 전개될 것이기 때문이다. 지금까지 평안도 연구는 도 단위에서 내부의 정체성이나

---

4) 본고에서는 '자기 인식', '정체성', '기억의 공동체'라는 단어를 집단 개개인의 기억을 수집한 집합기억(collected memory)이 아니라 소속집단 구성원의 집단적인 관점을 의미하는, 곧 기억의 공동체로서의 집단기억(collective memory)을 가리키는 의미로 사용했다. 제프리 K.올릭, 2011『기억의 지도』(강경이 옮김), 도서출판 옥당, 48~68면 참조. 그런 관점에서 본고에서는 지명도 있는 인물의 개별 저술보다 지역민의 공동 작업인 읍지를 더 유의미한 자료로 보았다.

5) 하나의 도가 그 안에 각기 다른 문화적 정체성을 보인다는 논의는 본고만의 독특한 관점이 아니다. 지세, 기후, 방언, 행정구역을 고려하여 영남 지역을 안동, 상주, 경주, 대구, 김해, 진주 6개 소지역으로 분류한 손명원, 「영남지역 내 하위지역 구분」, 『한국지역지리학회지』 22권 1호, 2016 참조. 평안도도 이미 여러 선행 연구에서 '청남'-'청북' 같은 도내의 갈등을 다루었다. 청북 지역을 중심으로 정리한 논의는 김선주, 『조선의 변방과 반란, 1812년 홍경래 난』(김범 옮김), 푸른역사, 2020 참조. 본고는 심사서에 제시된 지적에 따라 여러 대목에서 내용과 자료를 보완하였다. 본고의 여러 문제점에 대해 지적하고 조언해주신 익명의 심사위원께 깊이 감사드린다.

인식을 도출하는 방향으로 논의가 전개되었는데, 이런 논의는 평안도 각 지역의 인식을 토대로 귀납하는 과정을 동반해야 하는 것이 아닌가 한다.

본고에서는 같은 정체성, 동일한 기억의 공동체를 논의할 때 유용하게 활용할 수 있는 자료가 지역민이 실무자가 되어 만드는 읍지라고 판단했다. 읍지는 개별 저술과는 달리 제작 단계에서 해당 지역의 사인들이 실무진으로 참여하므로 읍지의 내용을 구성하고 자료를 선별하는 과정에서 대체로 지역민의 집단적 인식이나 이해관계를 반영하기 때문이다.6) 그렇다면 구체적인 지역 단위로 접근할 때 지역민에 대한 서술이 평안도 차별 인식과 같은 맥락으로 나타날까. 본고에서는 이 질문에 대답하고자 편의상 평안도의 여러 읍지 중에서 16세기부터 19세기까지 5차례 간행되어 통시적 변화를 확인할 수 있는 평양 읍지로 범위를 한정해서 지역 내부의 인식과 그 인식의 시대적 변화를 살펴보고자 했다. 본고에서 분석 대상으로 삼은 주 자료는 평양 읍지 5종(1590년, 1730년, 1837년, 1855년, 1892년 간행 읍지)이며7)

---

6) 평양 읍지로 한정하면 대체로 관찰사가 책임자, 지역민이 실무자가 되어 제작했던 것 같다. 물론 읍지마다 상황은 달라서 관찰사의 개입 정도에는 편차가 있다. 1590년 읍지에서는 관찰사 尹斗壽가 주도적인 역할을 한 것 같지만, 1730년 읍지에서 尹游는 그보다 약하고 오히려 지역민의 존재감이 강조되었다. 1835년, 1855년 읍지에는 관찰사의 서문조차 없다. 1892년 읍지에서 南廷哲은 읍지 완성을 보지 못한 채 이임했는데 그래도 전반적인 체제를 결정한 주체는 남정철인 듯하며 1905년 읍지에서 군수 李承載는 서문을 써준 정도였다.

7) 평양 읍지의 편찬 역사와 각 읍지의 성격에 대해서는 이은주, 「평양 읍지를 어떻게 읽을 것인가」, 『한국한문학연구』 77, 2020 참조. 평양 읍지는 소장 기관을 특정할 필요가 없을 정도로 여러 기관에 소장되어 있다. 다만

지역민의 자기 인식을 살펴볼 수 있는 부분에 초점을 두어 이 문제에 다가가 보려고 한다.

2. 정체성의 단위와 평양 읍지

1) 평안도 내부의 기억 공동체

평안도 차별과 관련하여 가장 파장이 컸던 사건을 꼽으라면 1714년에 있었던 여필희 사건을 들 수 있을 것이다. '관서변무소(關西辨誣疏) 사건'으로 명명된 이 사건은 실제로 당시에 상당한 반향을 일으켰고 여러 지역의 읍지에도 수록되었다. 암행어사 여필희가 보고한 내용은 평양에는 선현의 유풍이 있지만, 나머지 지역은 무지하고 어리석으며 특히 청북 지역은 더욱 문란하고 혼탁하다는 것이었다. 이 보고 내용이 알려지자 관서 유생 길인화(吉仁和)가 주축이 되어 160여 명이 연명하여 보고서 내용을 반박하는 동시에 여필희를 규탄하는 상소문을 올렸다.[8]

1892년 읍지는 숭실대 박물관에 완본이, 고려대 도서관에 낙질본이 소장되어 있다. 1590년, 1837년, 1855년 읍지는 다음의 두 자료에 수록되어 있다. 김병연 편, 『평양지』, 平南民報社·古堂傳·平壤誌刊行會, 1965; 이태진·이상태 편, 『(조선시대) 사찬읍지』, 한국인문과학원, 1990.(제45책-제47책).
8) 『숙종실록』 1714년 7월 26일자 기사. 여필희의 보고로 관서 유생이 상소문을 올린 관서변무소 사건은 서북 차별의 단적인 근거로 제시되었다. 오수창, 「조선후기 평안도 지역차별의 극복 방향」, 『역사비평』 33, 1996; Sun Joo Kim, "Defending Regional Elite Identity and Culture", *Voice*

매우 모욕적이라고 할 수 있는 이 사건이 평안도 전역을 규합하지 못했던 이유 중 하나는 비판의 범위를 한정했기 때문일 것이다. 평양을 빼고 특히 청북 지역을 명시했기 때문에 이후 여필희가 10월 8일에 감시(監試) 복시(覆試)에 참시관(參試官)으로 파견되었을 때에도 청북의 유생들은 거세게 반발하여 과거 응시 거부로 맞선 반면, 평양 유생들은 이런 집단행동에 미온적이었고, 이 때문에 역설적이게도 청북 유생들이 평양 유생을 원망하게 되는 결과를 빚었다.9) 그런데 유의할 대목은 청북 지역을 비판했다고 해서 청북 지역 전체가 관서변무소 사건을 지역사 서술에 포함시킨 것은 아니라는 점이다. 상소를 주도했던 길인화(疏頭, 영변 사람), 이시항(李時恒, 製疏, 雲山 사람),10) 이진업(李震業, 寫疏, 龜城 사람), 김남헌(金南獻, 疏色, 定州

---

from the North, Stanford CA.: Stanford University Press, 2013; 하명준, 「18세기 전반 평안도 유생의 지역인식과 관서변무소 사건」, 『한국사연구』 167, 2014 참조. 관서변무소 사건은 오수창의 논의를 필두로 이후 구체적으로 다듬는 양상을 보여왔다. Sun Joo Kim이 최대한 상세하게 사건을 서술하면서 이시항의 대응 논리에 주목했다면, 하명준은 상소 작성자인 이시항과 이만추의 입장과 함께 당시 알려진 내용의 사실 여부도 다루었다.
9) 李萬秋, 『安窩先生文集』 권2 「平安道卞誣疏」, 「備局回啓」. 관서변무소 사건의 경과에 대해서는 하명준, 앞의 논문 참조. 관서변무소 사건의 여파가 이듬해에도 지속되어 숙종 41년(1715) 봄에 시행된 과거에서 평양 유생은 처음에는 과거 응시 거부에 동참하였으나 나중에는 관찰사의 설득으로 거부하는 대열에 참여하지 않았다. 그러자 청북인은 그것을 "마음 깊이 원수처럼 미워해서" 과거에서 시관을 협박하였고 과장에서 응시자들을 내쫓았는데 이 일로 인해 청북 유생과 평양 유생의 사이가 벌어져서 "자기들이 서로 원수처럼 원망하게" 되었다.
10) 19세에 처가가 있던 평양으로 이주한 이시항은 이때 출신지를 출생지인 '운산'으로 밝혔다.

사람), 정상우(鄭尙祐, 疏色, 鐵山 사람), 박경일(朴敬一, 疏色, 成川 사람)의 지역 읍지 중에서 청남에 속하는 성천을 제외한 읍지에서 모두 이 사건을 수록했다. 필자가 확인한 바로는 여기에 용천 읍지, 태천 읍지, 의주 읍지를 추가할 수 있다.11) 그런데 청북에 속하는 지역이어도 이 사건을 언급하지 않은 읍지도 있으므로,12) 이렇게 보면 '청북' 전체가 공통된 기억을 가진 단위라고 보기는 어려울 것이다.

청북 지역 중에는 여필희의 비난에 적극적으로 대응하지 않는 수준을 넘어 아예 다른 기억을 가진 지역도 있다. 평안도에서는 1695년에

---

11) 전근대 시기 읍지가 대개 기존 읍지에 새로운 내용을 추가하는 양상을 띠는 반면, 20세기 이후에 간행된 읍지들은 기존 읍지들을 집대성하거나 취사선택하는 경향을 보이기 때문에 이런 '기억의 역사'를 확인하기에 더 적합하다. 필자가 확인한 20세기 이후 청북 읍지 중에서 '관서변무소'를 수록한 읍지는 다음과 같다. 영변군민회, 『寧邊志』, 서울활판사, 1971; 운산군지편찬위원회, 『雲山郡誌』, 운산군지편찬위원회, 1978; 구성군지 편찬위원회, 『龜城郡誌』, 증보판, 구성군민회, 1994; 정주군지편찬위원회, 『定州郡誌』, 정주군지편찬위원회, 1975; 철산군민회, 『鐵山郡誌』, 철산군민회, 1976; 용천군지편찬위원회, 『龍川郡誌』, 평안북도용천군민회, 1998; 태천군민회, 『泰川郡誌』, 태천군민회, 1973; 의주군민회, 『義州郡誌』, 의주군민회편찬위원회, 1975. 상소문을 제작한 인물이 있는 지역이 아닌 경우에는 지역민의 참여나 자기 지역의 의미를 강조했다. 용천 읍지와 태천 읍지에서는 많은 지역민이 서명에 참여했다는 점을 언급했고, 의주 읍지에서는 상소문에서 임진왜란 때 선조가 몽진한 의주를 언급했다는 점을 강조했다.
12) 청북 지역 중에서 이 사건을 수록하지 않은 읍지는 다음과 같다. 안주군민회, 『내고장 安州』, 홍우종, 1989; 선천군지편찬위원회, 『宣川郡誌』, 선천군지편찬위원회, 1977; 강계군민회, 『江界誌』, 강계군민회, 1966; 후창군민회, 『厚昌郡誌』, 후창군민회, 1980; 희천군지편찬위원회, 『熙川郡誌』, 희천군민회, 1980; 삭주군민회, 『朔州郡誌』, 삭주군민회, 1991; 박천군민회, 『博川鄕土誌』, 박천군민회, 1979.

별과를 설행하면서 합격자 인원을 '청남', '청북' 지역별로 할당하면서 청천강 이남 지역에 비해 상대적으로 열악한 상황에 있었던 청북 유생을 배려했고, 1728년에 별시를 설행할 때에는 강변 6읍의 유생들을 위해 따로 이 지역 합격자 1인을 정원에 추가하도록 했다. 평안도 전 지역 유생들이 별시 설행을 간절하게 원한다고 해도 청천강 남과 북, 강변 6읍으로 합격자 정원이 할당된다면, 이들 간에 또 다른 이해관계가 개입되는 셈이었다. 이렇게 되면 각 지역 유생들의 입장도 달라질 수밖에 없다. 강변 유생들이 바로 그런 상황에 놓여 있었다. 강계읍지에서는 이때의 조치와 관련하여 역대 강계부사들이 올린 상소문을 요약해서 수록했다. 강변 6읍은 압록강 연변에 위치한 강계, 초산(楚山), 창성(昌城), 삭주(朔州), 위원(渭原), 벽동(碧潼)을 가리키는 것으로, 이 지역에서는 그동안 지리적으로 한양과 매우 멀리 떨어져 있어서 과거에 응시하러 가는 것이 너무 힘들다는 문제를 호소해 왔다. 부사와 어사가 서계를 올린 끝에 1709년에 별과를 설행하였지만 정작 문과가 설행되지 않았는데, 1713년에 암행어사 여필희가 이런 사정을 알고 강변의 별시를 정주의 공도회처럼 설행하고 별도로 강변 6읍에 합격자 2명을 할당하자는 제안을 올렸으니 그렇게 해달라고 요청한 것이었다.[13] 최소한 강변 읍지에서 여필희는 평안도 풍속을 비난한 인물이 아니라 강변 유생들에게 희망을 준 구원자로 인식되고 있었던 것이다.

---

13) 『江界誌』, 「江邊人才薦用」, 「道科講設」.(이태진·이상태 편, 『(조선시대) 사찬읍지』 55, 한국인문과학원, 1990 수록.) 『승정원일기』 1726년 2월 11일 기사에 신택의 상소문 전문이 실려 있다.

어떤 사안에 대해 도내에서 보이는 반응이 다르다는 점도 있지만, 이와 함께 살펴볼 수 있는 흥미로운 현상이 있다. 시대가 흐르면서 각 지역에서 읍지를 간행하게 되면 해당 지역이 가지고 있는 유적을 중심으로 그전에는 통합되었던 어떤 내용이 분화되어 각각의 지분을 가져가는 양상을 보인다는 점이다.[14] 예컨대 평양은 대체로 고조선, 기자조선, 고구려라는 세 나라의 도읍지였기 때문에 전통적으로 단군과 기자, 동명왕을 강조해왔다. 평양에는 단군과 기자, 동명왕의 사당이 있었고 단군의 유적은 따로 없지만 기자나 동명왕은 관련된 여러 유적이 있었기 때문에 1590년과 1730년 읍지에는 단군, 기자, 동명왕이 함께 부각되었다. 또 1590년 읍지의 인물 항목에는 온달과 을지문덕을 수록하였고, 전란 이후 간행된 1730년 읍지에서는 구국의 영웅으로서 을지문덕을 특히 강조하였다. 그러나 19세기 이후로 들어오면 양상이 달라져서 유적 또는 관련된 곳을 보유한 지역의 목소리가 더 크게 나타난다.

예컨대 단군은 영변 읍지, 운산 읍지, 강동 읍지에서 강조되고 있다. 단군의 아버지 환웅이 태백산 단목(檀木) 아래로 내려왔다고 할 때 태백산은 영변의 묘향산을 가리킨다고 인식되었기 때문이다. 그래

---

14) 행정 구역을 재편하면서 새롭게 영역이 정해진 지역에서도 비슷한 모습을 발견할 수 있다. 예컨대 19세기 말에서 20세기 전반에 걸친 몇 차례의 행정 구역 개편으로 중화군이 원래 별개의 지역이었던 상원군을 병합하게 되는데 이런 변화에 대한 내용은 중화군민회, 1989 『중화군지』, 평안남도 중화군지편찬위원회 참조. 이 읍지에서는 상원읍에서 발견된 구석기 유물을 토대로 지역사를 서술하고 있다. 새로 재편된 행정 구역 속에서 다시 새롭게 지역 정체성을 모색하고 있는 것이다.

서 영변 읍지에서는 환인, 환웅, 단군을 중요하게 서술하였다. 강동에는 단군묘가 있었고 단군묘는 19세기 말에는 단군릉으로 격상되어 지역민에게 강동을 대표하는 유적이 되었다.15) 동명왕도 상황은 비슷하다. 동명왕묘는 18세기 읍지에서는 평양 읍지에 설명이 되어 있으나 1892년 읍지에서는 '사묘(祠墓)' 항목에 동명왕묘가 나오기는 하지만 다른 설명 없이 중화에 있다고만 언급했다.16) 곧 동명왕묘가 있는 중화 읍지에서 동명왕에 대해 상술하게 되었다. 1730년 평양 읍지에서 을지문덕을 강조했지만 마찬가지로 후대로 가면 을지문덕은 살수 대

---

15) 19세기 말 평양의 위상에 대해서는 하명준, 「조선후기~근대개혁기 평안도의 정치·문물 신장 연구」, 서울대 박사논문, 2016, 156~173면 참조. 고종은 1897년에 황제국을 선언한 뒤 1902년에 평양을 서경으로 삼고 풍경궁을 조성했다. 그러나 이 논문의 관점은 1902년 5월 1일 김규홍이 평양을 서경으로 삼고 풍경궁을 세우자는 상소문을 올렸으나 이미 석 달 전인 2월 5일에 김관호의 공사 보고가 있으므로 고종의 구상이 1880년대부터 시작된 것이며, 1889년에 기자묘가 기자릉으로, 1891년에 동명왕묘를 추봉하고 1900년에 단군묘가 단군릉으로 격상된 것을 같은 맥락으로 이해하여 평양이 기자릉, 동명왕릉, 단군릉이 포진한 황제의 도시로 거듭나고 있다고 보았다. 그러나 이 구상을 그전으로 소급해 올라가려면 구체적인 근거가 필요할 것이다. 또 단군릉 사안으로 상소문을 올린 백호섭이 말한 것처럼 평양이 단군과 기자, 동명왕이 수도를 세운 곳으로는 인식되기는 했겠지만 기자묘는 평양에, 동명왕묘는 중화에, 단군묘는 강동군에 있었으므로 평양이 '세 개의 능이 포진한 황제의 도시'라고 하기는 어려울 것이다. 증화와 강동이 한때 평양의 속읍이었던 적은 있지만 1895년에는 각각 별도의 郡이었다.
16) 南廷哲 編, 『平壤續志』 上, '祠墓'. "原志續志俱有所載, 而墓在中和地, 故前後事實不得昭詳采綠." 동명왕 서술의 변화는 속읍과 관련된 것으로 보인다. 『신증동국여지승람』에는 중화가 평양의 속읍이었지만 19세기 중반에 제작된 『大東地志』에서는 평양의 속읍에서 빠져 있었다.

첩의 무대인 청천강이 있는 안주 읍지나17) 을지문덕의 출생지인 석다산 아래 불곡촌이 있는 강서 읍지에서 비중 있게 다루게 되었다. 다른 역사 인물들도 마찬가지이다. 선천 읍지에서는 심하전투에서 전사한 선천부사 김응하를, 구성 읍지에서는 귀주대첩에서 전공을 세운 강감찬을 중요하게 내세웠다. 20세기에 나온 『평안북도지』나 『평안남북지』같이 개별 지역을 통합한 도지(道誌)를 간행하는 경우에도 각 지역의 유적을 명확하게 분별하고 있다.18) 때로는 지역 간에 인식이 달라 상충되는 모습도 발견할 수 있다. 고려 원종 때와 세종대에 잠시 영변에 병합되었던 운산은 한때 영변에 포함되었던 적이 있었기 때문에 단군 건국신화를 수록했는데, 평양 읍지에서 단군의 도읍지 왕검성(王儉城)을 평양으로 보고 있는 것과는 달리 운산 읍지에서는 영변 묘향산으로 보았다. 평양 읍지에서는 긍정적으로 다루지 않은 연개소문도 운산 읍지에서는 동림산(東林山) 유적과 관련하여 치적을 남긴 인물로 평가하고 있다.19)

읍지는 제작을 기획하거나 실무를 담당하는 사람이 언급되기는 하지만, 사실상 지역의 공식 기록이다. 일반적으로 읍지 서문에서 '누군

---

17) 안주 읍지에서는 을지문덕이 비중 있게 수록되어 있다. 『安州牧邑誌』(1820, 규장각 소장)에는 을지문덕을 모신 淸川祠, 乙支公像을 유적으로 열거했고, '雜誌' 항목에서는 을지문덕에 대해 서술하였다. 안주의 을지문덕 인식은 이정빈, 「1847년 평안도 안주지역의 을지문덕비 건립과 의미: 조선후기 을지문덕 숭상과 평안도인의 지역사 재인식」, 『역사와실학』 52, 2013 참조.
18) 평안북도지편찬위원회, 『平安北道誌』, 대한공론사, 1973; 평안남도편찬위원회, 『평안남도지』, 평안남도편찬위원회., 1970
19) 운산군지편찬위원회, 위의 책, 194~195면.

가가 작성한 읍지' 정도로 언급하기 때문에 읍지 제작이 한두 사람이 작성할 수 있는 작업량이라고 생각할 수 있다. 그러나 새로 읍지를 만들거나 당시 변화된 내용을 반영해야 하는 상황이라면 읍지에 수록될 제반 영역에서 변화된 상황을 파악하고 정리하는 것이 필요하다. 부세나 창고 등의 내용까지 고려하면 관청의 협력 없이 민간인 몇 명이 감당할 수 있는 일이 아니다. 따라서 지방관을 중심으로 관청의 여러 실무자들에게 협력을 요청하거나 이들과 함께 작업해야 하는 일인 것이다. 읍지 제작과 관련된 구체적인 내용을 수록한 읍지가 별로 없기는 해도, 『용성지(龍城誌)』 기록을 보면 읍지를 중수할 때 각 청의 담당자만 해도 향로(鄕老) 4명, 향교(鄕校) 7명, 용마소(龍馬所) 2명, 향청(鄕廳) 3명, 산성(山城) 10명, 독진(獨鎭) 11명, 포청(捕廳) 6명 등이 나와서 읍지 제작에 대규모 인력이 동원된다는 사실을 확인할 수 있다.[20] 이렇게 보면 읍지 서술에서 자기 지역의 이해를 최우선적으로 반영하는 것은 당연한 일이기도 하다. 선행 연구에서 지적했듯이 '장사준(張士俊) 사건'이 의주 읍지와 용천 및 철산 읍지에서 다르게 서술되는 것도 같은 맥락에서 이해할 수 있다.[21] 이렇게 어떤 인물이나 사건이 각 지역의 관점에서 달리 서술된다면 이것은 결국 도 단위가 아니라 지역 단위가 기억의 공동체라는 의미일 것이다. 또 그 기억의 공동체는 고정불변한 어떤 것이 아니라 행정구역의 개편

---

20) 『龍城誌』(1796), '邑誌重修時諸各廳執事' 참조. 『용성지』(1895)에도 '邑誌新刊時各廳諸任各門諸執事', '開刊編監' 등에 참여한 인원의 명단이 나온다. 두 읍지는 이태진·이상태 편, 『(조선시대)사찬읍지』 51, 한국인문과학원, 1990에 수록되어 있다.
21) 하명준, 앞의 논문, 86~89면.

등 지역 범위의 변화에 따라 재조정되는 유동적인 성격을 가지고 있다.

2) 평양 읍지의 지역민 서술

조선시대에 간행된 평양 읍지의 성격은 다소 복합적이다. 평양에는 평안감영이 있었고 평양부윤은 평안도관찰사이기도 했으므로 감영에서 간행되는 『평양지』의 수록 대상은 기본적으로 평양이지만 가끔은 평양만의 정보로 볼 수 없는 부분이 있다. 1590년 『평양지』만 해도 '분야(分野)'는 중국 땅의 별자리이므로 우리나라의 정보라고도 볼 수 없고 '풍속' 역시 평양만의 내용이 아니다. '인물' 항목에 나온 온달, 을지문덕에서 조선 초기 이은영(李殷榮), 주인보(朱仁輔)까지의 인물들은 고구려나 평안도 인물일 수는 있어도 평양 출신이거나 평양의 거주민으로만 한정할 수 없다.22) 1730년 『평양속지』 '고사'에는 살수

---

22) 1730년 『평양속지』 '인물'에 이승소의 사례가 수록된 것에 대해 선행 연구에서 이미 지적한 바 있다. 장유승, 「조선시대 서북문인 연구」, 서울대 박사논문, 2010, 86~106면 참조. 이 지적은 조선전기 평안도 문인으로 언급된 이들이 평안도 출신이라는 근거가 없다는 맥락 속에서 나온 것이다. 그런데 사실 이승소만 문제인 것은 아니다. 1590년 『평양지』에서부터 '인물' 항목에 수록된 인물들 면면을 보면 이들이 확실하게 평양 출신이라는 근거가 별로 없다. 이승소 서술에서는 이승소의 집이 평양에 있다고 한 말을 특기했을 뿐이다. 1590년 『평양지』 '인물'에 실린 金統 역시 평양에는 別墅가 있다고 수록하였다. 이렇게 보면 읍지의 수록 인물은 이 지역 출신으로 한정되지 않는다. 당시 읍지에 인물을 수록할 때 이것이 갈등이 될 만한 문제였는지는 분명하지 않다. 다만 여기에서는 이런 경우가 생각보다 적지 않다는 사실을 지적해 두고자 한다. 예컨대 선우협은 평양인으로 알

대첩이 나오고, 관찰사 박엽(朴燁)과 철산군 가도(椵島)의 양씨 성을 가진 관상가와의 일화(1730년 읍지)처럼 평양에서 일어난 일이 아니더라도 관찰사와 관련되거나, 철산군 가도에서 읍인 전장복과 중국인 상인 상리병의 일화처럼(1837년 읍지) 평양민의 일이어서 수록한 경우도 있다.

중앙에서 파견된 지방관이 그 지역의 제반 사항을 파악할 필요가 있어서 읍지를 제작하는 경우가 많기 때문에, 그런 점에서 읍지는『신증동국여지승람』같은 지리지와 유사한 측면이 있다. 산천 등의 자연 지리와 행정 사항, '환적(宦蹟)' 항목의 지방관 명단, '제영(題詠)' 또는 '시문(詩文)' 항목에 수록된 외부인의 제영시 등이 그런 예이다. 지역민에 대한 항목은 주로 '인물', '효열(孝烈)', 과거 급제자 명단에서 등장했다. 읍지의 수록 항목으로 보면 전체 내용이 산천 또는 지형적 특색, 지방관의 치적, 지역민의 도덕적 교화와 문풍으로 이루어져 있다고 볼 수 있겠지만 물론 이렇게 단순화할 수 없다. 중앙에서 파견된 지방관과 지역민이 언제나 화합하거나 동일한 이해관계를 가질 수는 없기 때문이다. 평양의 경우 지방관 외에 중국으로 오가는 사신들이 체류하는 곳이기도 했으므로 평양 읍지에서도 현달하거나 유명한 외부인이 중심이 되기 일쑤였다. 읍지가 지역의 현양과 관련

려져 있지만 평양 읍지 외에『泰川郡邑誌』(1834년 간행) '인물' 조에도 실려 있다. 태어난 곳이 태천현 남촌인데 10세에 아버지를 따라 평양으로 이주했기 때문이다. 출생지와 거주지가 다른 인물이 지명도를 갖게 될 때 출생지든 거주지든 관련된 지역에서는 읍지에 수록하는 것이 보편적이었던 것을 알 수 있다. 특별히 내세울 점이 없는 읍지라면 관련되는 점이 약간만 있어도 유명한 사람들을 수록하는 경향이 있다.

된 만큼, 읍지 제작의 실무진인 지역민이 자신들의 존재감을 드러내려고 하는 것은 어찌 보면 당연한 일이라고 할 수 있었다.

조선시대에 간행된 5종의 읍지에서 지역민은 대체로 '인물', '효열', 과거급제자 명단에 등장한다. 물론 읍지에 따라 편차가 있다. 어떤 읍지에서는 항목이 분화되기도 하고 어떤 읍지에서는 '문담(文談)', '잡지(雜志)', '시(詩)', '문(文)' 항목에서도 발견할 수 있다.

〈1590년 읍지〉

'人物'	溫達(陽岡王의 사위), 乙支文德, 高延壽(고구려 종실 성씨), 高惠眞(고구려 종실 성씨), 吳先覺(묘청의 난 때 무리에 끼지 않음), 鄭知常(起居注, 묘청의 난 때 가담), 趙仁規(사신으로 활약), 趙瑞(조인규 아들), 趙璉(조서의 동생), 趙瑋(조서의 동생), 趙德裕(조련의 아들), 趙潾(조덕유의 아들), 趙浚(조련의 동생), 趙璞(趙思謙의 아들), 金統(평양에 별서가 있었음), 曹鰲(화재가 났을 때 기도를 해서 효험이 있었음), 李殷榮(진사, 청렴한 행적), 朱仁輔(안빈낙도로 유명)
'孝烈'	朴光廉(효성), 黃守(효성), 白亨(효성), 崔夫三(효성), 金景利(효성), 白絢(효성), 金日光(효성), 金義光(효성), 田伏龍(효성), 建金(私奴, 효성), 江哲(營奴, 우애), 春介(營婢, 효성), 頓氏(良女, 효성), 金質(효성), 羅德緝(효성), 金氏(金蘭의 季妻, 열부), 楊德裕(생원, 효성), 李獻忠(효성), 草生(水軍 高貴成의 딸이자 傭人 康論山의 아내, 열부)
과거	'科貢'(문과, 60명), '武職'(32명), '蓮榜(생원 진사)'(75명)
'文談'	鄭知常(〈送人〉), 정지상(〈西都〉), 정지상의 태몽과 어릴 때 지은 시, 정지상의 〈송인〉 관련 일화, 정지상과 김부식의 일화, 생원 韓克昌,의 시
'雜志'	주민 金千福, 기생 月飛, 기생 武貞介, 객관 별차 白於仝, 武學 설치. 1460년 부벽루 별시(柳自漢).
'詩'	〈送人〉(정지상), 〈西都〉(정지상)
'文'	盧稹, 〈頓氏碑詞〉

⟨1730년 읍지⟩

'人物'	趙狷(趙浚의 동생), 李承김(평양에 집이 있음), 鮮于浹(유학), 金良彦(심하 전투), 黃胤後
'孝烈'	田有富(효성), 金瑞煒(효성), 田乃績(전유부 아들, 효성), 黃春卿(효성), 李至誠 李至誠 형제(효성), 康銖(효성), 金起連(효성), 金汝得(효성), 尹坡瑜(효성), 黃戴堯(효성), 楊萬榮(楊顯望 아들, 효성), 朴已業(효성), 黃戴玄(효성), 黃順承(黃戴堯 손자, 효성), 崔世㠎(효성), 田聖理(田乃績 손자, 효성), 崔厚發, 韓鴻漸(효성), 崔應台(효성), 韓禾八里(효성), 金仲恕(효성), 金氏(盧富成 아내, 효성), 趙氏(李世禎 아내, 효성), 李氏(李時振 딸, 효성), 盧氏(李寔 아내, 열부 효성), 朱氏(金鼎新 아내, 효성), 李氏(李秩 아내, 열부), 李氏(양인의 딸, 절개), 李氏(金珍 아내, 열부), 安氏(金秀澤 아내, 절개), 楊介(노비, 열부), 朴氏(양인의 딸, 절개), 安氏(金愛格 아내, 남편을 위해 복수), 金氏(田遇平 아내, 열부), 李氏(李種福 아내, 열부), 金氏(張發의 아내, 절개), 李氏(文順敏 아내, 열부), 崔氏(金簹 아내, 열부), 楊氏(蔡禹龜 아내, 열부), 金應武(임진왜란 때 전사), 金長鍊(임진왜란 때 전사), 崔應海(심하 전투에서 전사), 楊懿時(절개)
'科貢'	'文科'(54명), '武科'(58명), '蔭仕'(35명) '崇仁殿監'(7명), '武南'(5명) '司馬'(124명, 문과급제자도 포함)
'文談'	乙支文德, 鄭知常, 소세양과 평양 유생과의 일화, 참봉 양덕록의 기자정 거울, 명나라 사신 程龍에게 시를 지어준 黃胤後, 청군 징발에 거절한 許灌, 鮮于洽과 鮮于浹 형제의 편지에 답해준 金尙憲, 張世良(유학자)
'神異'	선우협의 꿈
'雜志'	박엽과 선우협의 관상, 석탄을 만든 허관
'詩'	⟨浮碧樓⟩(이승소), ⟨대동강⟩(이승소), ⟨春遊浮碧樓⟩(許晳, 144구)

1590년 읍지는 관찰사 윤두수(尹斗壽)가, 1730년 읍지는 관찰사이자 윤두수의 5대손인 윤유가 편찬을 기획했다. 그런데 윤두수는 평양이 기자의 고장이라는 점을 강조하는 편찬 의도를 분명히 천명했지만,

윤유의 편찬 의식은 잘 드러나 있지 않다. 1730년 읍지는 오히려 지역민이 존재감 있게 나타나 있다. '인물' 항목의 경우 1590년 읍지에서 평양 출신이 확실한 사람은 정지상과 조인규 이하 후손들, 조오, 이은영, 주인보 정도였고 나머지는 고구려와 고려 때 한시적으로라도 평양에 있었을 법한 사람들이었지만, 1730년 읍지의 선우협, 김양언, 황윤후 같은 인물들은 평양을 대표하는 인물이었다.

'문담', '잡지', 시문 항목에서도 비슷한 양상을 확인할 수 있다. 1590년 읍지에서는 정지상이 중심이었고 그 외 재치있는 몇몇 인물들의 일화를 실었는데 '문담'과 '잡지' 항목은 약간의 위계가 있다. 항목으로만 보면 '문담'은 시문 관련 일화를, '잡지'는 그 외의 다양한 내용을 수록했을 것이다. 1590년 읍지의 '문담' 항목 설명은 세교(世敎)와 관련된 것도 많으니 자세히 살펴야 한다는 것이었고,[23] '잡지' 항목 설명은 허무맹랑하고 골계적인 내용이라[24] 약간 가벼울 수 있다는 것이었다. 1590년 읍지에서는 이렇게 구분했기 때문에 유명한 인물들은 대체로 '문담'에 수록하였다. 평양인 중에서 정지상과 생원 한극창은 시와 관련된 일화였으므로 '문담'에 실었고 그 외 주민과 기생들의 일화는 '잡지'에 실었다.[25]

---

[23] 尹斗壽 編, 『平壤志』 권5, '文談'. "朝野無事, 士大夫以詩酒自娛, 乃上之賜也. 凡諷詠戲謔, 有及平壤者, 皆錄之. 其中閑說話雖有之, 關世敎者亦多, 覽者詳之."

[24] 尹斗壽 編, 『平壤志』 권5, '雜志'. "凡志各有其類, 亦有彼此難合未能歸宿, 而恐爲散失不傳, 此雜志之所以附于末也. 孟浪滑稽, 罪我之責, 知難逃矣."

[25] '문담'에 반드시 시문 관련 일화만 수록된 것은 아니다. 1590년 읍지의 경우 조신의 『소문쇄록』에 나온 평양 관련 언급도 있고, 명나라 사신 공용경과 오희맹이 조선의 산천이나 정자를 지날 때 이름을 바꿨다는 내용, 관

반면 1730년 읍지에는 지역민을 현양하는 느낌이 강하다. '문담'과
'신이', '잡지', '시'에 지역민들을 의미 있게 등장시켰다. '문담'은 몽
유록 작품인 심의(沈義)의 「기몽(記夢)」의 한 대목을 인용하는 것으
로 시작했다. 「기몽」의 인용에서 강조점은 꿈에서 천상에 있는 시(詩)
의 왕국에 갔더니 그곳에서는 을지문덕이 재상으로 있다는 것이었다.
이 부분을 인용한 다음 곧바로 을지문덕이 '우리나라 시학(詩學)의 조
종(祖宗)'이라는 내용도 덧붙였다. 이와 함께 접반사로 온 소세양의
행태를 보고 평양 유생이 비판하는 시를 지었는데 그 일로 소세양이
앙심을 품어 평안도 사람들의 청요직 길이 막혀버렸다는 내용도 있
다.26) 또 기자정에서 발견한 오래된 청동거울을 보고 기자의 덕을 기
리는 명(銘)을 쓴 참봉 양덕록의 일화,27) 명나라 사신이 경탄할 정도
였다는 황윤후의 시, 명나라에 대한 의리를 지킨 허관, 선우흡, 선우
협 형제에게 기자의 유풍을 계승하도록 격려한 김상헌의 시, 당대 대
유(大儒)이자 한가로운 풍격을 가진 장세량의 시를 수록하였다. '신이'
와 '잡지'에서는 선우협이 꿈에서 얻은 계시와 관상가 양씨가 선우협
이 대성하리라는 예언을 수록했으며 '시'에서는 허절(許晢)의 「춘유부

찰사가 중국 사신을 영송하는 관례, 관찰사 이계맹의 일화, 명나라 사신 허
국의 일화는 시문 관련 내용이 아니지만 '문담'에 실려 있다.
26) 『서경시화』와 『칠옹냉설』에서도 이 일화를 찾을 수 있다. 이 두 자료에서
는 洪承範이라는 이름을 적시하였다.
27) 1730년 읍지의 '古蹟' 항목에는 李廷龜가 이 거울에 새긴 글씨가 예서이
므로 기자 시대 유물로 볼 수 없으며 그 글씨 중 '東王'은 동명왕이라고
봐야 한다는 내용이 실려 있다. 이런 내용이 앞에 실려 있음에도 '문담'에
는 다시 양덕록이 이 거울을 기자의 유적으로 보고 명을 지었다는 내용을
수록하였다.

벽루(春遊浮碧樓)」를 수록했다. 시가 수록된 평양인은 이승소와 허절 두 명밖에 없지만, 144구의 장형시 「〈춘유부벽루〉」를 수록했기 때문에 분량으로 보면 비중이 컸다. 특히 「춘유부벽루」 원시의 작가가 허봉(許篈)이라는 점을 감안하면 전국적으로 훨씬 더 유명한 허봉의 시 대신 지역민인 허절이 지은 차운시를 선택한 점도 눈여겨 볼 만한 대목이다.28)

〈1837년 읍지〉

'孝烈'	金錫壽(효성), 崔天光(崔千福 아들, 효성), 田一成(효성), 石之磐(효성), 高擎辰(효성), 鄭泰候(효성), 金孝建(효성), 洪就道(효성), 金兌相(효성), 李運弼(효성), 邊述(효성), 金昌夏(효성), 崔光澤(효성), 盧漢翊(효성), 林景夏(효성), 林遇夏(林景夏 동생, 효성), 李行夏(이지함 이지성 종질, 효성), 金壽國(효성), 洪義忠(효성), 林時大(열녀 池氏 아들, 효성), 金就義(효성), 金鍾嚞(金質 아들, 효성), 金應龍(金鍾嚞 아들, 효성), 金時郁(金應龍 손자, 효성), 玄奉祚(효성), 崔峻

---

28) 金漸 編, 『西京詩話』 권1. 1730년 읍지의 독특한 성격은 『서경시화』의 관련 내용으로도 짐작할 수 있다. 관찰사 洪萬朝(1698년 부임)가 평양 사인 허절에게 속지 간행을 명하면서 허절이 지은 〈춘유부벽루〉를 수록하도록 했다는 것이다. 허절이 간행한 속지 자체가 1730년 읍지인지는 알 수 없지만, 1730년 읍지는 이런 자료들을 바탕으로 제작되었던 것 같다. 1730년 읍지에도 허절의 이 시가 실려 있다. 이처럼 읍지의 공식 편찬 자료에 포함되지 않지만 읍지 제작은 간헐적으로 시도되었던 것 같다. 홍만조의 명으로 허절이 작성했던 속지가 현전하고 있는지는 알 수 없지만, 19세기에 나온 張之琬의 『箕城謏聞錄』(古2154-19)에 '傳及平壤志'라고 언급한 것이 이 자료가 아닐까 추측해 볼 수 있다. 『기성소문록』에는 출전을 '전급평양지'와 '평양지'로 달리 표기하고 있는데 1730년 읍지와 비교해 보면 '전급평양지'로 제시한 부분은 읍지와 표현이 일치하지 않는 반면, '평양지'로 제시한 부분은 읍지와 표현이 동일하다.

	碧(崔厚發 아들, 효성), 田起龍(효성), 康學尙(효성), 金益文(효성), 金大洙(金兌相 아들, 효성), 盧亨得(효성), 李志燁(효성), 金景祿(효성), 金得南 金得昌 형제(효성), 金麗發(효성), 韓元九 韓亨九 형제(효성), 金宗澤(효성), 金尙洙(金宗澤 아들, 효성), 金氏(金之珍 아내, 열부), 金處女(金學時 딸, 효성), 韓處子(韓世萬 딸, 절개), 洪氏(張師勖 아내, 효성), 朴氏(崔汝寬 아내, 열부), 金氏(黃汝信 아내, 열부), 全氏(金龍鶴 아내, 열부), 金氏(崔興源 아내, 열부), 方氏(晉興君 金良彦 아내, 열부), 鄭氏(金宗生 아내, 열부), 李氏(李晟 아내, 열부), 池氏(林廷業 아내, 열부), 李氏(楊鎭祚 아내, 열부), 楊氏(黃士明 아내, 열부), 李氏(金履坤 아내, 열부), 李氏(張禮維 아내, 열부), 朱召史(朴允建 아내, 열부), 李氏(朴道常 아내, 열부), 金龍鶴(병자호란 때 전사), 崔千福(임진왜란 때 전사), 崔呂立(정묘호란 때 순절), 全周福 頓貞臣 林起棟 法根(임진왜란 때 전사), 高忠敬 朴億 李孝白 高雲達(정묘호란 때 전사), 玉介(기생, 절개)
과거	'文科'(25명), '武職'(139명), '辛壬軍功秩'(29명), '蔭仕'(77명), '崇仁殿監'(4명), '武南'(13명), 武烈祠參奉(46명), '蓮榜'(139명)
'文談'	洪應起에게 준 감사 홍명구의 시, 李元䕢에 대한 申欽과 尹鳳朝의 시
'雜志'	全長福과 중국 상인 相里炳의 일화, 桂月香의 사당 義烈祠 건립

〈1855년 읍지〉

'祠宇'	관찰사 외 지역민을 제향한 사당: 梨村祠(金汝旭, 金履敬), 魯陽祠(金澤), 星峯祠(黃應聖), 松湖祠(田闓), 眞谷祠(田乃績), 松岡祠(金致一), 蘆溪祠(曺三省, 楊德祿, 鄭旻), 光山祠(楊懿直, 楊澤九), 井田祠(康逵), 石湖祠(李忠伯), 忠義祠(金泰訖), 影蘆祠(金學起), 守初祠(金器鉉) 一翁亭(書塾, 金正中이 가르치던 곳)
'孝烈'	康益省(효성), 金鼎燮(효성), 許世平(효성), 吳載賢(효성), 金尙沂(金宗澤의 아들이자 金尙洙의 동생, 효성), 黃處垕(효성), 李起馨(효성), 朴榮臣(홍경래의 난 때 창의), 金鍾斑(효성, 홍경래의 난 때 창의), 金處子(효성), 梁氏(崔呂立 아내, 열부), 張氏(全寔 아내, 효성 열부), 金氏(鮮于核 아내, 열부), 鮮于氏(趙履燮 아내, 열부), 黃氏

	(李昱 아내, 효성), 崔氏(張大羽 아내, 열부), 李處子(李和之 딸, 효성)
'補遺'	黃應聖, 趙有孚, 全長福, 趙世珪, 鮮于炆, 黃鎭正, 康逵(항목명은 없지만 '인물' 항목에 들어갈 내용으로 추정)
'神異'	趙鼎耉의 꿈, 태천에 있는 선우협 사당 일화
과거	'文科'(8명), '武職'(59명), '別將'(49명), '蔭仕'(28명), '武南'(33명), '武烈祠參奉'(35명), '蓮榜'(36명)
'文'	「思穎影堂紀蹟碑文」(鮮于鍊)

〈1892년 읍지〉

'人物'	楊懿直(楊德裕의 아들), 曺三省, 楊德祿, 許灌
'學行'	金台佐, 鮮于浹, 趙之玄, 金益祉, 張世良, 鮮于洽, 黃順承, 楊日榮, 黃敏厚, 崔厚發, 田乃績, 鮮于炆, 李春馦, 李弘廉, 鮮于恪, 張受敎, 康逵, 康垕, 楊峙岳, 金澤, 金器鉉, 楊澤九, 曺光彬, 金近集, 李基賢, 黃彰祖, 鮮于鉍, 洪鼎彬, 鮮于銑, 鮮于銳, 金鳳煜, 楊基稷, 宋鎭益, 尹鎭性, 金益秀, 楊璉熙, 李洙說, 金命植, 許惇, 黃錫永, 楊基興, 洪在朝, 楊命浩, 黃岦, 金喆鉉, 趙尙黙, 李鍾游, 吳之延 [學行追補] 崔泌, 李國柱
'孝行'	朴祐錫, 朴在衡, 康鼎煥, 安榮國, 楊日采, 黃彰祖, 金敬修, 洪相宅, 曺禧胤, 崔潛, 楊秉存, 金亨德, 洪大彬, 金致洵, 金觀淳, 李起馨, 金甲壽, 趙興蘭, 趙聖徽, 趙昌大, 康公濟, 金鼎杰, 金致精, 朴孝臣, 朴埼, 朴孝培, 李敬采, 李亨祿, 楊遇夏, 田漢鎭, 安道漸, 黃泰頊, 楊錫一, 盧致炯, 孫厚良, 李日采, 劉希喆, 金聲烈, 金養烈, 楊鼎熙, 金錫觀, 蔡祚永, 蔡東霖, 崔祥鎭, 金義漸, 金宗衡, 康濟尙, 金起浩, 李振鳳, 朴棟赫, 安聖潤, 金興奎, 朴珉澈, 朴秉珪, 金正喆, 南采頊, 南正黙, 金鳳齡, 金仁寬, 金學涉, 金起福, 金敏龍, 崔命濟, 李元奎, 金昌柱, 金倬履, 李妻子(李和之 딸) [孝行補] 鄭載澍, 金慶禧, 李義鉉, 金氏(任基鎬 아내) [효행보] 金秉煜, 宋時殷, 洪慶臣 [효행추보] 崔復鎭, 金光喆, 金孝榮, 崔氏(金永錫 아내), 崔興崙(崔天光 후손), 崔學疇(崔興崙 아들)

'烈行'	鮮于氏(趙履燮 아내), 韓氏(金尙鎭 아내), 楊氏(黃根宗 아내), 金氏(楊基洛 아내), 黃氏(李禧觀 아내), 金氏(蔡東霖 아내), 金氏(金慶禧 아내), 康氏(李日潤 아내), 金氏(金鳳鎭 아내), 金氏(南周烈 아내), 林氏(趙得鼎 아내), 李氏(朴南薰 아내) [烈行補] 金氏(玉英達 아내), 劉氏(安敎錫 아내), 趙氏(梁致漢 아내)
'聞見卓行'	崔濟一, 金用和, 金建㷡
과거	'文科'(38명), '蔭仕'(167명, 추보 37명), '老職'(66명), '贈職'(孝行卓異 12명, 學行卓異 7명, 孝學卓異 6명, 忠義卓異 5명, 因子孫加資追贈 29명, 19명), '蓮榜'(177명), '武職'(89명), '武南'(85명), '武烈祠參奉'(35명), '武科'(48명)
'詩'	〈練光亭〉(金鼎夏), 〈過旌忠碑閣敬題〉(李應聃)
'文'	「箕子陵紀蹟碑」(黃㦑), 「鄕禮紀蹟碑」(黃㦑), 「滄浪亭遺稿序」(洪益圭의 문집, 任憲晦), 「鄕校重建記」(金甲壽), 「洪範堂重修事蹟記」(楊基稷)

시간이 흐를수록 '효열'과 과거 급제자, 사환자(仕宦者)의 명단도 가파르게 증가하고 있다. 1837년 읍지에서는 이전 읍지에서 누락된 전사자를 '효열'에 추가했으며 홍경래의 난 진압에 참여한 '신임군공질(辛壬軍功秩)' 명단을 따로 수록하였다. 1837년 읍지를 간행한 지 20년도 채 안 되어 1855년 읍지가 다시 제작되었는데, 1855년 읍지를 보면 항목 대부분을 생략했으면서도 인물 명단만큼은 새로 작성해서, 이것이 이 읍지를 제작한 주된 이유였음을 알 수 있다. 이 읍지에서는 특히 '사우(祠宇)' 항목을 비중 있게 수록했는데, 사당에 배향된 인물에는 지역민도 적지 않았다. 1892년 읍지에서는 기존의 '효열'을 '학행', '효행', '열행', '문견탁행'으로 분류했고 사환자에 '노직(老職)', '증직(贈職)'을 추가했다. 1855년 읍지 '사우'에 실린 인물 중에서 조

삼성(曺三省)과 양덕록(楊德祿), 양의직(楊懿直)은 1892년 읍지의 '인물'에서, 김택(金澤)과 전내적(田乃績), 강규(康逵), 김기현(金器鉉)은 1892년 읍지의 '학행'에서 발견할 수 있다. 시문에 수록한 지역민의 저작도 이전 읍지에 비해 많은 편이다.

5종의 읍지 내용을 개괄해보면 정지상에 비중을 두었던 1590년 읍지와는 달리, 1730년 읍지에서는 당시 지역민의 활약을 강조하는 경향이 강했다. 또 19세기 3종의 읍지에서는 '효열' 또는 '사우', '학행' 등의 항목에 지역민들의 명단을 싣는 것에 초점을 두었다. 곧 읍지의 '효열'을 통해 유교적 교화가 이루어진 곳이라는 점을 부각시켰다면, 1892년에 새롭게 '학행'을 추가하면서 평양의 문풍(文風)을 입증했다고 할 수 있을 것이다.

3. 평양인의 자기 인식

1) 중앙과의 거리 문제

1590년 읍지의 '문담'에서 가장 부각된 것은 정지상의 시였다. '문담'에서 한극창(韓克昌)의 탈속적인 시를 언급하기도 했지만, 그의 또 다른 시와 '잡지'에 나온 평양 기생의 일화는 재치와 순발력을 보여준다는 점에서 흥미로운 이야기로 수록된 것이다. 앞서 언급했듯이 1590년 읍지에서는 거의 드러나지 않았던 지역민의 존재감이 1730년 읍지에서는 부각시켜야 할 문제로 떠올랐다. 그중 하나가 1590년 읍지에는 전혀 언급되지 않았던 소세양(1486~1562) 일화이다. 소세양 일화는 의주 유학 김덕로(金德老)의 상소문과29) 김점의 『서경시화』와 『칠옹냉설』에 등장하기 때문에 당시에 이런 이야기에 어떤 공감대가 있었던 것으로 추측된다. 곧 양덕록30) 등 읍지 제작에 참여하거나 읍지를 본 지역민들이 지역의 현양 문제를 과제로 삼게 되었던 것이 아닌가 한다. 양덕록은 1730년 읍지에서 10번 이상 등장할 정도로 지역민들에게는 대단한 인물이었다. 숭인전이나 인헌서원과 관련하여 상소문을 올렸으며 정묘호란 때에는 문묘의 위판을 온전히 보전하는 데 공을 세웠다. 임진왜란 때 선조가 평양에 왔을 때에는 직접 나서서 의견을 개진했으며, 전란 때 의병을 조직하거나 의곡(義穀)을 모으는 일에도 앞장섰다. 이런 과정을 통해 지역에서 발언권을 키워온 인물이었던 것이다.

읍지에는 실명이 나오지 않지만 『서경시화』와 『칠옹냉설』에서는 소세양을 비난하는 시를 지었던 사람이 홍승범(洪承範, 1528~?)이라고 명기했다. 평양 읍지에서 이 일화를 수록한 이유 중 하나는 홍승범이 지역민이기 때문일 것이다. 그런데 홍승범은 1590년 읍지 '문담'에서 판관 김연광(金鍊光) 선정비에 글을 썼고 그의 글이 김연광의 치적을 잘 보여주었다는 점에서 언급되었기 때문에, 1590년 읍지에서 아무런 언급도 없다가 1730년 읍지에 갑자기 등장하는 소세양과 홍승범의 일화를 액면 그대로 믿기는 어렵다. 이 일화를 다룬 선행 연구에서도

---

29) 『영조실록』 1726년 10월 4일 기사.
30) 李時恒, 『和隱集』 권7, 「悔軒楊公行狀」. "尹梧陰斗壽巡察關西, 始纂平壤志, 聞公博學好古, 邀與同修. 公旁搜博采, 贊成一部邑史, 箕都之古今事案, 燦然可述."

이 일화가 신빙성 있다고 보지는 않는다. 다만 이런 일화가 읍지에 수록될 정도로 널리 퍼졌고 지역민들에게 현실감 있는 이야기로 인식된 것은 16세기에 비해 과거 급제자가 많아지면서 현실적으로 체감하는 현실의 장벽, 곧 문지(門地) 같은 이유로 불이익을 받는 것에 불만이 있었기 때문일 것이다. 그런 불만으로 이런 일화가 만들어지고 공유된 것이 아닌가 생각할 수 있다.

소세양 일화에서 그나마 믿을 수 있는 것은, 시 전문이 전하고 있으므로 평양에 사는 홍승범이 소세양을 비판하는 시를 지었다는 정도일 것이다. 그러나 나중에 소세양이 그 시를 보고 정말 앙심을 품고 복수하려고 했는지, 또 어떤 개인이 특정 지역 출신의 관료 진출을 저지할 힘이 있는지는 확인할 수 없는 문제이다. 그런데 1778년 5월에 시를 빌미로 관찰사가 지역민 황염조(黃念祖)를 심문하다가 장살(杖殺)한 사건은 확실히 문제 삼을 수 있는 사안이었다.[31] 황염조의 동생 황심조의 격쟁에 따르면 이 사건은 "하루에 세 차례 형을 가했고 자식과 손자를 일시에 배소로 보낸", 매우 보기 드문 사례였다.[32] 문제가 된 것은 그의 시였다.[33] 심노숭(沈魯崇)의 『자저실기(自著實

---

31) 黃胤錫, 『頤齋亂藁』 25. 1778년 5월 18일 일기. 최근에 들은 소문을 간략하게 언급하였다.
32) 『承政院日記』 1781년 4월 11일 기사. "又以刑曹言啓曰, 因平壤居黃心祖擊錚原情, 待明朝草記議處事, 命下矣. 觀此原情內辭緣, 則其兄念祖所坐, 雖不過詩句, 而詳其語意, 極涉殊常, 且一日內三次加刑, 子與孫一時發配, 揆以獄體, 必有委折, 令本道詳査本文案, 論列啓聞後, 稟處, 何如? 傳曰, 允."
33) 황염조가 지은 시 원문은 "匹馬長安百感新, 伊來世事海生塵. 天寒客子投何處, 甲第皆非舊主人."으로, 이전에 한양에서 알고 지냈던 사람들이 권세

紀)』에는 어사 심염조(沈念祖)가 이 시를 반역의 무리를 동정하고 조정을 원망한다는 내용으로 읽어서 황염조를 혹독하게 심문했고, 나중에 홍낙순이 평안감사가 되었을 때 이 일을 들춰내서 장살시켰다는 전언을 수록했다.34) 같은 사건을 보는 황윤석(黃胤錫)의 서술은 다소 결이 달랐다. 황염조는 원래 여러모로 행실이 좋지 못한 사람이었고,35) 나중에 홍낙순에게 신문을 받을 때도 자기 뒷배를 봐주는 주인이 조영순(趙榮順)과 계동 홍씨 집안라고 대답하면서 역적을 비호했다는 것이다. 황윤석은 이 사건과 관련하여 평안도 사람들의 시각도 언급했다. 이들은 홍낙순 문하에 평안도 사람들이 출입하지 않았기 때문에 홍낙순이 그들을 싫어했다고 생각하고 있었다.36) 물론 황염조 사건은 정조 즉위 직후의 민감한 상황에서 발생한 문제였다. 그렇지만 소세양 일화에 비하면 황염조 사건은 "평안도 사람들을 싫어한" 평안감사가 지역민을 가혹한 처벌하다가 죽게 한 사안으로 공론화할 수 있는 이슈였다. 그러나 이 사건은 지역 내에서도 심각하게 인식되지 않았고, 1837년 읍지나 이후 읍지에서도 전혀 언급되지 않았다.37)

를 잃어 이제는 찾아볼 수 없다는 내용이었다.
34) 沈魯崇, 『自著實紀』.
35) 심노숭의 『孝田散稿』「自著實紀」에서 서술한 황염조의 모습은 황윤석의 기록과는 전혀 다르다. 심노숭은 황염조가 재기가 높고 성격이 강한 편이라 남을 잘 인정하지 않았어도 한양의 사대부들이 그와 교유하는 것을 좋아하고 중시했다고 서술했다. 반면 황윤석은 황염조도, 평안도 사람들도 그렇게 좋게 보지 않았다. 황윤석은 영조대 과거시험장의 폐단을 논하면서 서북 지역에서 시관과 응시생이 뇌물을 주고받아 조정에 물의를 일으켰다는 내용도 비중 있게 수록하였다.(『頤齋亂藁』22. 1776년 9월 초 일기)
36) 黃胤錫, 『頤齋亂藁』25. 1778년 6월 30일 일기.
37) 黃胤錫, 『頤齋亂藁』24, 1778년 3월 22일 일기. 심노숭이 황염조의 사건

그런데 이 황염조 사건에서 눈여겨볼 대목은 황염조 같은 평안도 사람들이 당시 한양의 사대부와 가까운 관계를 맺고 있었다는 점이다.38) 이 사건을 언급한 자료들을 보면 황염조가 당시 한양의 사대부에게 호감의 대상이 되었던 것은 분명한 듯하다.39) 『이재난고』를 봐도 "최근 재상과 명사들이 관서 사람들에게 문, 무과 생원, 진사를 막론하고 기생에게 대하듯이 아끼고 잘 대해주어서 관서 사람들이 오히려 교만한 마음을 가지게 되었기에"40) 홍낙순이 오히려 더 엄하게

을 '(심)염조가 (황)염조를 죽였다'는 보기 드문 사건으로 서술한 것에 비해 황윤석은 시에서 '逆心'을 읽혀 죽은 황염조가 평소 행실이 좋지 못하다는 전언을 서술했고 황염조를 바라보는 평안도 사람들의 이율배반적인 시선도 옮겨 놓았다. 처음 이 사건을 들었을 때 황염조는 갇혀 있는 상태였고 평양부의 향교에서는 성균관에 황염조를 유적에서 삭제해 달라는 통문을 돌렸고 대사성을 승인을 얻어 처리한 상황이었다고 하지만 1837년 읍지의 '연방'에서 황염조의 이름을 확인할 수 있다.

38) 황염조 사건은 선행 연구에서도 다루었다. 장유승, 앞의 논문, 108~110면. 황염조 사건을 해석하는 관점에서 이 논문은 본고와 차이가 있다. 이 논문에서는 황염조가 중앙 문인과 대응한 지위에 서려고 했고 주변부에서 중심부로 들어가기 위해 동향 사람들을 멸시하고 배척했기 때문에 동향 사람들이 황염조의 시를 관찰사 홍낙순에게 알려서 문제화했다는 점을 강조했다. 그러나 본고는 황염조가 중앙 문인과 가까운 관계를 형성한 당시 관서 사람들의 모습을 전형적으로 보여주는 인물이라고 생각한다.

39) 黃胤錫, 『頤齋亂藁』 25. 1778년 6월 30일 일기에는 진사 황염조가 승지에 오른 황윤후의 후손의 후손이자 몽와 김창집의 추천으로 명릉참봉에 제수된 黃德承의 손자였고, 서울에 있을 때 민씨, 홍씨, 조씨 같은 노론 대가들과 잘 지냈으며, 김창집과의 인연 덕분에 김원행이 있는 미상에 드나들 수 있었다고 서술했다. 특히 황염조는 자기 가문에 대한 자긍심이 강해서 기자 후손으로 인식된 鮮于氏인 자기 부인과 서로 門地를 자랑하다가 크게 다툴 정도였다. 또 『을병연행록』에는 홍대용이 사행가는 도중에 평양에 잠시 들렀을 때 황염조가 안내하여 평양 구경을 했다는 내용이 나온다.

다스렸다고 이해한 것처럼, 이 시기 평안도 사람들은 더 이상 중앙과 단절된 외딴 곳의 사람들이 아니었다. 곧 소세양 일화와 황염조 사건 이 둘 다 일종의 필화 사건으로 인식되었더라도 18세기 초 지역민이 이것을 문제 삼았던 것과는 달리 18세기 후반 이후 지역민에게 이것은 전혀 문제가 될 일이 아니었다. 18세기 중후반에는 상황이 달라져서 어떻게 보면 18세기 초 이들이 제기했던 문제들이 상당 부분 호전되었다고 볼 수 있었기 때문이다. 관련해서 살펴볼 수 있는 자료가 1892년 읍지의 '학행' 항목이다.

1892년 읍지의 '학행' 항목에 수록된 인물은 추보(追補) 항목까지 합하면 50명이다. 각 인물의 수록 내용에는 사승 관계도 언급되어 있는데 평양에서 가장 중요한 인물은 관서 성리학의 비조로 평가받는 선우협이었다. 선우협을 중심으로 스승 김태좌(金台佐), 일가로 선우흡(鮮于洽), 선우문(鮮于炆), 선우필(鮮于鉍), 선우선(鮮于銑), 선우극(鮮于銧), 제자로 조지현(趙之玄), 김익지(金益祉), 장세량(張世良)이 있었다. 그동안 평안도 지역 학통은 자생적인 성격이 강하고 중앙 문인과의 사승 관계가 약하다고 지적되어 왔는데,41) 평양의 경우 이 지적은 18세기 전반기에 대해서만 유효한 설명이라고 할 수 있다.

---

40) 黃胤錫, 『頤齋亂藁』 24, 1778년 3월 22일 일기. "大抵近年宰相名士之於西關人, 無論文武生進, 憐之愛之弄之畜之, 無別於妓物, 故西關人反生繑意."
41) 장유승, 앞의 논문, 43면 참조. 이 논문에서는 평안도 지역 문인들의 특성으로 역학에 주력했다는 점을 지적했지만, 1892년 평양 읍지의 '학행' 서술에서는 성리학과 경학에 대한 언급도 많다. 1730년 읍지를 보면 김상헌과 송시열의 인정으로 선우협이 지역에서 더욱 추대될 수 있었던 것 같다.

18세기 중후반 이후로 가면 중앙 문인들과의 사승 관계가 두드러진다. '학행'에 수록된 인물 설명에 따르면 황순승(黃順承)은 김창협 문하에 있었고, 이춘혐(李春馦)과 장수교(張受敎)는 김원행의 문하에 있었다. 강규(康逵)와 홍정빈(洪鼎彬)은 이재(李縡)의 문하에 있었고, 양치악(楊峙岳)은 김종후(金鍾厚)와 김이안(金履安)의 제자였으며, 김택(金澤)은 권상하(權尙夏)의 문하에 있었다. 송진익(宋鎭益)은 송치규(宋穉圭)의 문하에, 김익수(金益秀)는 홍직필(洪直弼)의 문하에 있었고, 김명식(金命植)은 조병현(趙秉憲)의 문하에 있었으며, 양기흥(楊基興), 양명호(楊命浩), 김철현(金喆鉉), 조지연(吳之延)은 임헌회(任憲晦)의 제자였다. 추보된 최필(崔泌)의 경우 종조부 최태제(崔泰齊)에게서 배웠는데 최태제가 임징하(任徵夏, 1687~1730)의 문인이었다고 부기되어 있으므로 이 기록을 믿는다면 중앙 문인과 이어지기 시작한 시점을 18세기 초반으로 올려 잡을 수도 있을 것이다.[42] 이것은 한양 사대부와 평안도 문인이 가까운 관계였다고 한 『이재난고』의

---

[42] 황윤석은 평양 진사 黃大厚와 만나 시에 대한 이야기를 나눴던 일을 서술했는데, 여기에서 황대후를 윤봉구와 김원행의 문하에 왕래했던 인물로 설명하였다.(『頤齋亂藁』 1. 1766년 7월 18일 일기) 본고의 심사서에서는 Sun Joo Kim 의 *Voice from the North*의 서술을 근거로 이시항(1672~1736)의 경우 柳尙運과 金構, 鄭浹 등에게 배웠고 유상운의 서울 집에 산 적이 있으므로 17세기 말에 이미 이런 사례가 있다고 지적했는데, 이시항의 행력을 보면 이들에게 수학한 시기는 1684~1688년 사이로 보인다. 유상운은 1684년에 평안도관찰사로 부임했고 김구는 1685년경에는 용강현령이었으며, 정협은 1685년 평양서윤으로 왔으므로 지방관들이 지역 학생들을 가르친 경우라고 볼 수 있을 것이다. 본문에서 언급한 사례와는 성격이 다르다.

서술과 같은 맥락으로 볼 수 있다.

실체도 없는 소세양 일화가 18세기 초반 지역민에게 와닿았던 것은 이 사건을 관료 진출 문제와 연결시켰기 때문일 것이다. 청요직 진출은 상징적인 의미가 있었지만 그래도 일반 사인들에게는 과거 급제가 더 절실한 문제였는데, 민심 달래기 차원으로 마련한 별시도 시간이 갈수록 빈번하게 시행되었다. 거의 대부분의 항목이 생략된 1855년 읍지를 제외한 4종 읍지의 '고사' 항목에는 1460년 이후 설행된 별시에 대한 내용이 수록되어 있다. 1730년 읍지를 포함한 3종의 읍지에 나온 별과 설행 연도는 1626년, 1636년(합격자 발표 취소), 1643년, 1669년, 1695년, 1717년, 1728년, 1746년, 1774년, 1782년, 1815년, 1826년, 1866년, 1886년, 1889년, 1890년, 1892년으로 나오는데, 이렇게 보면 17세기 이후 점차 설행 횟수가 늘어난 것을 확인할 수 있다.

〈별시〉

1590년	'古事'	1460년 평안도 황해도 유생을 대상으로 한 부벽루 별시(1등 2명, 2등 3명, 3등 17명)와 무사 1,800명이 합격한 庚辰武科
1730년	'古事'	1626년 별과 설행, 1636년 별과, 만과 설행 이후 다시 무과 설행(청군의 습격으로 합격자 발표 취소), 1643년 별과 설행, 1669년 별과 설행, 1695년 별과 설행(청남 청북 합격자 할당), 1717년 별과 설행, 1728년 별과 설행(강변 1인을 합격자 정원에 추가).
1837년	'古事'	1746년 도과, 1774년 도과, 1782년 도과, 순조 1815년 도과, 1826년 도과 설행
1892년	'古事'	1866년 도과 설행, 1886년 도과 설행, 1889년 청남과 청북, 강변에서 삼도회 승보시 설행, 1890년 향시 합격자 인

		원 증설, 1892년 德行科 신설

〈외관직〉

1590년	'沿革'	영숭전 참봉 2명(지역인 또는 타처인), 기자전 참봉 1명 (차첩으로 임명)
1730년	'沿革'	기자전 참봉, 숭인전감, 保山萬戶, 숭령전 참봉 2인 1612년 기자전 참봉을 숭인전감으로 바꾸고 선우씨가 세습. 1725년 숭령전 참봉 2인을 예조에서 임명해달라고 요청했다가 1729년 신망 있는 지역 출신자 중 세 후보를 이조에서 계문을 올려 임명해달라고 요청.
1837년	'沿革'	숭인전감, 숭령전 참봉 2인(京職 遷轉), 武烈祠 參奉 2인 (1791년 시작)[43]
1855년	'事蹟'	1824년 감사 金祖淳이 숭인전감을 숭인전 참봉으로, 숭인전 참봉과 숭령전 참봉을 모두 東班職으로 바꾸고 하나는 선우씨 세습으로, 하나는 淸南과 淸北을 차례로 등용하고 京職 遷轉.[44] 1853년 감사 金炳冀가 무열사 참봉 한 자리에 이여송의 자손을 세습하게 하고 한 자리는 무과로 등용하는 의견을 전달.
1892년	'官制'	숭인전 참봉 2인, 숭령전 참봉 2인, 箕子陵令 1인, 기자능 참봉 1인, 무열사 참봉 2인, 保山別將

시간이 흐르면서 달라진 변화는 별시 시행 횟수만이 아니었다. 지

---

43) 『정조실록』에 따르면 무열사에 참봉 2명을 둔 시점은 12월 16일이다.
44) 『순조실록』 1824년 9월 7일 기사에는 좀 더 자세하게 나와 있다. 김조순의 제안은 숭령전 참봉 두 자리 중 하나는 令으로 바꾸고 숭인전감도 참봉 두 자리로 바꾸어서 하나는 선우씨 중에서 차출하고 다른 하나는 숭령전 참봉과 함께 청남, 청북으로 할당하여 文行이 있는 자는 임기가 차면 京司로 천전하고 令은 문관과 음관을 번갈아 차출하되 본도 사람으로 하자는 것이었다.

역민이 맡았던 외관직도 점차 경직(京職)으로 전환되었다. 읍지에 따라 항목 명칭은 다르지만 시간이 흐를수록 벼슬 자리가 증가하는 양상을 확인할 수 있다. 19세기에는 참봉이 근무 일수를 채우면 경직으로 천전되는 변화가 나타났는데, 1837년 읍지에 숭령전 참봉과 숭인전 참봉이 동반직(東班職)으로 전환되었다는 내용이 나와 있다.45) 참봉은 처음에는 다른 지역 출신도 할 수 있었지만 1730년 읍지부터는 지역민으로 한정했고, 인원도 3명에서 5명, 8명으로 늘어났다. 18세기 초에 청요직 진출을 문제 삼았던 이유가 중앙에서 평안도 사정을 모른다는 점을 강조하려는 것이었다면,46) 이제는 참봉 같은 외관직을 맡은 뒤에는 경직으로 갈 수 있었다.

2) 문명과 '수도(首都)' 의식

1590년 읍지의 '연혁'에서는 평양이 삼조선(三朝鮮)(전조선(前朝鮮), 후조선(後朝鮮), 위만조선(衛滿朝鮮))과 고구려의 도읍지라는 점을 강조하고 있다. 위만은 부정적으로 인식되었지만 단군은 사당을 통해, 기자는 외성의 정전이나 기자묘 등의 관련 유적을 통해 부각되었다. 고구려의 경우에는 『동국통감(東國通鑑)』과 『삼국사기』 같은 역사서가 있었으므로 '고사'에서 구체적이고도 긴 분량의 내용을 수록

---

45) 숭인전 참봉의 경직 천전은 1837년 '연혁'에 세주로 나와 있지만 1855년 읍지의 '사적'에서 다시 강조되었다.
46) 하명준, 「18세기 전반 평안도 유생의 지역인식과 관서변무소 사건」, 『한국사연구』 167, 2014, 49쪽 참조. 이 논문에서는 李萬秋(1677~1731)의 「關西弊瘼說」(『安窩先生文集』 권3)을 근거로 제시하였다.

할 수 있었다. 곧 천도를 결심하고 평양에 성을 쌓은 고구려 동천왕으로 시작해서 수·당의 고구려 침공 등 고구려의 중요한 사건들을 읍지에 반영할 수 있었던 것이다. 그럼에도 1590년 읍지에서 가장 강조한 인물은 기자였다. 평양을 기자의 고장으로 각인시킨 것은 이미 이전에 『기자지(箕子志)』를 편찬한 적이 있었던 관찰사 윤두수가 읍지 제작을 주도하면서 편찬 의도를 구현한 결과일 것이다. 고려 시대나 조선 전기만 하더라도 평양에 간 사람들이 떠올리는 사람은 고조선의 시조인 단군이나 고구려의 동명왕이었다.[47] 그런데 단군이나 동명왕이 전설적이거나 비현실적인 느낌이었다면, 기자는 우리나라에 문명을 전한 인물이라는 점에서 현실적인 효용성이 있었다. 평양을 오가는 명 사신들이 큰 관심을 보이면서, 또 그동안 변방의 하향(遐鄕) 정도로 치부되던 평양이 사실은 문명이 시작되었던 곳이라는 근거가 됨으로써 평양의 문화적 위상이 크게 높아지게 되었다. 단군과 동명왕이 과거의 번영을 상징했던 반면, 기자는 이제 현실에서 강력한 힘을 행사하게 되었던 것이다.

기자가 와서 교화를 베풀었던 지역이라는 인식이 굳어지면서 평양은 평안도 안에서도 특수한 위상을 가지게 되었다. 1730년 읍지 제작에 참여했던 사람들이 이전보다 지역민의 위상과 지역 차별에 문제의식을 보였지만, 1693년에 성천부사를 역임한 이정(李禎)이 평안도의 풍속을 비난한 것에 평양 사인 노경래(盧警來)가 항의하는 상소문을 올렸음에도 불구하고[48] 이 사안을 읍지에 수록하지는 않았다. 이 사

---

[47] 이은주, 「만들어진 유적, 평양의 로컬리티」, 『돈암어문학』 34, 2018, 76~79면.

건이 애초에 이정이 성천 부사로 향시 시험관이 되었을 때 응시생들이 규정을 어기는 것을 문제 삼아서 알려진 만큼⁴⁹⁾ 평양과 관련 없는 문제이기도 했지만, 평안도의 풍속을 비판하더라도 평양은 그 범위에 들어가지 않았기 때문이다. 기자의 고장을 사실로 여기는 한, 평양은 문명이 깃든 곳이었다.

이후 읍지를 보면 시간이 지날수록 평양에서는 기자의 영향력을 강화하는 움직임을 보이고 있다. 기자 존숭에는 지역민도 예외가 아니었다. 1730년 읍지에서는 조삼성(曹三省), 양덕록(楊德祿), 정민(鄭旻)이 상소를 올려 기자 사당을 '숭인전(崇仁殿)'으로 이름을 바꾸고 기자의 후예인 선우(鮮于) 집안에서 전감(典監)을 세습하도록 했고, 원래 '학고당(學古堂)'이라는 정사(精舍)가 1608년 참봉 김내성(金乃聲)과 생원 양덕록이 상소문을 올려 '인현서원(仁賢書院)'으로 사액받았다. 1730년 읍지의 '신이(神異)'에는 당시 지역에서 추앙받던 선우협의 일화가 실려 있는데, 선우협이 열두 살이었을 때 기자전 재실에서 낮잠을 자다가 꿈에 나타난 노인이 5언시를 주고 감사가 어디에 있으니 주라는 말을 들었는데 정말 감사가 그 장소에 있었고 시는 마치 기자가 쓴 것 같은 내용이었다는 것이다. 숙종이 쓴 「기자묘(箕子墓)」와 「기자찬(箕子贊)」, 이정귀(李廷龜)의 「숭인전비문(崇仁殿碑文)」, 선우협의 묘갈명인 송시열의 「용곡서원비문(龍谷書院碑文)」도 수록되

---

48) 『승정원일기』 1693년 8월 4일 기사.
49) 『漆翁冷屑』 上, 「鯁直」. "肅廟己酉有朝士李禎, 以成都太守參考鄕試, 嗛多士之侵已屹吾西風俗有禽狄等停擧. 盧槐軒警來唾手曰, 吾不爲老蟈歆弩矢, 卽抗章斥禎大姦猾誣上不道. 得旨禎特罷言職, 至於流配. 近李寢郞萬秋彈呂必禧事同."

어 있어 당시 기자에 대한 관심과 인식의 정도를 짐작할 수 있다.

평양에 있는 기자의 유적은 평양성 북문인 칠성문(七星門) 근처의 기자묘(箕子墓)와 지팡이인 기자장(箕子杖)을 제외하면 모두 성 남쪽인 외성에 있었다. 외성 자체가 기자 때 만들어졌고 정전은 기자가 구획한 것으로 알려졌는데, 그 외성에 기자궁(箕子宮)과 기자정이 있었던 것이다. 1606년에는 관찰사 박동량(朴東亮)이 기자정에 기자정각을 세웠고, 1725년에는 관찰사 이정제(李廷濟)가 장계를 올려 외성에 있는 기자궁에 담을 두르고 구주단(九疇壇)과 문, 사적비를 세웠다. 1728년에는 양정재(養正齋)라는 강학 공간이 외성 오탄(烏灘)에 있었는데, 1740년에 부임한 서종옥(徐宗玉)이 외성의 정전에 이건하여 '삼익재(三益齋)'라고 했고, 다시 1776년에 서종옥의 아들 서명응(徐命膺)이 관찰사로 와서 구주각(九疇閣)을 세운 뒤 이 건물들을 합쳐 구삼원(九三院)이라고 하였다. 1824년에는 숭인전의 감(監)을 없애고 참봉 2명을 두되, 한 명은 선우 씨가 세습하게 하고 근무 일수를 채우면 경직으로 전환하도록 하였다.

이렇게 여러 관찰사가 기자와 관련된 사업을 추진하면서 기자에 대한 기록도 계속 보충되었다. 1837년 읍지에 추가된 권5의 文에는 기자와 관련해서 이전 읍지에 수록되지 않은 변계량(卞季良)의 「기자묘비(箕子廟碑)」와 명 사신 왕경민(王敬民)의 「알기자묘부 병서(謁箕子廟賦幷序)」, 1476년에 명 사신 기순(祁順)이 와서 기자 사당을 보고 지은 부(賦)에 차운한 서거정(徐居正)의 부, 왕경민의 부에 차운한 이이(李珥)의 부, 사행갈 때 쓴 남용익(南龍翼)의 「기자묘비명 병서(箕子廟碑銘幷序)」, 이정제(李廷濟)의 「기자궁비문(箕子宮碑文)」을 추록

(追錄)하였다. 여기에 서명응의 「기자정전기적비(箕子井田紀績碑)」와 「기정학정본말서(箕井學政本末序)」, 김조순(金祖淳)의 「인현서원묘비문(仁賢書院廟碑文)」, 심상규(沈象奎)의 「인현서원문루중수기(仁賢書院門樓重修記)」, 정원용(鄭元容)의 「인현서원장수기(仁賢書院藏修記)」까지 수록하여 기자에 대한 높은 관심을 보여주었다.

19세기 중후반에도 이런 기조가 이어져서 1869년에는 외성에 사는 유생들이 황주(黃州)에 있던 기자 영정을 가지고 와서 사당을 세워 봉안한 뒤 제사를 지냈고, 1886년에는 관찰사 남정철이 기자묘에 재실을 만들고 묘를 수호하는 사람을 두었으며, 1889년에는 문관 등 관리들이 상소를 올려 기자묘를 기자릉으로 높이고 능관(陵官)을 두게 되었다. 1892년 읍지에 수록한 남정철의 「기성묘묘정비(箕聖墓墓庭碑)」와 민종묵(閔鍾默)의 「기자릉비(箕子陵碑)」, 민영준(閔泳駿)의 「기자릉능관선생안서(箕子陵陵官先生案序)」 및 「인청재기(寅淸齋記)」, 「기자릉정자각중건상량문(箕子陵丁字閣重建上梁文)」 등의 글은 이런 사건들과 관련되어 있다.

1902년에 외성에는 풍경궁(豊慶宮)이 창건되기 시작했다. 당시 고종은 양경제(兩京制)를 추진하면서 평양을 제2의 수도로 작점했는데, 이런 선정 이유에는 교통과 군사적 요충지 등 여러 요인이 있었겠지만50) 고종이 내린 조령에 따르면 "기자가 정한 천 년의 역사를 가진 옛 도읍으로서 예법과 문명이 여기서 시작되었다"는 것이 명분이 되

---

50) 김윤정, 「평양 풍경궁의 영건과 전용에 관한 연구」, 부산대 석사논문, 2007; 김윤정·서치상, 「광무 6년의 평양 풍경궁 창건공사에 관한 연구」, 『대한건축학회 논문집-계획계』 25(9), 2009; 장영숙, 「대한제국기 고종의 慶宮 건립을 둘러싼 제 인식」, 『한국민족운동사연구』 103, 2020.

었다.51)

　서경복설(西京復設)의 상징이었던 풍경궁 건설은 제대로 마무리되지 못했다. 평양이 제2의 수도로 거듭나는 것은 지역민들에게 감격스러운 일일 수 있겠지만 이전의 청일전쟁과 당시 혼란스러운 분위기, 풍경궁 건설이 비리로 중단되는 과정에서 풍경궁 건설의 의미는 퇴색될 수밖에 없었을 것이다. 곧이어 일제 식민지 시기로 접어들었지만 평양 읍지 간행은 지속되었다. 주로 일본인이 편찬 주체가 되어 『평양전지(平壤全誌)』(平壤商業會議所 편)와 『평양소지(平壤小誌)』(平壤府 또는 平安南道廳 편) 등을 간행했다. 예전처럼 관청과 협력하여 최신 정보를 입수하기가 힘들다는 한계는 있었지만 평양의 지역민들도 따로 읍지를 제작했다. 1934년에 노원경(盧元頴) 등이 만든 『평양대지(平壤大誌)』가, 2년 뒤인 1936년에 장도빈(張道斌)이 간행한 『평양지(平壤誌)』가 간행되었다. 중화 출신 장도빈의 『평양지』가 민족주의적 입장을 견지한 개인 저술의 성격을 띤 것과는 달리, 『평양대지』는 『평양전지』의 내용을 가져와서 당시 상황을 정리하는 한편, 조선시대에 간행된 기존 읍지를 종합하였다. 무엇보다 조선시대에 편찬된 평양 읍지는 대체로 관찰사라는 외부인과 실무자라는 지역민이 함께 작업하면서 지역의 이해와 현양이라는 두 가지 목표를 가지고 있었지만, 『평양대지』는 지역민들이 제작 주체가 되었기 때문에 당시 지역민의 관심사와 이해관계를 선명하게 드러내었다.52)

---

51) 『고종실록』 1902년 5월 6일 기사. 번역문은 국사편찬위원회의 『조선왕조실록』 사이트의 번역문을 따랐다.
52) 『평양대지』는 지역민의 존재감을 부각시키려고 한다는 점에서 당시 평양민들의 이해관계를 반영하고 있다고 볼 수 있지만, 이와 함께 인물과 관련

『평양대지』에서 눈여겨볼 부분은 편찬 의도이다. 3편의 서문과 '범례'에는 기존의 읍지를 이 시점에서 어떻게 바라보고 있는지 살펴볼 수 있다. 당시 평남(平南) 참여관(參與官)이었던 유만겸(兪萬兼)이 평양이 '서경'이고 가장 아름다운 곳이며 오랫동안 도읍지였다가 왕이 행행하는 곳으로 바뀌고 다시 사행 경유지로 조명된 지역적 성격을 정리했다면, 지역 사인 조병원(曹秉源)과 최정환(崔晶煥)은 당시의 시대 분위기 속에서 평양이 갖는 의미와 기존 읍지의 문제점을 강조하였다.

한 차례 한나라의 공격을 받고 다시 당나라의 침략을 받았지만 성왕과 현신의 큰 덕과 위엄이 역사에 빛나고 세상에 우뚝하여 완전히 망하지는 않았다. 신라 말 고려로 들어오면 중국과는 다투지 않게 되었지만 이로 인해 중국을 숭상하고 스스로 낮추게 되었고 조선으로 들어와서는 그런 경향이 매우 심해져서 걸핏하면 중화를 사모하고 스스로를 망각하기에 이르러 자기 사적을 무시하는 것이 잘못이라는 것도 몰랐기에 옛 역사 대부분을 거의 잃어 소략해졌다. 더욱이 관서 지역을 외지고 오랑캐 습속에 물들어 교화의 밖에 있다고 여겨 내치기에 이르렀다. 우리 관서 지역은 문무 모두 뛰어나지만 마음에 보배를 품은 채 재야에서 울분을 품은 사람이 얼마나 많은지 모른다. 이름을 떨치지 못했으니 사적도 전해지지 않아 나중에 역사를 쓰려고 하는 사람이 아무리 찾아보려고 해도 찾을

된 부분에서 당시에 거주한 유력 일본인들을 포함시키고 있다는 점도 유의해서 볼 필요가 있다. 제13편 '인물'은 이전 읍지에 수록된 전체 명단을 망라했는데 여기에 일본인 74명의 이름과 출신지, 현재 직함을 추가하였다. 마지막 부분에 있는 관직 명단에도 일본인들이 함께 실려 있다.

수 없다. 선조 초에 『평양지』를 편찬하였는데 산천, 누대, 인물, 풍토, 강역, 도로 등 인사와 관련된 것들을 모두 상세하게 기록하였지만 이른바 <u>고금의 역사를 모은 범위가 넓지 않고 내용이 너무 간략하여 먼 예전의 일과 그 실체를 알기에 어려움이 있다. 이후에 속지를 간행하는 사람도 이런 구습을 이어 옛일의 범위를 넓히지도, 이 지역 일을 상세하게 담지도 못했다. 그 당시 사람들은 모두 습속에 안일하게 빠져 경관에게 아부하고 중국 사신을 높이는 한편 자기 지역에 소홀한 서술의 편향성을 탈피하지 못했으니 이는 진실로 우리 평양 읍지의 잘못된 부분이지만 뒤늦게 개탄한들 어찌하겠는가.</u> 최근에 노원경 군이 읍의 역사를 편수한다는 소식을 듣고 대동강 동쪽에 있는 군에게 찾아가 그의 원고를 얻어볼 수 있었다. <u>읍지는 기존 읍지를 포괄하면서 여기에 더해 현대의 대체적인 시설과 역대 제왕의 역사를 추가하였으니 완전히 갖추어졌다고 하기는 어렵겠지만 그래도 수록 범위가 넓고 치우친 우리 고장을 현양하려는 데 뜻을 두었다.</u> 이전 사람이 하지 못했던 부분을 썼기에 이 또한 안목을 새롭게 하고 마음을 일깨우기에 충분하다.53) (밑줄은 인

---

53) 盧元穎 撰, 『平壤大誌』, 조병원의 서문. "夫一毁于漢寇, 再火于唐醜, 其聖帝明王賢臣偉人之大德巍勳, 耀日月而軒天地者, 遂未免蔇然沈沒. 迨于羅之末麗之中國旣不競, 因崇漢而自小, 至李氏而太甚焉, 動輒慕華, 遽至忘我, 而不知悔其史事亦有累, 而古史亦多遺簡, 矧玆關西指以遐陬習胡置化外而擯之. 吾西之文武俊良, 懷其寶而含鬱於林下者, 不知其千百人也. 名旣不揚, 事亦無聞, 後之爲史者, 雖欲溯究不能也. 宣廟之初有纂一部平壤誌, 而其山川樓臺人物風土疆域道路, 凡關於人事者, 不無詳記, 而其所謂古今之史採蒐不廣, 其所記者太簡, 亦因於窮遠核實. 後之續而記者, 亦倣其舊而不能博古詳我, 盖當時之人, 皆狃安於習熟, 而不振其所述偏傾於詢京宦尊漢价, 而踈慢於吾邦, 此誠俱失誌吾之平壤也, 追慨何及. 近聞盧元穎君編修邑史, 乃訪君於浿水之東, 得覽其藁, 其所以誌者盖包括舊誌, 益之以現代之一般施設,

용자 표시)

곧 이 시기에 가장 문제로 떠오른 것은 고대사에서는 이 지역이 문명이 있는 곳이었는데 그동안 이 사실을 도외시했다는 점과 자기 나라를 소홀히 하는 습속에 빠져 자기 지역을 현양하는 데 소홀했다는 점이었다. 『평양대지』는 이런 문제의식을 바탕으로 지역민으로 읍지를 간행할 때 넣어야 할 부분을 잘 담았다고 평가한 것인데, 이 점은 '범례'에서 제영시와 관련해서 '자폄(自貶)'이라고 규정한 데에서도 잘 드러나 있다.54) 『평양대지』에는 김점의 『서경시화』와 『칠옹냉설』에 있는 내용 중 평양인과 관련된 내용 일부를 전재했고, 또 제영시에서 '평양인시문(平壤人詩文)'(본문에서는 '平壤人之名作' 항목으로 제시)을 추가했는데 여기에 추가한 시의 상당 부분도 『서경시화』에 수록된 평양인들의 작품이다. '자폄'을 문제 삼는 이런 태도는 19세기 말 20세기 초에 평양의 위상이 급격히 높아지면서 어떤 자긍심을 갖게 된 결과가 아닌가 한다. 특히 이 서문에서 "역대 제왕의 역사를 추가하

又增以歷代帝王之略史, 雖不能謂其全備, 而採遠而記瀾尤益, 致意於揚吾邦之側陋. 發前人之所未遑, 亦足以新人之目警人之志矣."
54) 盧元頲 撰, 『平壤大誌』 凡例. "古詩所載之詩文, 全屬於華使之作朝宦之題, 而本邦人之所題詠者闕而不載. 事涉於自貶, 是雖由於古人謙抑之意, 其所自貶者豈人之情哉. 玆敢拾遺本邦之作並錄焉." 물론 이 구절은 읍지의 일반적인 성격에 비추어 볼 때 타당한 지적은 아니다. 평양뿐만 아니라 거의 대부분의 지방 읍지에는 명성 있는 사람의 제영시를 주로 수록하는데, 이들의 지명도를 통해 외부에서는 잘 몰랐던 지역의 어떤 특성을 알리기 위해 고안된 방식이므로 지명도가 거의 없는 지역민이 쓴 시문이 현실적인 효과를 거두기는 어려웠기 때문이다.

였다"는 구절도 주목할 부분이다.55) 이런 자신감은 1590년 읍지에서 기자의 고장을 명시한 이래 평양이 문명이 깃든 곳으로 인식되었고 이후 기자와 관련된 여러 시설이 확충되는 과정과 기자릉으로 승격된 사건, 20세기초에 다시 제2의 수도인 '서경'으로 낙점되는 일련의 과정 속에서 형성된 것으로 이해할 수 있다.

4. 결론

본고의 논의는 '서북' 또는 '관서'가 정체성이나 결속력에서 단일한 범주가 아니므로 평안도의 내부 담론을 논의하기 이전에 지역의 내부 인식을 종합하는 작업이 선행되어야 한다는 문제의식에서 출발하였다. 또 시기에 따라 상황이 달라지는 만큼 이런 내부 인식이 시대적 변천을 보인다는 점도 고려하고자 했다. 본고에서는 그동안 제기되었던 평안도 차별 담론을 의식하면서 지역 차원에서 이런 인식을 확인하기 위해 편의상 16세기부터 20세기까지의 시대적 변화를 확인할 수 있는 평양 읍지를 대상으로 삼았다. 먼저 평안도 지역 간의 차이가 나타나는 양상에 주목하였다. 평안도 풍속을 비방했다는 점에서 반향을 일으켰던 여필희의 관서변무소 사건은 청북의 일부 지역 읍지에서만

---

55) 장도빈의 역사에서 '기자' 관련 내용을 모두 뺀 『평양지』와 달리 『평양대지』에는 여전히 기자조선 - 箕子世系 항목을 고대사에 포함시켰다. 일반적으로 읍지의 역사라면 지역사로 한정되는 것과는 달리 『평양대지』의 역사는 왕에 대한 약술적 성격이 강해서 간략한 국사를 서술한 것 같은 인상을 준다.

확인되며, 오히려 같은 청북에 속해 있는 강계의 읍지처럼 여필희를 긍정적인 인물로 서술하는 경우도 있다. 이전까지 평양 읍지에 포함시켰던 단군과 동명왕 등의 인물들이 시대가 흐르면서 여러 지역에서 읍지가 간행되자 유적을 중심으로 관련 인물이 재편되는 양상도 나타났다.

  5종의 평양 읍지에 나타난 시대적 변화로 볼 때 지역민의 모습은 크게 두 가지 변화를 보이고 있다. 하나는 시간이 갈수록 중앙의 인물과 가까운 관계를 맺고 있다는 점이다. 1730년 읍지에서 등장하기 시작한 지역민에 대한 인식은 소세양 일화처럼 중앙의 권력과 떨어져 있는 것에 대한 문제의식으로 나타났으나 19세기 읍지로 보면 중앙 문인과의 사승 관계, 별시 횟수의 증가, 경관직으로의 전환처럼 중앙과의 친연성이 강하게 드러나 있다. 또 다른 하나는 윤두수가 평양에서 기자의 존재를 부각시킨 이래 기자는 문명의 상징이 되어 평양의 도시 이미지를 새로 거듭나게 했다는 점이다. 평양은 고조선과 고구려의 도읍지이기도 했지만 단군과 동명왕은 기자만큼 의미 있게 인식되지 않았다. 기자와 관련된 시설을 확충하고 기자묘를 기자릉으로 승격시키고 20세기 초에 외성에 풍경궁 건설을 착공하는 일련의 과정 속에서 평양은 다른 평안도 지역과는 다른 위상을 가지게 되었던 것이다.

  『평양대지』는 기존 읍지를 정리하면서 지역민을 충분히 드러내지 못한 것을 '자폄'이라고 규정했는데, 이후에 나온 『평안남도지』 역시 '관서변무소'와 차별에 초점을 맞춘 『평안북도지』와는 다른 기조를 보였다.56) 이러한 모습은 19세기말 20세기 초에 평양의 도시적 위상이 급격하게 올라가면서 생겨난 자긍심의 발로이며 이렇게 통시적으로 조망할 때 평양인의 자기 인식은 기존에 논의되었던 '평안도 차별' 담론과는 다른 양상을 보이고 있다.

---

56) 평안북도지편찬위원회, 앞의 책, 642면. '관서변무소'. 이런 맥락에서 나중에 『평안남도지』와 『평안북도지』가 따로 간행되었을 때 유독 『평안북도지』에서 관서변무소나 평안도인에 대한 차별을 문제삼았던 것도 이런 일들이 지역민에게 전해져서 기억의 역사가 되었기 때문일 것이다. 예컨대 『평안북도지』의 '6. 과거에 비친 「서북」 푸대접'에서는 선조대 의주에서 본 도과에서 "수많은 인재들을 시취"했고 그래서 그때 합격증을 모두 가지고 있는데도 『국조방목』에는 들어있지 않은데 이것은 "서도내기"여서 뺀 것이고 이런 일들이 홍경래 난의 원인이 되었다고 해석했다. 반면 『龍城誌』(『조선시대)사찬읍지』 51 수록) '忠義'에 수록된 文愼幾 설명에 따르면 문신기가 이때 자기가 합격자 명단 끝에 있는 것을 보고 이 시험이 불공정하다고 생각해서 시험을 주관한 윤두수를 비방하는 항소를 올렸다가 처벌받을 상황에 놓였는데 문신기의 재주를 확인하는 차원에서 韻字를 내자 곧바로 7언 율시를 짓는 것을 보고 죄를 용서하고 문신기는 참봉에 임명하고 시험은 파방하라는 명을 내렸다고 한다. 이런 기록이 청북의 몇몇 지방과 용천에서 서로 다른 기억을 가진 사례라고 볼 수 있다. 그런데 실록에서 1592년 7월 2일에 별시 문과를 설행해서 鄭宗溟, 李自海, 崔東立 및 의주 사람 洪適을 뽑았다는 기사를 확인할 수 있고 이른바 '龍灣別試'의 합격자들이 『국조방목』에 실려 있으므로 『국조방목』에 실려 있지 않다는 주장이 어떤 정보에 근거한 서술인지는 알 수 없다. 어쨌든 「관서변무소」의 연장선상에서 용만별시가 비정상으로 처리되었다는 이야기가 지역 사회에서 전해졌던 것 같다.

평안도 인물 일화집 『칠옹냉설(漆翁冷屑)』 연구

1. 서론

평안도의 시화집이자 인물 일화집으로 알려진 『서경시화(西京詩話)』는 정병욱 교수 소장본이 유일본이다.[1] 3권과 「보록(補錄)」으로 구성된 3권 1책의 필사본이며 편자는 평양 출신인 김점(金漸, 1695~1775?)이다. 김점은 1728년에 평양 문인을 중심으로 1차 편찬을 완료한 뒤, 1733년 평안도 문인으로 확대하여 증보 작업을 마쳤다. 『서경시화』는 특정 지역 시화집으로는 유일하다는 점에서 주목을 받아 자료 소개가 이루어졌고 후속 연구도 계속 나오고 있다.[2] 『서경시화』의 편자인 김점의 구체적인 행적과 이 시화집의 성격은 그동안의 선행 연구에서 조금씩 추가 보완됨으로써 어느 정도는 밝혀진 상태이다.

지금까지 『서경시화』의 선행 연구는 지방 시화라는 착안점을 바탕

---

[1] 조종업 편, 『(수정증보)한국시화총편』 11, 태학사, 1997 수록.
[2] 『서경시화』를 다룬 연구성과는 다음과 같다. 문희순, 「『서경시화』 연구」, 학산조종업박사 화갑기념논총 간행위원회 편, 『(학산조종업박사)화갑기념논총: 동방고전문학연구』, 태학사, 1990 ; 장유승, 「『서경시화』 연구 – 지역문학사적 성격을 중심으로」, 『한국한문학연구』 36, 한국한문학회, 2005 ; 조지형, 「『서경시화』의 구성 체제와 문헌적 특성」, 『고전과 해석』 30, 고전문학한문학연구학회, 2020a ; 조지형, 「『서경시화』의 편찬 과정과 인용 서목 연구」, 『한민족문화연구』 70, 한민족문화학회, 2020b.

으로 관련 자료를 보완하여 구체화하는 방향으로 전개되었다. 다만 여전히 『서경시화』의 구성에 대해서는 정합적인 해석이 이루어지지 못한 상태이다. 문제의 핵심은 『서경시화』에서 '시화'로 볼 수 없는 부분을 어떻게 해석할 것인가 하는 점이었다. 앞서 언급했듯이 『서경시화』는 3권과 「보록」으로 구성되어 있다. 이 필사본에는 「보록」의 중간에 '강정(剛正)'으로 시작하는 총 31개의 세부 항목 아래 일화가 수록되어 있으며 그 뒤에 다시 '부록(附錄)'으로 세부 항목 없이 일화가 추가되어 있다. 이런 체제는 3권과 「보록」 일부가 일관되게 시화 내용을 견지하고 있다는 사실에 비추어볼 때 상당히 어색하다. 또 「보록」이 있는데 또 '부록'이 붙어있는 점과 '부록' 역시 다시 앞에서 서술된 일화의 연장선이기는 하지만 세부 항목이 없이 서술된 점도 부자연스럽다. 따라서 이 자료를 보는 연구자들은 「보록」 이후의 서술 체계를 어떻게 합리적으로 설명할 것인가 하는 과제를 안게 되었다. 이 점을 이해하기 위해 부록에 31개의 항목으로 분류된 일화를 수록했다고 설명하기도 했고,[3] '부록'을 단서로 「보록」을 전반부와 후반부로 나눈 뒤 세부 항목이 시작되는 부분부터 「보록」의 후반부로 이해하여 『서경시화』가 시화로 출발했지만 나중에는 야담과 잡록까지 포함시킴으로써 '총화(叢話)'적 성격을 갖추게 되었다는 결론을 도출해내기도 했다.[4]

결론적으로 말한다면 정병욱 교수 소장본(이하 '시화총편 수록본')은 김점의 『서경시화』에 『칠옹냉설(漆翁冷屑)』을 합편한 것이다. 선

---

[3] 장유승, 위의 논문, 280면.
[4] 조지형, 앞의 2020a 논문, 102~105면 ; 조지형, 앞의 2020b 논문, 146면.

행 연구자들에게 이 점이 명확하게 와닿지 못했던 것은 「보록」 부분에서 31개의 항목이 시작할 때 별도의 구분 없이 내용이 이어져 있기 때문이다. 비록 '칠옹냉설 상(漆翁冷屑上)'과 '칠옹냉설 하(漆翁冷屑下)'가 명시되기는 했어도 이 구절이 「보록」의 마지막 줄 하단에 있어서 다음에 제시되는 자료의 제목이라는 것을 명확히 알 수 없게 필사되었다는 것이 문제였다. 그래서 뒤의 내용이 『서경시화』가 아니라 『칠옹냉설』이 덧붙여진 것이라는 점이 확연하게 드러나지 않았던 것이다. 요컨대 시화총편 수록본 「보록」 뒷부분의 '강정(剛正)'부터는 『칠옹냉설』의 상편과 하편, 부록에 해당하는 내용이다. 『서경시화』의 일부로 인식된 『칠옹냉설』이 별개의 자료인 이상, 이 자료는 『서경시화』의 맥락 안에서 '시화'에서 '총화'로 변모되는 과정으로 설명할 수 없다. 『칠옹냉설』은 그동안 『서경시화』 연구 안에서 부가적으로만 논의되었으므로, 본고에서는 『칠옹냉설』 자체에 집중하여 이 자료의 특징과 성격에 대해 논의하고자 한다.

2. 『칠옹냉설』의 자료 개관

『칠옹냉설』이 『서경시화』와 별개의 책이라고 볼 수 있는 몇 가지 근거가 있다. 일단 국사편찬위원회에 1책의 『칠옹냉설』(KO B6B 282, 이하 '국편본')이 소장되어 있다.[5] 이 책은 조선사편수회에서 1938년

---

5) 이 자료의 존재에 대해 알려주시고 여러 가지로 조언해주신 서울대 규장각 박현순 선생님께 감사드린다.

에 구입한 자료인데, 시화총편 수록본처럼 항목별로 내용이 서술된 것도 아니며 수록 내용과 순서, 범위에서도 차이가 있다. 또 1934년에 간행한 노원경(盧元熲)의 『평양대지(平壤大誌)』에서도 이 두 책을 별개로 보고 있다. 『평양대지』에서는 제10편 제1장 「서경시화초(西京詩話抄)」(143~147면)에서 『서경시화』의 일부를, 제14편 「문담(文談)」의 후반부에 있는 '부 칠옹냉설(附漆翁冷屑)'(217~221면)에서 『칠옹냉설』의 일부를 수록하였다. 이보다 앞선 자료에서도 『서경시화』와 『칠옹냉설』을 분별하고 있는 것을 확인할 수 있다. 장지완(張之琬, 1806~1867 이후?)이 편한 국립중앙도서관 소장본 『기성소문록(箕城謏聞錄)』(古2154-19)은 권4~권6만 남아 있는 낙질본이다. 권4에 선우협(鮮于浹), 권5에 전벽(田闢)과 허관(許灌), 권6에 김여욱(金汝旭), 김지웅(金志雄)에 대한 상세한 내용을 담고 있으며 부분적으로 전거 자료도 명시했다. 『서경시화』와 『칠옹냉설』로 한정지어 보면 『서경시화』는 "金進士漸西京詩話"이나 "西京詩話"로, 『칠옹냉설』은 "漆翁冷屑"로 명기했으므로 이미 이 시기에도 이 두 책을 별개로 보고 있었음을 알 수 있다. 이 자료를 교정한 황종후(黃鍾垕)는 장지완이 묘지명을 쓴 황석고(黃石耉, 1781~1840)의 아들이다. 장지완이 정확히 언제 『기성소문록』을 썼는지를 알기는 어렵지만, 1840년에 평안도에 갔고 1846년까지 평안도 지역에 대해 언급하고 있으므로 늦어도 1840년경에는 『칠옹냉설』을 볼 수 있었던 것 같다.

그런데 시화총편 수록본과 국편본의 수록 내용을 비교해보면 여전히 문제가 남아 있다. 국편본은 본문 97항목과 부록 15항목으로 이루어져 있다. 이 두 종의 『칠옹냉설』은 수록 순서가 비슷하지는 않아도 중복되는 내용이 많아서, 훨씬 더 분량이 긴 시화총편 수록본의 일부를 필사한 것이 국편본이라고 생각하기 쉽다. 그러나 많지는 않아도 국편본에서만 발견할 수 있는 내용도 있고, 비슷한 내용이라고 하더라도 서술상의 차이가 있다. 다만 시화총편 수록본이 일화의 내용을 분류하여 항목화했다면 국편본은 인물 중심으로 일화를 수록했기 때문에 두 필사본을 대조하여 그 결과를 일목요연하게 제시하기가 매우 어렵다. 동일한 일화라도 해도 몇 글자만 다른 경우도 있고 구절 수준에서 다르게 나타나는 경우가 있다. 그렇지만 이런 차이가 어떤 경향성을 도출할 수 있을 정도로 뚜렷한 것은 아니다. 눈에 띄는 차이점을 대략이나마 제시하면 다음과 같다.

(가)
卞叔年壯而不娶, 人勸之室則曰, 吾二十八當死, 忍令寡人之女乎. 如期死, 死之日, 聞骨節춤然有聲曰, 吾今換骨矣. 俄而仙藥振空異香滿室, 人以爲尸解去. [시화총편 수록본]

卞叔年壯而不娶, 人勸之室則曰, 吾二十八當死, 忍令寡人之女乎. 如期死, 死之日, 仙藥振空異香滿室, 士友有相弔者曰, 長吉玉樓之歲, 果有此乎. [국편본]

(나)
기산 허관이 열두세 살 때 고을 학교의 생도가 되었는데 재주가 이미 대성해 있었다. 여름날 국을 마시는데 파리가 모여들자 기산이 맹자의 구절을 이렇게 음송하였다. "叟가 불원천리하고 왔건만

어찌 우리 國에 이로움이 있겠는가."6) [시화총편 수록본, 국편본]

(세주: 세상에 '파리'를 '叟'라고 하고 '국'을 國이라고 하기 때문이다)7) [국편본]

(다)

소현세자가 심양에서 돌아올 때 청의 진기한 물건을 상당히 가지고 왔으므로 길을 가면서 옮겨 실으라는 전령이 나와 있었는데, 금교의 역리가 말을 구비하지 못해서 처벌을 당하게 생겼다. 기산 허관은 당시 역참의 승이었는데 곧바로 들어가 소리치면서, "저하께서는 조선에는 물건이 없다고 생각하십니까, 모든 물건을 제가 들겠습니다. 저 중국 물건을 사양하지 않으시고 어찌 역참의 관원을 번거롭게 하십니까?"라고 하였다. 역리도 처벌을 받겠다고 청하였다. 동궁이 겸연쩍어하며 말했다. "허관은 정말 독한 자로구나."8) [시화총편 수록본]

기산 허관이 황해도사로 있을 때 겨울에 관찰사를 따라 관할 구역을 돌았는데 관찰사의 붉은 깃발과 검은 일산이 나부꼈다. 그러

---

6) 시화총편 수록본 『漆翁冷屑』下. "許箕山灌十二三歲, 補邑庠弟子, 才氣已大成. 嘗夏月啜羹有靑蠅來集, 箕山爲誦孟子句曰, 叟不遠千里而來, 亦將有利吾國乎."
7) 국편본 『漆翁冷屑』. 본문은 시화총편 수록본과 거의 일치하며 '氣'가 '器'로, '嘗'이 '甞'으로 되어 있다. 여기에 세주로 "俗謂靑蠅爲叟, 謂羹爲國故也."가 추가되어 있다.
8) 시화총편 수록본 『漆翁冷屑』上. "昭顯世子自瀋還也, 多挾虜奇物, 沿路發傳遞戴, 金郊郵吏以馬不俱當刑. 許箕山灌時爲其丞, 直入厲聲曰, 邸下以朝鮮無物乎. 一切行具令臣擔負. 且不辭彼北物, 奚足以煩殘郵臣. 郵吏也, 請受刑. 東宮憮然曰, 許灌眞毒物."

자 기산이 예졸들에게 철거하라고 하면서 "눈 위에 일산을 펴놓으면 어찌 옥교자를 보호할 수 있겠습니까. 제가 단기필마로 씌워드리겠습니다."라고 하였다. 관찰사가 결국 일산을 거두며 말했다. "나는 이 독한 자에게 빌미가 되지 않겠다."9) [국편본]

두 필사본이 차이가 나는 경우의 대부분은 글자가 약간 다른 정도이다. 때로는 (가)처럼 내용은 동일하지만 표현이 약간 다른 경우가 있다. (가)는 변지익의 죽음에 대한 내용인데, 시화총편 수록본에서는 직설적으로 변지익이 죽어서 시해선(尸解仙)이 되었다고 설명했고, 국편본에서는 당나라 시인 이상은(李商隱)이 지은 「이장길소전(李長吉小傳)」에 나온 "長吉玉樓"라는 표현을 썼다. 이상은은 「이장길소전」에서 요절한 시인 이하(李賀, 자 長吉)의 죽음을 두고 옥황상제가 백옥루(白玉樓)를 만들어 글을 쓰게 하려고 이하를 부른 것이라고 표현했다. 국편본에서도 "선약이 공기를 뒤흔들더니 낯선 향기가 방에 가득했다"는 표현이 나와 평범한 죽음이 아니라는 점을 암시하지만, 사우들이 변지익의 요절을 이하에 빗댄 정도였다. 반면 시화총록 수록본은 앞에 "뼈를 가르는 소리"가 들렸다는 구절과 변지익이 그냥 죽은 것이 아니라 시해선이 되었다고 생각하는 사람들의 반응을 추가함으로써 변지익을 신비한 인물로 변모시켰다.

(나)는 기산 허관의 재치를 보여주는 일화이다. 시화총편 수록본과 국편본은 2글자가 다르기는 해도 내용상 차이가 없다. 세주는 국편본

---

9) 국편본 『漆翁冷屑』. "箕山在海上作亞使, 嘗冬月隨巡伯行所部, 巡伯朱幡皂蓋招搖, 然箕山敕隷卒撤去曰, 雪上張蓋, 豈欲蔭屋轎耶. 正爲吾單騎馬者設耳. 巡伯亦遂撤其蓋曰, 吾不爲毒物作口實也."

에만 있는데, 이 내용은 본문을 이해하는 데 도움이 된다. 이 글의 묘미는 허관이 『맹자』의 원문을 바꾸지 않고 그대로 음송했지만 그 구절이 파리가 몰려드는데 국을 마시는 당시 상황과 절묘하게 맞아떨어졌다는 것이다. 이것이 재치 있는 행동이 되려면 '叟'와 '國'에 어떻게 또 다른 의미를 겹쳐낼 것인가가 관건이었는데, 허관은 이것을 한자의 우리말 발음과 최대한 연관시켰다. '青蠅'의 우리말 발음이 '쉬'라10) '쉬'와 유사한 '叟' 발음과 연결시켰고, '羹'의 우리말 발음이 '국'이라 '國'으로 대체하여 썼다.

(다)는 위의 두 예와는 성격이 다르다. (가)와 (나)는 표현이 달라도 동일한 일화임이 명확하다. (다)의 두 내용은 관련 없는 별개의 일화일 수도 있지만, 유력자의 과도한 행동으로 하급 관원이 곤경에 처하게 되었는데 이 상황에서 허관이 용기 있게 나서면서 유력자의 행동을 저지했다는 서사와 이때 보인 유력자가 모두 허관을 '독한 자(毒物)'로 표현하고 있다는 점이 유사하다. 어떻게 보면 관련 인물은 다르지만 동일한 서사를 가지고 있으므로 필사하는 과정에서 변개되었을 가능성을 생각해 볼 수 있다. 실제로 일어났을 개연성을 염두에 두면 국편본이 시화총편 수록본에 비해 훨씬 더 현실적이다. 이런 서사는 금교 찰방과 소현세자보다는 황해도사와 관찰사 사이에서 발생했을 가능성이 높은데, 금교 찰방이 소현세자에게 이렇게까지 직설적으로 비난하는 것은 불가능했을 것이다.

현재로서는 이 두 자료의 선후 관계는 물론이고 『칠옹냉설』의 원본이 어느 것인지, 또는 원본이 따로 있고 이 두 자료 모두 필사자가

---

10) 金弘喆, 『譯語類解補』「昆蟲補」. "蒼창蠅잉蚱자○쉬"

임의로 항목을 달았거나 필사 과정에서 내용의 증감(增減)이 이루어 졌는지도 확정적으로 말할 수 없다. 그러므로 추후에 관련 자료가 나와서 필사본 간의 관계를 해명하는 후속 작업이 이루어지기를 기다릴 수밖에 없다. 다만 (가)나 (다)를 보면 인물의 일화가 시간이 지남에 따라 과장되거나 비현실적으로 변개되는 과정을 보여주기 때문에 국편본이 시화총편 수록본보다는 이른 시기에 나오지 않았을까 추정된다. 위의 예시를 보면 실제 사건이 구전되면서 익숙한 인물로 가탁되거나 비현실적으로 과장되고 그 외에 다른 일화들까지 추가하여 필사되었을 가능성이 높기 때문에 국편본을 바탕으로 내용을 추가하여 시화총편 수록본이 만들어진 것으로 짐작할 수 있을 뿐이다. 그런데 그렇다면 국편본과 시화총편 수록본의 편찬 사이에 시간적 거리가 있고 편자도 동일 인물이 아닐 수도 있다. 결국 두 종의 『칠옹냉설』의 선후 문제에 대해서는 추후에 다시 논의할 수밖에 없을 것이다.

　『평양대지』는 모두 시화총편 수록본에서 확인할 수 있고 순서도 거의 비슷하므로, 노원경을 비롯한 1930년대 평양 인사들이 본 『칠옹냉설』은 시화총편 수록본으로 보인다. 또 네 차례 『칠옹냉설』을 인용한[11] 『기성소문록』의 경우 이 모두는 시화총편 수록본에서는 확인되나,[12] 국편본에서는 일부만 발견할 수 있기 때문에 현 상황에서 『칠

---

11) 허관 관련 내용에서 3곳, 김여욱 관련 내용에서 1곳 나온다.
12) 시화총편 수록본과 비교할 때 원문에 차이가 있는 부분이 있다. 김여욱에 대한 서술에서 『기성소문록』에서는 "漆翁冷屑云以<u>**馬見還且設饌**</u>邀金去金不異也亦又醉飽而已"라고 했으나 시화총편 수록본에서는 "以<u>**金見還且以爲設饌**</u>邀金去金弗異也亦又醉飽而已"로 되어 있다. 원문에서 밑줄 치고 진하게 표시한 부분이 다르다.

옹냉설』에 대해 논의한다면 시화총편 수록본을 대본으로 삼고 국편본을 참조하는 것이 온당할 것이다.

그런데 위에서 언급한 자료 모두『칠옹냉설』의 편자를 명시하고 있지 않다. 그러나 김점의 1733년 서문에서도 '문장'만을 언급했고, 다른 자료에서도『서경시화』를 언급할 때만 '김점'을 부기하고 있으므로『칠옹냉설』의 편자에 대해서는 여러 가능성을 생각해 볼 수 있다. 일차적으로 제목에 나온 '漆翁'으로 검색하면 19세기 평안도 태천 출신 인물 박문일(朴文一, 1822~1894)의『운암집(雲菴集)』에서「칠옹김공(지초)문집서(漆翁金公-志初-文集序)」,「답김칠전(지초)(答金漆田-志初)」,「칠전김공(이수)만(漆田金公-彛叟-挽)」을 찾을 수 있고, 박문오(朴文五, 1835~1899)의『성암집(誠菴集)』에서「답칠전김장지초(答漆田金丈志初)」를 찾을 수 있으므로, '칠옹(漆翁)'이 김지초(金志初, 1788~1874, 자 彛叟, 호 漆田, 본관 慶州)일 가능성도 생각해 볼 수 있다. 이들 자료에서 김지초는 문장과 학술에 뛰어난 "관서대방가(關西大方家)"로 나타나며『영변지(寧邊志)』(국도본, 古2779-3-147, 1944년 간행)의 "박학하고 글을 잘 썼으며 많은 저술에 세상에 전해졌다. 먼 곳에서 온 제자가 매우 많았다. 재리(梓里)의 숭도원(崇道院)에서 제향한다."는13) 언급으로 볼 때, 김지초는 19세기 영변에서 지명도 있는 인물이었던 것으로 보인다. 김지초의 문집『칠전김선생문집(漆田金先生文集)』이 북한에서는 전하고 있다고 하나14) 국내에

---

13)『寧邊志』. "博學能文, 多著述傳于世. 弟子自遠至者甚衆. 享于梓里崇道院."
14) 이 문집의 내용을 확인하면『칠옹냉설』의 편자가 김지초인지에 대해 더 논의할 수 있을 것이다. 북한에서는 김지초에 대해 김삼봉의 논문「19세기

서는 아직 찾지 못했으므로 여전히 확정할 수 있는 자료 발굴을 기다려야 하는 상황이다.

그런데 국편본의 다음 대목을 보면 『칠옹냉설』의 편자는 김지초보다 더 이른 시기의 인물로 보이므로 또 다른 인물도 염두에 둘 수 있다. 이 글에서는 『칠옹냉설』 편자를 확정할 때 고려할 단서를 하나 더 추가하고자 한다.

<u>내 외증조 서정(西亭) 전벽(田闢) 공</u>은 재임한 곳에서 청렴하다는 명성이 있었다. 보령에서 재직할 때 읍인들이 자랑하면서 "우리 태수는 시도 옥 같고 마음도 옥 같고 얼굴도 옥 같다"고 자랑하였다. 그래서 마침내 '삼옥태수(三玉太守)'라고 불리게 되었다.15) (밑줄 인용자)

밑줄 친 이 부분은 시화총편 수록본에는 없다. 필사자가 덧붙였을 가능성이 없지 않겠지만, 『칠옹냉설』의 편자가 처음부터 이렇게 썼을

중엽에 활동한 김지초의 시문학에 대하여」(『조선어문』 3, 평양: 과학백과사전종합출판사, 2004)가 있다. 김삼봉의 논문을 보면 『칠전김선생문집』의 내용에 대해 언급하고 있으므로 실물 자료를 본 것 같다. 다만 "급제후 관료의 길을 포기"했다고 했으나 사마방목이나 문과방목에서 확인할 수 없기 때문에, 이 논문에 언급된 김지초의 행적이 사실 자료를 바탕으로 한 것인지는 재검토할 필요가 있을 것이다.

15) 국편본 『漆翁冷屑』. "余外曾祖西亭田公諱闢, 所在有氷蘗聲. 其爲保寧也, 邑人相矜詡曰, 吾太守詩如玉心如玉顔如玉. 故遂有三玉太守之目." 이 부분은 시화총편 수록본에서는 약간의 표현상의 차이가 있다. 다른 부분을 밑줄 치고 진하게 표기하였다. "<u>田西亭闢歷典七邑, 所至有氷蘗聲. **初嘗得保寧守**</u> 邑人相矜<u>謝</u>曰 吾太守詩如<u>玉顔如玉心如玉,</u> 三玉太守之目."

수도 있다. 이렇게 보면 편자를 특정할 단서 하나가 추가되었다고 볼 수 있는데, 전벽(田闢, 1584~1627)의 외증손이라는 정보가 있다고 해도 가계를 파악하기가 좀처럼 쉽지 않다.16) 전벽은 평양 사람이고 평안도사를 역임했으며 본관이 남원으로 알려져 있으나 담양 전씨 기록에서도 나온다. 『남원전씨적보(南原田氏族譜)』와 『담양전씨세덕사(潭陽田氏世德史)』는 전벽 후손의 혼인 관계 기록에서 약간의 차이를 보이고 있다.17) 편자가 전벽의 외증손이라고 보면 시기상 김점도 편자일 가능성에서 배제할 수 없다. 『기성소문록』의 전벽 관련 기록의 전거 자료 중에는 '문집(文集)'과 '유사(遺事)'도 있어서 이 자료를 작성할 당시에는 전벽의 문집을 보고 내용을 선별했던 것 같다. 그런데 '유사(遺事)'로만 쓴 부분도 있지만 '진사 김점 찬 유사(進士金漸撰遺事)'로 쓴 부분도 있어서 전벽과 김점 간의 어떤 관련성을 짐작해 볼 수 있다.

---

16) 익명의 심사위원으로부터 참고할 자료에 대해서도 조언을 받았지만 소장처 휴관으로 자료 열람이 불가능한 상황이라 인물을 확정하는 작업은 뒤로 미룰 수밖에 없었다. 아쉽지만 후속 논의에서 보강하려고 한다.

17) 南原田氏宗親會 編, 『南原田氏族譜』, 韓國族譜新聞社, 1997 ; 潭陽田氏大宗會 編, 『潭陽田氏世德史』, 潭陽田氏大宗會, 1998. 이 두 자료에서는 공통적으로 전벽의 아들로 世基와 命基, 서자 禎을 명기했으나 전세기와 전명기의 사위에 대한 기록이 다르다. 『남원전씨족보』에서는 전세기의 첫딸은 李興文과, 둘째딸은 金世謙과 혼인했고 전명기의 딸은 金斗紀와 혼인했다고 했으나 『담양전씨세덕사』에서는 첫딸이 尹有孫과 둘째딸이 康瑄과 혼인했고 전명기의 딸이 김두기와 혼인했다고 나와 있다. 또 『남원전씨족보』에서는 김두기 옆에 "楊州人"이라고 부기했으므로 이럴 경우 경주가 본관인 김지초는 논외가 될 것이다. 같은 김씨인 김세겸의 인적 사항도 확인하기 어렵다.

이상의 내용을 정리하면 『칠옹냉설』은 『서경시화』와는 별개의 자료이며, 편자도 김점이 아니라 다른 인물까지 염두에 두고 다시 논의할 필요가 있다. 이 글에서는 몇 가지 가능성을 제기했을 뿐 추후 논의를 통해 보강해야 할 것이다. 『칠옹냉설』에 나온 인물들은 성격상 『서경시화』의 수록 인물과 상당히 겹치므로, 일화를 통해 그 인물의 특징적인 면모를 알 수 있다면 시화집과 일화집은 상보적인 역할을 하게 될 것이다. 능력 있는 평안도인들이 충분히 알려지지 않았다는 문제의식을 공유한 상태에서 『서경시화』가 평안도인의 문학적 역량을 증명하려고 했다면, 『칠옹냉설』은 이들의 흥미로운 일화를 정리하면서 이들이 또렷한 형상을 가질 수 있도록 구체적인 모습을 채워나가는 작업을 했다고 볼 수 있다.

3. 『칠옹냉설』의 내용과 성격

1) 항목 분류와 수록 내용

시화총편 수록본의 항목 분류와 수록 인물에 대해서는 이미 선행 연구에서 일목요연하게 정리하였다.[18] 이 글에서는 '강정(剛正)', '경직(鯁直)', '절의(節義)', '충렬(忠烈)', '효행(孝行)', '우제(友悌)', '돈목(敦睦)', '청렴(淸廉)', '독행(獨行)', '장략(將略)', '식량(識量)', '표치(標致)', '환적(宦績)', '지미(知微)', '학술(學術)', '문장(文章)', '총

---

18) 조지형, 앞의 2020a 논문, 102~105면.

민(聰敏)', '임방(任放)', '해학(諧謔)', '오탄(傲誕)', '의협(義俠)', '탐색(貪嗇)', '우졸(迂拙)', '용퇴(勇退)', '언건(偃蹇)', '과학(寡學)', '포석(褒錫)', '선징(善徵)', '신이(神異)', '방기(方技)', '이원(梨園)'라는 총 31개의 항목 기준에 대해 추가적인 논의를 하려고 한다. 인물의 일화를 서술할 때 성격에 따라 유형화하는 것은 이 자료만의 특징도 아니고, 다양한 일화를 수집한 상태에서 내용을 분류하려고 했다면 그 기준이 정확하게 단일할 수도 없을 것이다. 이 항목에는 인물의 성격을 보여주는 것도 있지만 '학술', '문장'처럼 능력에 대한 것도 있고, '이원'처럼 직군을 보여주는 것도 있다. 또 일화집을 편찬한다고 해서 수집한 자료 모두를 그대로 수록하지는 않을 것이다. 편자가 나름의 기준으로 취사선택하는 과정도 밟게 될 것이므로, 여기에서는 『칠옹냉설』의 항목을 통해 이 일화집의 특징에 대해 논의하려고 한다. 축자적으로만 보면 '강정', '경직'처럼 비슷하게 보이는 항목들이 꽤 있으므로 항목의 의미를 명확하게 파악하기 위해서는 항목 안에 수록된 내용을 확인해야 한다. 또 자기 지역의 일화를 모은다면 대체로 내세울 만한 미덕들이 중심이 되겠지만, 이와 함께 당시에 흥미롭게 인식되거나 많이 회자된 내용들도 대거 포함시킬 것이다. 그러나 여타 항목에 비해 '탐색' '우졸', '언건', '과학'은 성격이 매우 다르므로 이 항목들을 통해 편자의 의도를 파악할 수도 있을 것이다. 또 항목별로 수록 인물의 비중도 차이가 있는 만큼 이 점을 정리하여 『칠옹냉설』 편자의 관심사와 지향성을 분석해 보는 것도 필요하다.[19]

---

[19] 위의 논문. 이 논문에서 항목과 수록 인물, 항목 아래 일화 편수와 인물 수를 표로 정리했다.

『칠옹냉설』의 각 항목에 실린 내용은 대체로 일관되어 있다. '강정(剛正)'에는 "수박자(守朴子) 김태좌(金台佐)는 풍격이 엄정하였고 악행을 원수 보듯 미워하였다. 사위 중에 행실이 지저분한 자가 있었는데 물리치고 만나려고 하지 않았다."처럼[20] 대체로 평소에 품은 자기 신념에 따라 타인의 잘못된 행동에 대해 강경한 입장을 고수한 인물들을 수록하고 있다. 괴이한 물체(黑物)나 야차(夜叉)를 보고도 동요하지 않은 박위(朴蔿)의 일화도[21] 외물을 두려워하지 않고 당당하게 맞섰다는 점에서 함께 수록한 것으로 보인다. 반면 '경직(鯁直)'은 주로 국가사와 관련하여 강직한 태도를 보인 인물들의 일화를 싣고 있다. 예컨대 소현세자가 심양에서 돌아왔을 때 가져온 물품이 많아서 짐을 나르느라 관원들이 곤란에 처하자 허관(許灌)이 나서서 동궁에게 조선에는 물건이 없다고 생각해서 이런 짐들을 모두 가져왔느냐를 비판하며 자신이 모두 운반할 테니 역참의 관리들의 수고를 덜어달라고 요청하자 소현세자가 무안해했다는 일화를 수록했다.[22] 그러므로 둘 다 강직한 행동을 보인 일화지만 상대적으로 볼 때 '강정'이 개인

---

20) 『漆翁冷屑』 上. "金守朴子台佐, 風局峻正, 疾惡如讐. 其門壻有穢行者, 距之不肯見." 이하 인용은 특별히 언급하지 않는 한 시화총편 수록본을 따랐다.
21) 『漆翁冷屑』 上. "朴上舍蔿嘗夏日行郊野, 忽雷聲訇然一黑物竄入衣袂中, 朴不爲動. 又嘗入亞營作文酒會, 直夜出郭小橋邊, 有一夜叉遮道. 所帶奴倉卒入馬鞴底, 朴叱夜叉這漢胡不避, 於是夜叉亦辟."
22) 『漆翁冷屑』 上. "昭顯世子自瀋還也, 多挾虜奇物, 沿路發傳遞載. 金郊郵吏以馬不俱當刑. 許箕山灌時爲其丞直入厲聲曰, 邸下以朝鮮無物乎. 一切行具令臣擔負. 且不辭彼北物, 奚足以煩殘郵臣郵吏也, 請受刑. 東宮憮然曰, 許灌眞毒物."

적인 차원이라면 '경직'은 과거 시험이나 왕세자의 일처럼 국사와 관련된 내용으로 구분했다고 볼 수 있다.

'절의(節義)'와 '충렬(忠烈)'은 모두 나라에 대한 충정을 상이한 양상으로 보인 일화를 수록했는데, '절의'에는 고려가 망하고 조선이 건국하자 고려의 유민으로 자처한 조견(趙狷)과 호란이 일어났을 때 대명 의리를 고수했던 인물들의 실화를 실었다면,[23] '충렬'에는 애국적인 모습이나 임진왜란 등의 전란에서 공을 세운 내용을 담고 있다. 그 '애국적인 모습'에 세상에 무서운 것 없고 다른 사람을 대단하다고 생각하지 않았던 의주(義州)의 토호 장사길(張思吉)조차도 태조의 영정을 보고 감복하여 공을 세웠다는 내용과[24] 이괄의 난이 평정된 뒤 논공행상을 할 때 친구 김태흘(金泰屹)의 추대로 공신이 된 최응수(崔應水)의 일화도[25] 포함되어 있다. '효행(孝行)', '우제(友悌)', '돈목(敦睦)'은 각각 부모에 대한 효행, 형제끼리의 우애, 친족 안에서의 친목과 질서에 대한 내용이다.

'청렴(淸廉)'이 주로 관료의 청렴에 대한 내용이라면, '독행(獨行)'

---

[23] 조지형, 앞의 2020a 논문, 102~105면. 이 논문에서는 이 항목에 수록된 인물을 趙狷, 田闢, 許灌으로 정리했지만 단락을 구분하지 않고 중간에 표시만 했기 때문에 여러 일화가 연속으로 서술되어 있다는 점을 미처 발견하지 못한 듯하다. '절의'에는 조견, 전벽, 허관 외에 崔孝一('崔孝逸'로 표기), 金禹錫, 咸應秀가 수록되어 있다.
[24] 『漆翁冷屑』上. "張僖襄公思吉, 自父儷世爲義州土豪, 强梁不服, 役之日久, 及見聖祖儀容, 不覺屈膝曰, 吾今有主矣. 卒能挾飛龍以御天, 其功不在趙文忠公下."
[25] 『漆翁冷屑』上. "崔三和應水逆适平. 朝旨令各言其功, 崔自以功微逡巡未敢發. 金漢豊泰屹爲之推轂得以成名. 當時諺曰, 蒙友力作功臣."

은 독특하거나 남다른 행동과 관련된 내용이다. 여색을 멀리해서 유혹에도 흔들리지 않은 황윤후(黃胤後)나 '황고집'이라는 별명이 붙은 황순승(黃順承)의 사례도 있지만, 보기 싫은 사람을 만나자 땅에 엎드려 보지 않으려 했던 한우신(韓禹臣)의 어린 시절 일화를26) 포함하고 있는 점도 이채롭다. '장략(將略)'이 주로 전투에서의 전략에 대한 내용이라면 '식량(識量)'은 지혜롭거나 현명한 행동을 모은 것이다. '표치(標致)'는 다른 사람들이 흠모할 만한 풍모에 대한 내용이고, '환적(宦績)'은 지방관으로 나갔을 때 선정을 펼쳐 백성들의 신망이 있었다는 내용이며, '지미(知微)'는 작은 단서로 앞으로 벌어진 일들을 예견했다는 내용이다. '학술(學術)'은 학문적 성과에 대한 내용이고 '문장(文章)'은 시문과 관련된 일화를 모았는데 '문장'에서는 그런 요건에 부합한다고 보기 어려운 일화도 있다. 예컨대 김학기(金學起)의 일화는 아버지에게 미움을 받아 찰밥[秫飯]도 제대로 못 먹는 차별을 당했지만, 부벽루 별시에서 합격하여 노비가 김학기의 아버지에게 "찰밥이 급제했다"고 알렸다는 것이다.27) 물론 부벽루 별시가 평안도민에게 남다르게 와닿았을 수는 있었겠지만,28) 이 일화에서 김학기의

---

26) 『漆翁冷屑』 上. "韓靜安髫髫歲適野逢一氓, 與縠觫交卽伏地不忍視. 氓愧甚盡力扶起終不動, 及歸而遂秘之. 後臨終擧以與語諸子曰, 吾所以不欲見者一, 知其名沒身不忘, 故忍而至此."
27) 『漆翁冷屑』 上. "金直學學起嘗失愛於其父. 羣弟皆玉食而唯直學飯秫不得備. 諸子數一老奴常左右之. 竟登浮碧樓別試榜出, 父囑老奴以諸郞中誰及第. 奴歸報曰秫飯及第矣."
28) 부벽루 별시의 의미에 대해서는 장유승, 「문화공간으로서의 부벽루 – 중앙문인과 지역문인의 교류를 중심으로」, 『한국한문학연구』 53, 한국한문학회, 2014, 219~225면 참조.

문장력이 강조된 것이 아니라는 점에서 이 일화는 편자가 수록하고 싶었으나 부합하는 항목을 찾기 어려워 '문장'에 편입시켰던 것 같다.

'총민(聰敏)'은 월등한 기억력을 보여준 내용을, '임방(任放)'은 다른 사람의 시선에 아랑곳하지 않고 자신의 소신을 보여준 내용을 수록하였다. '해학(諧謔)'은 대체로 재치 있게 응수한 내용이며, '오탄(傲誕)'은 오만한 행동으로 낭패를 당하거나 사람들을 골려준 일을 담고 있다. '오탄'에는 감영 아전 오광례(吳光禮)의 여러 일화가 실려 있는데, 감사에게 순종적인 여타 아전과는 달리 당시 감사였던 박엽(朴燁)에게 응수하거나 가난한 상황에서도 술을 마시고 싶어서 지나가는 생면부지의 손님을 불러 술상을 차리게 하고는 자기 혼자 술을 다 마신 내용,29) 서울 사람을 속여서 대동강을 팔았던 내용도 있어서30) 다른 항목에 비해 '오탄'의 범위가 상대적으로 더 넓다고 볼 수 있다. '의협(義俠)'은 의리나 의협심과 관련된 내용을, '탐색(貪嗇)'은 인색한 성품으로 생긴 일화를, '우졸(迂拙)'은 상황을 제대로 파악하지 못해서 어리숙한 행동을 하거나 헛된 결과를 초래한 상황을 수록하였다. '용퇴(勇退)'는 벼슬을 하다가 어느 순간 벼슬을 버리고 은거한 내용이며, '언건(偃蹇)'은 곤경에 처한 내용이다. '과학(寡學)'은 학식의 부족으로 생긴 일화이고, '포석(褒錫)'은 특별히 상을 받은 사례,

---

29) 『漆翁冷屑』 下. "吳光禮家貧樂飮酒甚益, 其妻不樂也. 間有生面過門子, 光禮因邀之坐定, 旋先入廚囑之曰, 有貴客沽酒來. 妻勉從之. 酒進, 光禮先自酌, 若將侑客者, 繼再飮繼三飮曰酌畢矣. 客拂衣出詬罵不置. 妻問何故則曰, 君勿言, 此客一盃已大醉矣."
30) 『漆翁冷屑』 下. "吳光禮售庄直於洛人某標曰, 東長林西南狸巖北酒巖. 洛人執驗之乃大同江也."

'선징(善徵)'은 꿈에서 계시한 내용을 징험했다는 내용이다. '신이(神異)'는 현실적으로 이해할 수 없는 초자연적인 일들에 관한 내용이고, '방기(方技)'는 점, 산술, 도사, 풍수, 천문, 의술 같은 재능을 가진 사람들의 일화를, '이원(梨園)'은 기생의 일화를 실었다.

여기에서 수록 내용이 5편을 넘는 항목만 정리하면 '충렬'(9), '효행'(9), '독행'(10), '표치'(7), '문장'(14), '해학'(13), '오탄'(17), '신이'(12), '방기'(7)이다. 이 분류에서 '충렬', '효행', '문장', '해학'처럼 대부분의 일화집에 실릴 만한 내용을 제외하면 '독행', '표치', '오탄'의 비중이 상당하다는 것을 발견할 수 있다. 이것은 '강정', '경직', '임방'과도 관련된 내용이다. 곧 『칠옹냉설』에서는 유연하고 순응적인 인물보다는 다른 사람의 시선이나 외부 환경에 흔들리지 않고 자신의 신념을 고수하며 고집스럽게 행동하는 인물들을 대거 선택했다고 볼 수 있다. 그중에서 다소 부정적인 어감의 '오탄' 수록 일화 몇 가지를 제시한다.

(가) 주서(注書) 홍승범(洪承範)은 서하(西河) 방희범(方希範), 당악(唐岳) 최언호(崔彦虎)와 함께 빼어난 자질로 간이(簡易) 최립(崔岦)의 위치에 자처하였고 여러 사람들은 이들을 '관서 삼호(關西三虎)'로 불렀다. 홍승범이 열 몇 살에 두 구를 지었는데, "산대에 사는 참새는 원접사 녀석이라네"였다. 접빈사로 있는 소세양이 성색에 빠졌기에 이렇게 말한 것이었다. 소세양은 매우 언짢아하며 떠났다. 우리 관서인이 청요직에 가지 못하는 재앙이 여기에서 비롯된 것이니 길이 막힌 것이다.31)

(나) 독우(督郵) 윤영(尹瑛)이 한양에서 벼슬하고 있을 때 재상의 아들과 다투다가 벌컥 화를 내며 "이 자식아, 너는 재상인 네 아버지를 믿고 그러는 것이겠지만 내 시 상자에는 도잠(陶潛)의 부(賦)가 있다"고 욕했다. 윤영의 벼슬길은 이로 인해 마침내 막혔다.32)

(다) 숙종 때 무사 박진영(朴振英)이라는 사람이 있었는데 궁궐에서 벼슬하면서도 마음은 뜻을 펴지 못하여 우울하였다. 마침 내전에 불이 났을 때 위사(衛士)들이 모두 진화하려고 하는데 박진영만은 궁궐 담장 밖에서 왔다 갔다 하면서 "박진영이 없으니 어떻게 이 불을 끄지?"라고 소리쳤다. 임금이 그 소리를 듣고 박진영이 불을 끌 수 있는 능력이 있다고 생각하고 특별히 변장에 임명하였다.33)

(가)는 평안도인이 벼슬길에서 차별을 받고 있다는 전제 아래34) 이것이 어떤 요인으로 생겨난 것인가를 탐구한 내부인의 답변으로 자주

---

31) 『漆翁冷屑』 下. "洪注書承範與西河方希範唐岳崔彦虎, 俱以俊逸, 自位置崔簡易, 諸公目爲關西三虎. 洪甫十餘歲得一聯云, 山臺棲鳥雀, 遠接長兒孫. 盖爲蘇世讓爲償相以流連聲色而發也. 世讓大嚇而去. 吾西枳淸之禍端自此路塞."
32) 『漆翁冷屑』 下. "尹督郵瑛筮仕在京, 與宰相子, 博爲其爭道, 便揚局呵之曰, 狗兒汝倚乃父作宰相耶, 吾篋中有彭澤一賦耳. 尹之宦途自此遂塞."
33) 『漆翁冷屑』 下. "當肅宗時有武人朴振英者, 筮仕在輦下, 意鬱鬱不自得. 當値內殿失火, 衛士共撑之, 獨振英在彤墻外往來呼唱云, 朴振英不在, 豈能滅此火. 上聞之以爲振英眞能滅火, 特除邊將."
34) 이 부분에 대한 구체적인 논의는 장유승, 「조선후기 서북지역 문인 연구」, 서울대 박사학위논문, 2010, 87~90면 참조.

인용되는 자료이다. 그런데 (나)에서도 윤영의 벼슬길이 충분히 풀리지 않은 이유를 재상의 아들과 싸우면서 생긴 개인적 원한에서 찾고 있다는 점이 눈에 띈다. 곧 이것이 정말 사실인가와는 별개로, 자기 지역의 문제든 개인의 문제든 이해할 수 없는 것들을 개인적인 은원(恩怨)에서 찾은 것이다. (가)와 (나)가 원한에 대한 것이라면, (다)는 박진영이 변장에 제수된 이유를 개인적인 시혜의 문제로 파악하고 있다. 곧 박진영은 능력이 있어서 발탁된 것이 아니라 상황을 잘 이용하여 임금을 속였고 그 결과 변장에 제수되는 소기의 목적을 달성한 것이다.35) 또 (가)에서는 홍승범의 재능과 소세양의 부정한 행동이 대비를 이루었고, (나)에서는 윤영과 다툰 상대가 자신의 아버지에게 그 사실을 알림으로써 사적인 복수의 일환으로 윤영의 벼슬길을 막았다고 서술했다.

이들 일화가 '오탄'에 분류된 이유는 이들의 기개 있는 행동이 설령 불의에 맞서는 양상을 띤다고 해도 현실적으로 봤을 때 불행한 결과를 이끌어내기 때문이다. (가)는 『평양속지』에서 "그의 원한은 굳이 말할 필요도 없겠지만, 한 구의 시어가 백 년간 해를 끼쳤으니 어찌 경솔한 문인에게 교훈이 되지 않겠는가?"라고 하면서 '시가 사람을 곤궁하게 한다(詩能窮人)'라는 말이 있다지만 지금 이 상황은 한 사람을 곤궁하게 만든 것이 아니라 한 도의 사람들을 곤궁하게 만든 것이라고 비판한 예이기도 했다.36) (다)는 포부에 비해 말직에 있다고

---

35) 『승정원일기』 1687년(숙종 13) 12월 25일 기사에 박진영이 牛峴僉使에 제수되었다는 내용이 나온다.
36) 尹游 編, 「文談」, 『平壤續志』 3.

울적해 하던 박진영이 변장으로 가게 되었다는 이야기인데, 여기에는 능력을 제대로 판별하지 못하고 속임수에 쉽게 넘어가는 임금의 어리석음과 부당한 사적 포상의 문제가 담겨 있다. 이렇게 보면 이런 일화에서 공통적으로 관료 체제가 사적인 이해 관계에 좌우된다는 인식을 읽어낼 수 있다. 이것은 중앙의 조정이나 관료 체계에 대한 지역민의 불신이 깊이 박혀 있으며 계속 확장, 증폭되고 있는 것을 보여주는 대목이기도 하다.

'탐색(貪嗇)'이 지나치게 인색한 거부의 이야기라는 점에서 흥미롭다면, '과학(寡學)'은 무인(武人), 호민(豪民), 장사(壯士)가 무식해서 생겨난 해프닝, 문사인데도 문장력만 있을 뿐 학식이 없어서 관우와 장비가 두 사람인 줄도 몰랐던 이야기를 통해 웃음을 자아낸다. 그런데 '언건(偃蹇)'은 과거 시험에서 응시생이 시권(試卷)을 위조하고 고쳐 쓸 때 도장을 꺼내주어 몰래 찍게 했다는 죄로 심문을 받은 예조 좌랑 홍기제(洪旣濟)의 일화만으로 항목을 구성했다.

    원외(員外) 홍기제(洪旣濟)가 기묘년(1699) 별시(別試)의 봉미관(封彌官)이 되었는데 무도한 귀한 집 자제들이 있었다. 홍기제는 처음에는 이들을 저지하려고 했으나 위협을 받아서 가담했다. 옥사가 얼마 되지 않아 일어났고 홍기제는 마침내 금고되었다.[37]

『숙종실록』에서 홍기제 관련 기사는 1700년 1월부터 등장한다. 그

---

[37] 『漆翁冷屑』 下. "洪員外旣濟, 己卯別試作封彌官, 有貴家子舞姦者. 洪初欲持之, 爲其所脅而曲拘之. 獄尋作, 洪遂廢錮."

런데 홍기제는 처음에는 과거 부정에 가담한 것으로 심문을 받았으나 1701년 4월이 되면 증거가 없어서 죄상을 뚜렷하게 밝히기 어려웠고 결국 1703년 9월에 석방되었다.[38] 이후 관력이 없기 때문에 홍기제의 벼슬길이 끊어졌던 것은 사실이고 그런 점에서 이 서술은 관찬 자료의 내용과 부합한다. 다만 관찬 자료에 따르면 홍기제는 무고를 주장했고 결국 '증거 없음'으로 풀려났지만, 위의 일화에서는 무도한 귀한 집 자제들의 위협을 받아 어쩔 수 없이 가담했다고 나와 있다. 평안도인들은 관료가 되기도 어렵지만 설령 된다고 해도 여러 부조리한 외부 상황 때문에 현달하지 못하고 좌절한다는 핍박의 서사가 여러 일화에 관류하고 있는 것이다.

2) 수록 인물의 성격과 평가

『칠옹냉설』은 당시에 전하던 일화를 정리한 내용이므로 성격상 과장하고 윤색한 부분이 있겠지만, 대체로 기명(記名) 일화이므로 『칠옹냉설』의 수록 인물은 도내에서는 인지도가 있을 것이고 일화의 내용 역시 도내의 평가와 괴리되지 않을 것이다. 그런데 당시에 지명도가 높다고 해서 반드시 『칠옹냉설』에서 비중 있게 등장하는 것은 아니다. 여기에서는 『칠옹냉설』에 수록된 인물들을 정리하고 서술 비중을 확인한 뒤 이 일화집에 나타난 주요 인물의 성격에 대해 간략하게 논의하려고 한다. 각 항목에 등장하는 주요 인물을 대략적이나마 등장

---

38) 『숙종실록』 1700년(숙종 26) 1월 17일, 2월 1일, 1701년 4월 20일, 5월 13일, 1703년 9월 18일 기사.

횟수를 기준으로 정리하면 다음과 같다.

〈표 1〉 횟수별 수록 인물

등장횟수	이름 (시화총편 수록본, 가나다순 정렬, 부록 포함)
1회	康侃, 康儀鳳, 桂雲植, 權瑎, 金寬, 金得振, 金三俊, 金聖猷, 金聖恒, 金安國, 金良彦, 金麗仁, 金禹錫, 金義燁, 金積福, 金振健, 無名氏, 無名氏, 巫山仙, 文壽遠, 文愼幾, 閔聖徽, 朴東樞, 朴蔦, 朴振英, 白雪香, 宣祖, 成居士(張斗成), 孫必大, 安一介, 楊德祿, 楊萬榮, 梁氏, 良悅上人, 魚變甲, (魚持平), 吳振吉, 禹文博, 尹莘喆, 尹之翰, 李廣通, 李贇, 李世載, 李承召, 李應虛, 李齊漢, 李之誠, 李之誠, 李春蘭, 李忠伯, 林慶業, 任義伯, 張思吉, 張世良, 田乃績, 鄭宣, 鄭順雄, 丁應斗, 鄭弘翼, 趙涓, 趙士宗, 趙玄術, 趙賢述, 曺後彬, 朱仁輔, 崔德雯, 崔錫恒, 崔彦虎, 崔應水, 崔震瞻, 崔天興, 崔孝一(崔孝逸), 平壤妓, 河弘, 韓克昌, 咸應秀, 許晳, 許琮, 洪旣濟, 洪乃範, 洪偈, 洪承範, 洪益重, 黃應聖
2회	康後說, 具鳳瑞, 金德良, 金泮, 金汝旭, 金智賢, 金台佐, 金學起, 金鐵鋒, 金虎翼, 朴燁, 邊四達, 尹瑛, 李謙, 李景業, 李光漢, 李進, 任義男, 趙浚, 洪慶先
3회	西山大師, 鮮于浹, 李時恒, 鄭鳳壽, 黃胤後
4회	盧警來, 卞之益, 吳光禮, 田闢, 黃順承
5회	金景瑞, 朴大德, 韓禹臣, 許灌
6회	全長福, 黃澄

4회 이상 나오는 사람들을 정리하면 모두 11명이다. 그런데 그중에는 읍지나 관련 기록에서 행적을 확인할 수 있어서 사람들에게 어떤 면이 기억되는지를 추정할 수 있는 인물도 있고, 단편적인 정보 외에는 어떤 이미지인지 전혀 알 수 없는 인물도 있다. 예컨대 전장복, 김경서, 박대덕, 한우신, 허관, 전벽, 황순승은 관련 기록도 나오고 어떤

- 182 -

점이 유명했는지 짐작할 수 있지만, 황징, 노경래, 변지익, 오광례는 다른 문헌에서는 발견하기 어려운 인물인데도 『칠옹냉설』에서 여러 차례 수록하고 있으므로 눈여겨볼 만하다.

전장복(全長福, 1582~1663, 자 公淑, 호 方山)은 6번으로 『칠옹냉설』에 가장 많이 등장했다. 전장복은 1837년에 간행된 『평양속지』 「잡지(雜志)」와 심노숭(沈魯崇)의 「전장복전(全長福傳)」, 『평양대지』 「인물」에 등장하며, 이들 자료에서는 전장복이 풍랑을 만나 곤경에 빠진 중국 상인 상리병('相里炳' 또는 '相里晌')을 도와주었다가 엄청난 보답을 받은 일화를 특기하고 있다.39) 배포가 크고 대가를 바라지 않은 호인의 면모가 두드러진다고 볼 수 있는데, 같은 맥락에서 '식량'(2곳)에서 지혜로움을, '지미'(2곳)에서 정의로움을, '의협'(2곳)에서 의협심을 부각시켰다. 이와 함께 국편본에만 있는 일화는 평소 전장복에게 위해를 가하던 감사 박엽이 죽자 그래도 전장복은 시신을 수습하려 했으나 성난 사람들이 시신을 탈취해가서 여의치 못했다는 내용인데, 여기에서는 상관에 대한 인간적 의리를 부각시키는 점이 눈에 띈다.40)

김경서(金景瑞, 1564~1624, 자 聖甫)는 임진왜란 때 평양성 탈환에서 공을 세웠고 후금을 공격하기 위해 명나라가 원병을 요청하자 출전하였다가 포로가 되었다. 그런데 포로로 있으면서도 적의 상황을 기록하여 고국에 보내려다 처형되었다. 『칠옹냉설』의 '충렬'(2곳), '해

---

39) 심노숭의 「전장복전」에 따르면 상리병을 도와줬을 때 전장복은 감영의 泉流庫 別將으로 있었다.
40) 국편본 『漆翁冷屑』. "全長福爲朴燁所忤, 貽危者數矣. 及燁誅死, 長福欲收尸, 竟爲諸仇家所奪. 然人亦以此義之."

학'(1곳), '신이'(2곳)는 모두 김경서의 이러한 행적의 연장선상에서 나온 일화이다. 전공과 죽음, 길주목사였지만 보수 공사에서 직접 돌을 지고 날랐던 모습, 죽은 뒤의 이적(異蹟)은 모두 김경서에 대한 존경과 경외심을 자아내는 내용이다.

박대덕(朴大德, 1563~1654, 자 士華. 호 合江)과 한우신(韓禹臣, 1556~?, 자 夏卿, 호 靜安堂)은 이 지역의 학식 있는 문인으로 인식되었다. '강정'(1곳), '독행'(2곳), '지미'(1곳), '포석'(1곳)에서도 박대덕의 일화는 조호익(曺好益)의 문인으로서 스승에 대한 존경심을 보였다는 점과 병자호란 때 공을 세운 것에 대한 내용이다. 한우신은 과거에 급제해서 벼슬을 했지만 현달하지 못하여 사직하고 돌아와 독서했던 인물이며, '독행'(2곳), '표치'(1곳) '학술'(1곳), '문장'(1곳)에 나오는 일화도 어렸을 때 남다른 면모가 있었고, 사람들을 압도하는 위엄이 있었다는 내용이므로, 대체로 비슷한 맥락이라고 할 수 있다.

허관(許灌, 1599~1660, 자 學圃, 호 箕山)과 전벽(田闢, 1584~1657, 자 滋野, 호 西亭)은 『기성소문록』에 수록된 인물이다. 둘 다 문과에 급제했고 1638년에 청의 파병 요구에 따라 종사관을 임명할 때 전벽과 허관이 후보에 올랐으나 대명의리를 내세워 거부했다는 전력을 가지고 있다. 허관은 '경직'(1곳), '절의'(1곳), '장략'(1곳), '문장'(1곳), '해학'(1곳)에, 전벽은 '강정'(1곳), '절의'(1곳), '청렴'(1곳), '환적'(1곳)에 나오는데, 모두 병자호란 때의 일과 문장, 지방관으로 나갔을 때의 치적이나 명성에 대한 내용이다.

황순승(黃順承, 1652~1718, 자 得運, 호 執菴)은 '황고집'으로 유명한 인물로 1730년의 『평양속지』와 1892년의 『평양속지』, 『평양대지』에 수록되어 있다. 황순승이 '독행'(4곳)에만 실려 있는 것도 그런 이유로, 어리석게 보일 정도로 원칙을 고수하는 내용들이 주를 이룬다. 김경서와 허관, 전벽이 전란과 관련하여, 박대덕과 한우신이 유학자라는 점에서 평안도인에게 자긍심을 갖게 했다면 '황고집' 황순승은 이미 18세기에 다른 지역에서도 알고 있는 유명인사였고 중국상인 상리병과의 일화로 유명했던 전장복은 이후에 여러 이야기가 더 알려지면서 흥미로운 인물로 부상했는데 『칠옹냉설』은 이러한 흐름을 반영하고 있다.

이와는 달리 관련 기록이 거의 없는데도 『칠옹냉설』에 자주 나오는 인물들은 편자의 지향점을 알려준다고 볼 수 있을 것이다. 예컨대 황징(黃澄, 1544~?, 자 應時, 호 菊軒)의 경우 1585년에 진사에 합격한 기록이 있고 과거 기록에는 본관이 삼등현인 평양 거주자 정도만 나와 있다. 또 평안도 도사로 왔던 임제(林悌)가 1584년에 지역 문인 5명과 지은 수창시를 『부벽루상영록(浮碧樓觴詠錄)』(규장각 소장, 奎5260)으로 엮은 사람이라는 것이 확인될 뿐 그 외에 구체적인 면모를 알려주는 자료는 찾기 어렵다. 『칠옹냉설』에서는 '지미'(1곳), '해학'(2곳), '오탄'(2곳), '방기'(1곳)에 수록했는데, 상수학에 밝고 계산에 능한 동시에 돌발 상황에 재치 있게 응수하는 능력과 사람들을 놀라게 하는 재주를 가진 인물로 묘사되었다.

어떤 권세 있는 환관이 황징에게 놀리며 말했다. "듣자 하니 (당신) 지방 풍속에 긴 방을 만들어 남녀가 혼숙한다는데, 아들을 낳으면 어떻게 합니까?" 황징이 대답했다. "생식기를 잘라 환관을 만

듭니다." 환관이 매우 부끄러워하며 아무 말도 하지 못했다.41)

이 일화는 황징의 대처 능력만을 강조한 것이 아니다. 이 일화에서 환관이 비웃은 것은 상대인 황징이 아니라 평안도 풍속이 비속하다는 것이었다. 자신이 듣기로는 남녀가 혼숙하는 풍속이 있다는데 참으로 문란한 것이 아니냐며 비웃는 상대에게 황징은 사실 여부를 따져서 해명하고 납득시키는 방식이 아니라 촌철살인으로 상대를 공격함으로써 이 문제를 해결한다. 앞서 언급했던 것처럼 평안도인들은 홍승범이 젊은 치기에 참지 못하고 원접사 소세양을 풍자함으로써 이후 평안도 인사들의 환로를 막았다고 믿었지만, 그렇다고 그런 상황에서 참고 견디라든가 순응하는 것이 미덕으로 떠오르지는 않았다. 평안도에 대해 공공연히 비난하는 중앙 관료들의 발언이 끊임없이 반복되어 이들을 자극했기 때문이다. 그래서 이런 상황에서 촌철살인으로 응수하거나 강력하게 반발할 수 있는 인물을 도내에서는 각별한 존재로 인식했다.

'경직'(1곳), '우제'(1곳), '표치'(1곳), '임방'(1곳)에 나오는 노경래(盧警來, 1639~?, 자 勉進, 호 槐軒)도 그런 인물이었다. 지나칠 정도의 우애, 남다른 옷차림, 처음부터 학업에 열심이었던 것이 아니라 장가(長歌)과 단가(短歌)를 익히다 어느 시점에 마음을 가다듬고 독서에 전심한 행적처럼 노경래는 대체로 남들과 다른 면모를 보이는 인물로 나오는데, '경직'에서는 평안도 풍속을 무시하는 조정 관료를

---

41) 『漆翁冷屑』下. "有巨璫嘲黃菊軒曰, 聞鄕俗作長房男女混處. 若麀聚生子則如之何. 菊軒曰, 唯有割腎作黃門耳. 璫黙然甚愧."

강하게 비판한 일화를 제시했다.

　　숙종 기유년에 조정의 신하 이정(李禎)이 성천 부사로 향시 시험 관이 되었는데 여러 선비들이 규정을 어기는 것이 심하자 우리 관서의 풍속이 금수나 오랑캐와 같다고 비난하고 정거하였다. 괴헌 노경래가 손에 침을 뱉으며 "내가 늙지 않았다면 물여우와 쇠뇌가 되어 공격했을 것이다"라고 하면서 항의하는 글(抗章)을 올려 이정이 간사하고 무도한 말로 임금을 속였다고 비판하였기에 이정을 언관에서 파직시키고 유배시킬 수 있었다. 이것은 최근에 침랑(寢郞) 이만추(李萬秋)가 여필희(呂必禧)를 탄핵한 일과 같다.42)

　『승정원일기』에서는 1693년 기사에서 발견되므로43) 원문의 '기유년'은 '계유년'의 오기일 것이다. 이정은 평안도 사람들을 비난하는 상소를 올렸고 이 일은 평안도인의 반발을 불러 결국 이정이 파직되는 것으로 사건은 일단락되었다. 그런데 실록 기사에는 평안도 유생들이 항장을 올렸음에도 불구하고 사간원에서 이정을 두둔해서 평안도 사람들의 원망이 가라앉지 않았다는 내용이 나와 있다.44) 이 일화의 위와 끝부분에는 추가 내용이 부기되어 있다. 하나는 종종대에 원접사

---

42) 『漆翁冷屑』 上. "肅廟己酉有朝士李禎, 以成都太守參考鄕試, 嫌多士之侵已屹吾西風俗有禽狄等停擧. 盧槐軒警來唾手曰, 吾不爲老蟈飮弩矢, 卽抗章斥禎大姦猾誣上不道. 得旨禎特罷言職, 至於流配. 近李寢郞萬秋彈呂必禧事同."
43) 『승정원일기』 1693년(숙종 19) 8월 4일 기사, 1694년(숙종 20) 5월 13일 기사.
44) 『숙종실록』 1694년(숙종 20) 5월 13일 기사.

가 무고해서 평안도가 정거당했다는 내용이고, 다른 하나는 영조대 암행어사 여필희가 평안도 풍속을 비방했다는 내용이다.

그렇게 보면 이들의 논리 속에서는 원접사 소세양과의 사건으로 평안도 인사의 청요직 진출이 어려운 상황에서 끊임없이 평안도를 비하하는 중앙 관료의 발언이 더해진 셈이었다. 그러므로 이것이 기정 사실로 굳어지지 않으려면 이런 비하 발언에 강력하게 반발하고 적극적으로 대응할 필요가 있었다. 이런 맥락에서 황징과 노경래가 특히 조명되고 이들의 비범한 면모와 재능이 높게 평가되었다고도 할 수 있다. 그렇게 보면 외부 상황에 흔들리지 않고 자신의 소신을 지키는 인물에게 호감을 가진 것도 당연했다.

물론 이렇게 불리한 상황에서도 자신의 능력을 충분히 입증할 수만 있다면 이보다 더 좋은 것은 없을 것이다. 그런 측면에서 주목받은 사람이 변지익(卞之益, 1607~?, 자 叔謙, 호 晩翠)이었다. 변지익은 '문장'(1곳), '총민'(1곳), '임방'(1곳), '신이'(1곳)에 나오는데 그 중에서 가장 인상적인 일화는 그의 마지막과 관련하여 '신이'에 수록된 내용이다.

> 변숙(변지익)이 장성해서도 장가를 들지 않아 사람들이 아내를 맞으라고 권하자 "나는 스물여덟이면 죽을 텐데 어찌 남의 딸을 과부로 만들겠습니까"라고 하였는데 마치 죽음을 예견하는 것 같았다. 죽는 날 뼈를 가르는 소리가 들리더니, "나는 이제 환골하였다"고 하였다. 잠시 후 선약이 공기를 뒤흔들더니 낯선 향기가 방에 가득해서 사람들은 그가 시해선(尸解仙)이 되어 떠났다고 여겼다.45)

'신이(神異)' 자체는 1892년의 『평양속지』까지 평양 읍지에서 빠뜨리지 않고 수록하던 항목이었고, 『평양대지』에서는 「고사전설(古事傳說)」에 유사한 내용이 실려 있다. 다만 읍지에 수록된 '신이' 항목이 초자연적인 현상을 중심에 두고 있다면, 『칠옹냉설』은 인물 일화집이기 때문에 기이한 일을 겪거나 신비한 면모를 보이는 인물들에 주안점을 두고 있다. 1936년에 간행된 장도빈(張道斌, 1888~1963)의 『평양지(平壤誌)』에 따르면 변지익은 재능이 뛰어나 신동이라고 불렸고 7세 때 중국 사신 앞에서 시를 지어 천재성을 증명했으며 "朝鮮乘이라는 朝鮮歷史를 撰하얏고 治國經邦策을 지어 仁祖大王께 올니니 仁祖ㅣ 優答을 賜하얏"던46) 인물로 인식되었던 것 같다. 이렇게 인조가 재주를 인정하고 특별히 녹용하라고 했던 인물이 28세로 요절해서 자신의 능력을 제대로 펼치지 못한 미완의 대기로 남게 되었다. 이런 아쉬움 때문에 변지익은 죽은 것이 아니라 시해선이 되었다는 스토리가 생겨났을 것이다.

자기 지역이 차별당하고 있다는 인식은 비단 평안도에만 국한되는 것이 아니다. 그러나 도내에서는 관료로 현달한 지역민이 별로 없고

---

45) 『漆翁冷屑』 下. "卞叔年壯而不娶, 人勸之室則曰, 吾二十八當死, 忍令寡人之女乎. 如期死, 死之日, 聞骨節耄然有聲曰, 吾今換骨矣. 俄而仙藥振空異香滿室, 人以爲尸解去."
46) 『인조실록』에서 변지익에 대한 내용을 2차례 확인할 수 있다. 하나는 1626년 3월 20일 기사인데, 아버지 변헌의 문과급제를 회복시켜 줄 것을 청하는 상소문이었는데 예조의 반대 의견으로 이 바람을 이루어지지 않았다. 다른 하나는 1630년 9월 15일 기사로, 치안하는 방법에 대한 글을 올렸는데 인조가 칭찬하고 녹용하도록 전교한 내용이다.

실질적으로도 체감되는 여러 억울한 상황들을 '서북인 차별'로 공론화했다. 평안도인이 자기 지역의 인물 일화를 정리할 때도 이런 의식은 공고하게 바탕을 이루었다. 이들의 관점에서 봤을 때 현재의 관료 체제는 공정하지 못해서 도내의 출중한 사람들은 그 벽을 넘을 수 없었다. 요행히 변지익처럼 특별히 인정을 받았다고 해도 일찍 죽음으로써 결국 가시적인 성공 사례를 만들어내지 못했다. 그러다 보니 이런 현실에 부단히 저항하거나 뛰어넘는 자질이 긍정되었다. 이것은 오광례의 일화가 4건이나 실린 이유이기도 하다. 오광례는 사실 긍정적인 인물형은 아니다. 감사 박엽의 음식을 담당하면서 탄 쇠고기 구이를 올려 너무 불에 가깝게 구웠다고 꾸지람을 듣자 그 다음에는 익히지 않은 쇠고기를 바친다. 박엽이 꾸짖자 불에서 좀 떨어져 구우라는 명을 받들어 대성산의 불을 바라보며 멀리서 구웠노라고 응수한다. 이것은 어떻게 보면 영리한 것이 아니라 어리석은 인물에 가깝다. 집을 판다고 속여 서울 사람에게 대동강을 팔아버린 일화를 보면 정직하거나 성실한 인물형도 아니다. 그럼에도 오광례는 중앙에서 내려온 관찰사나 '서울 사람'을 곤경에 빠뜨리는 인물이다. 하급 관료로 있지만 평안감사를 난감하게 하는 이런 인물형에 관심을 가진 이유는 오광례에게서 '차별받지만 굴하지 않는' 평안도인의 모습을 읽어냈기 때문일 것이다.

4. 결론

본고에서는 『칠옹냉설』을 중심으로 자료적 성격과 그 의미를 논의하였다. 그동안 시화총편 수록본은 『서경시화』의 일부로 인식되었으나, 본고에서는 이 부분이 인물 일화집인 『칠옹냉설』이며 『서경시화』와 분리해서 개별적으로 논의할 자료라는 점을 명확히 했다. 이 글에서는 두 필사본의 차이에 대해서도 부분적이나마 논의했고 편자에 대해서도 몇 가지 가능성을 제시했다. 그러나 확정적인 결론을 내리지는 못해서 추후 관련 자료가 나올 때 다시 논의해야 할 것이다.

이 글에서는 『칠옹냉설』의 항목과 수록 인물을 정리하면서 서북인 차별의 담론과 그 연장선상에서 의미 있게 제시한 인물형의 성격을 논의하였다. 부당한 현실에서 재기 있게 응수해서 상황을 반전시키거나 강력하게 대항할 수 있는 인물이 절실한 상황에서 이 일화집에서 중요하게 제시된 것은 주변 상황에 굴하지 않는 고집스럽고도 강직한 강인하고 인물형이었다. 이러한 인물 일화의 관심과 지향은 지역민의 현실 인식과 강하게 결속되어 나타난 것이다.

평양 읍지를 어떻게 읽을 것인가

1. 서론

어떤 지역에 대한 제영시를 볼 때 우리는 문학작품이기 때문에 그것이 온전히 사실이라고 생각하지 않는다. 문학이라면 작가 개인이 무엇을 보고 느꼈는가가 사실 그 자체보다 중요하다고 생각하므로 문학적인 여러 수사적 표현들이 정확하지 않아도 크게 문제 삼지 않는 것이다. 반면 비문학자료는 문학 작품과는 달리 사실 정보를 많이 담고 있으므로 훨씬 더 믿을 만한 자료라고 간주하게 된다. 그래서 때로는 정확하고 신뢰도 있는 근거자료로 읍지를 선택하기도 한다. 그러나 모든 자료가 그렇듯이 편찬자의 의도가 강하게 반영되어 있거나 자료 특유의 관행, 간행 당시의 특수한 정황들이 개입되어 자료 내용을 액면 그대로 믿을 수 없는 상황이 분명히 존재한다.[1]

---

[1] 예컨대 평양 교방의 규모를 보기 위해 읍지를 참고하게 되는데, 1590년본에는 기생이 180명이고 1730년본에는 營妓 45명, 府妓 39명으로 적시되어 있다. 1730년본에 내용을 수정하거나 추가한 1837년본은 이 부분에서 수정을 가하지 않았다. 1892년본에는 영기 82명, 부기 15명으로 수정했고 이 읍지 내용을 대거 가져온 1905년본에서도 이 부분을 그대로 전재했다. 1906년본에는 교방에 대한 언급이 없다. 요컨대 1837년이나 1905년 평양지의 기생 숫자는 당시의 현황은 아니지만 이전 읍지와 비교하지 않으면 이 사실을 잘 인지하지 못할 가능성이 높다. 또 『평양군읍지』(규장각 소장본 〈규10923〉)처럼 필사본이어서 공식적으로 간행된 것인지 아니면 사적으로 필사한 것인지 성격이 애매한 읍지도 있다. 이 읍지는

평양 읍지도 생각보다 훨씬 더 섬세하게 보아야 할 자료이다. 읍지가 특정한 연도에 간행되었다고 해도 어떤 내용들은 당시 상황을 반영해서 수정하지만 어떤 내용들은 기존 읍지에서 그대로 가져오기 때문이다. 그러므로 읍지에 있는 내용 모두가 간행 당시의 상황을 정확하게 반영했다고 말할 수 없다. 그러나 해당 지역의 읍지 편찬사를 정리하고 각 읍지의 차이를 변별한 연구가 있다면 모르겠지만, 그렇지 않다면 현실적으로 읍지 내용에서 당시의 정보가 무엇인지를 정확하게 변별해내기란 쉽지 않은 일이다.

평양 읍지의 경우 여러 차례 간행되었고 그중 2종은 이미 번역이 완료되어 있다. 그리고 그 과정에서 평양 읍지의 편찬사도 간략하게 정리했다.[2] 그러나 이 목록에는 더 추가해야 할 읍지가 있고, 편찬사를 간단하게 언급했을 뿐 각 읍지의 성격을 구체적으로 밝히는 작업까지 나아가지 못했다. 사실 평양 읍지에 나온 내용 중에서 사실 여부나 신빙성 문제에 대해서 비판적으로 논의한 연구는 거의 없다. 각 읍지에서 계승한 부분과 수정 보완한 부분은 무엇일까, 사실과 의도는 어떻게 혼재해 있을까, 또 현재 우리가 읍지에서 읽어내어야 할 유의미한 정보는 어떤 것일까. 이런 문제 의식을 가지고 이 글에서는 평양 읍지의 편찬 역사를 정리하고 각 읍지에 나타난 시대성을 고찰하면서 읍지 자료의 '의미 있는 정보'라는 문제에 대해서도 함께 논의해 보고자 한다.

가장 많이 알려진 1590년본의 내용을 취사선택한 것이므로 '기생 180'이라는 표현이 나오지만, 당연히 읍지 제작연도로 추정되는 19세기 말 상황은 아니다.
[2] 윤두수·윤유, 이은주 옮김(2016).

2. 평양 읍지의 편찬 역사와 특징

조선 시대 평양 읍지는 여러 종이 현전하고 있다.3) 현재 평양 읍지 편찬의 역사를 이해하기에 유용한 자료로는 1964년 평양지간행회에서 만들고 평남민보 사장 김병연의 이름으로 나온 『평양지』와 1989년에서 1990년까지 전국의 여러 읍지들의 소장본을 정리해서 영인한 『(조선시대) 사찬읍지』4)가 있다. 이 두 자료에서는 공통적으로 『평양지(平壤志)』 9권, "丁酉(1837)孟春箕營重刊" 간기가 찍힌 『평양속지(平壤續志)』 5권, "乙卯(1855)孟秋箕營重刊" 간기가 찍힌 『평양

---

3) 한국역사정보통합시스템에 있는 자료를 중심으로 평양 읍지의 서지사항과 소장 현황을 정리하는 작업이 윤두수의 『평양지』와 윤유의 『평양속지』를 역주하는 과정에서 한 차례 이루어졌다.(이은주 옮김(2016)). 그러나 여기에는 몇몇 소장본이 누락되어 있어 현전하는 모든 평양 읍지의 서지정보를 정리했다고 하기가 어렵다. 또 하한선 문제도 다소 애매하다. 갑오개혁 때 평양부로 바뀐 뒤 1905년에 간행한 『평양지』는 감영에서 간행한 『평양지』의 전통을 잇고 있으나 지역의 성격이 변화했다는 문제가 있다. 또 이후에 일제 시기 일본인이 간행한 평양지는 그동안 관례상 거의 언급하지 않고 넘어갔으나 당시 평양부윤이 일본인이었을 뿐 당시 평양의 제반 정보를 수록한다는 읍지의 성격으로 볼 때 이전에 간행된 평양 읍지와 그다지 다르지도 않기 때문에 다시 생각해 볼 만한 사안이다. 1936년에 간행한 장도빈의 『평양지』는 당대의 시대의식을 보여주기는 하지만 평양의 행정권자가 간행한 읍지는 아니므로 추후에 자료의 성격을 구분하여 평양 읍지의 편찬사를 다시 정리할 필요가 있다.
4) 이태진·이상태 편(1990).

속지』 2권을 수록했다. 『(조선시대) 사찬읍지』는 여기에 1905년에 편찬한 『평양지』 3권(상·중·하)을 추가하였다.

『(조선시대) 사찬읍지』의 수록본만 보면 1910년 일제강점기 전으로 한정할 때 평양 읍지는 총 4차례 간행된 것처럼 보이지만, 실제로는 5차례 간행된 읍지를 모은 것이다. 『평양지』 9권은 1590년에 윤두수(尹斗壽, 1533~1601)가 간행한 읍지이고, 『평양속지』 5권은 1730년에 윤유(尹游, 1674~1737)가 간행한 4권의 읍지에 부분적으로 내용을 덧붙이거나 수정하고 뒤에 1권을 추가하여 1837년에 간행한 읍지이다. 『평양속지』 2권은 1855년에 간행한 읍지이다. 그런데 여기에 다시 남정철(南廷哲, 1840~1916)이 간행한 『평양속지』와[5] 1906년에 제작된 『평양속지』도[6] 포함시켜야 한다. 그래서 현전하는 자료를 종합하면 평양 읍지는 1590년, 1730년, 1837년, 1855년, 1892년,[7] 1905년, 1906년 총 7차례 간행되었다고 정리

---

5) 이 자료는 고려대에 낙질본만 전하고 있어서 크게 주목받지 못했으나 숭실대 도서관에 완질본 3권이 소장되어 있고 분량이나 여러 측면에서 본격적으로 논의할 수 있게 되었다.
6) 부산대학교 소장본 〈2-11 13〉으로, 1책이다. 권두에 1906년에 李容善이 쓴 서문이 있다. 이 자료를 볼 수 있도록 도와주신 부산대 고문헌자료실 이철찬 선생님께 감사드린다.
7) 『평양을 담다』 해설에서는 평양 읍지의 서지사항을 정리할 때 남정철의 『평양속지』의 간행시기를 1888년으로 제시했다. 이것은 2권 1책의 낙질본으로 전하는 고려대 소장본에 1888년에 쓴 남정철의 서문을 보고 간행 시기를 추정한 것이었다. 그러나 같은 판본이자 상, 중, 하 3책의 완질본인 숭실대 도서관 소장본의 맨 뒤에 "壬辰孟秋箕川續刊"으로 간기가 나와 있으므로 1892년에 간행된 것으로 판단할 수 있다. 다만 본문에 1893년 내용에 대한 언급이 있으므로 숭실대 도서관 소장본은 나중에 약간의 내용을 추가한 복각본일 가능성도 있다.

할 수 있다.8)

　평양 읍지의 체계를 세운 1590년의 『평양지』는 일차적으로는 행정상의 필요 때문에 제작된 것으로 볼 수 있다. 15세기 말에 편찬된 『동국여지승람(東國輿地勝覽)』이 각 지방의 여러 정보를 종합해서 정리하고 있다는 장점은 있으나 어쨌든 전국지(全國誌)이기 때문에 중앙에서 파견된 지방관의 입장에서 보면 행정 운영을 위해서는 해당 지역에 대한 정보가 더 필요하다고 할 수 있었다. 윤두수는 이전에 연안도호부사(延安都護府使)로 연안에 부임했을 때 『연안지(延安志)』를 간행했던 경험이 있었으므로 더 넓은 지역인 『평양지』 제작에 크게 부담을 갖지 않았던 것 같다. 특히 편찬자가 윤두수라고 해도 읍지 제작은 공적인 속성이 있는 만큼 개인의 단독 저술과는 성격이 다르기 때문에 공동 작업의 형태를 띠었을 것이다. 『연안지』를 간행한 이유도 연안에 부임했을 때 연안의 정보가 없어서 난감

---

8) 규장각 소장본 중에 대략 1899년경에 제작된 것으로 추정하는 『평양군읍지』가 있다. 규장각 해제에서는 이 읍지의 제작 연대를 1899년으로 추정한 근거로 1) 전체적인 양식과 내용으로 볼 때 1899년 읍지상송령에 따라 평양군에서 편찬한 것으로 보이며 2) 갑오경장 이후의 변화가 반영되었다는 점을 들었다. 1899년 읍지상송령에 따라 제작된 것으로 추정되는 다른 읍지의 해제에서도 "당시의 규격용지를 사용"했다는 표현이 있어서 규장각 해제에서도 『평양군읍지』의 규격용지를 관련해서 보고 있는 것 같다. 또 '갑오경장 이후 변화'는 '倉儲' 항목 끝에 "甲午更張一倂蕩減歸結"이라는 구절이 있기 때문이다. 권수제가 '평양군읍지'이므로 제작 연대의 추정 범위는 평양군이었던 시기인 1895~1910년 사이일 것이며, 이 자료의 특이점은 맨 앞에 상단부의 방위가 남쪽인 '平壤境內全圖'가 있으며 권말에 '壩山' 항목이 있다는 점이지만, 사실 이 자료가 1899년에 제작된 것임을 확증할 근거는 별로 없다. 지금까지 평양 읍지가 목판본으로 간행되었다는 점을 감안하면 이 필사본이 감영에서 공식적으로 간행한 읍지인지에 대해서는 의심의 여지가 있다. 이 글에서는 이 자료의 성격을 분명하게 파악하지 못했으므로 논의 대상에 포함시키지 않았다.

하던 차에 진사(進士) 목효범(睦孝範)이 연안에 대한 책을 썼다는 소식을 듣게 되었는데, 목효범의 이 작업도 1577년에 연안부사를 역임했던 신응시(辛應時)의 구상에 따라 목효범과 함께 작업했으나 미처 간행하지 못하고 있던 것을 윤두수가 마무리했던 것이다. 그러므로 이때『연안지』와 관련된 윤두수의 글을 보면 관청에서 읍지 제작을 한다면 관장(官長)의 구상 아래 관속(官屬) 및 지역 인사가 자료를 수집하고 정리하는 등의 실질적인 업무를 맡아서 진행한다고 생각해 볼 수 있다.9) 이러한 편찬 관행은 이후에도 계속 이어졌다. 1892년까지 간행된 평양 읍지는 모두 평안감영에서 간행되었고 1837년과 1855년에 간행한 읍지에는 편찬자의 이름이 명시되지 않았지만 윤두수와 윤유가 둘 다 평안도 관찰사였다는 점을 감안하면 그 당시 재임했던 평안도 관찰사로 특정할 수 있을 것이다.10) 1892년에 간행된『평양속지』의 편찬자 남정철도 평안도 관찰사였고 1905년에 나온『평양지』(불분권 2책) 편찬자 이승재(李承載)도 평양군수, 1906년의『평양속지』편찬자 이용선(李容善)도 평안남도 관찰사였다.11)

---

9) 평양 읍지 편찬 역사와 그 특징에 대해서는 이은주(2019)에서 다뤘다. 이 글은 주로 윤두수의『평양지』에 대한 내용이다.
10)『평양을 담다』해설에서는 1837년과 1855년의 읍지의 편찬자를 각각 1835년에 부임한 李紀淵과 1853년에 부임한 李景在로 추정한 바 있다.
11) 19세기 말에서 20세기 초까지 행정적 지위라는 점에서 평양은 많은 변화를 겪었다. 1895년에는 23部制에 따라 평양부가 되었지만 1896년에는 13道制로 평안남도의 도청소재지였고 1905년 을사조약 이후 통감부 理事廳을 두었고 1910년에는 관찰사와 이사관이 없어지고 道長官을 두어 평안남도와 평양을 관장하게 하였다가 1914년에는 평양부를 다시 두고 府尹으로 평양부를 통괄하게 하였다. 곧 평양을 중심으로 다시 정리하면 1895년 칙령에 따라 평양 감영이 폐지되고 평양부, 평양군이 설치되었고, 이는 평양

윤두수의『평양지』에서 주목할 부분은 크게 두 가지이다. 하나는 항목의 설정 문제이다. 『평양지』의 체제는 강역(疆域), 분야(分野), 연혁(沿革), 성지(城池), 부방(部坊), 군명(郡名), 풍속(風俗), 형승(形勝), 산천(山川), 누정(樓亭), 사묘(祠墓), 공서(公署), 창저(倉儲), 학교(學校), 고적(古蹟), 직역(職役), 병제(兵制), 역체(驛遞), 교량(橋梁), 토산(土産), 토전(土田), 공부(貢賦), 교방(敎坊), 원정(院亭), 사우(寺宇), 호구(戶口), 인물(人物), 효열(孝烈), 문과(文科), 무직(武職), 연방(蓮榜), 환적(宦蹟), 고사(古事), 문담(文談), 신이(神異), 잡지(雜誌)의 36개 항목과 시(詩), 문(文)으로 구성되어 있다. 이 분류는『평양지』의 '인용서책'에서도『여지승람(輿地勝覽)』이 나오므로 중국의『대명일통지(大明一統志)』에서 영향을 받은『동국여지승람』을 바탕으로 했다고 볼 수 있다. 현전하는『신증동국여지승람』의 체제와 비교할 때 항목 명칭이 꼭 일치하는 것은 아니지만 항목 범위는 거의 비슷하다. 다른 하나는 다른 읍지와 비교할 때 모든 항목 다음에 이 항목을 설정한 이유를 밝히는 부분이 있다는 점이다. 이 부분은 서북부 지방의 읍지의 특징으로 지적되었는데,[12]『연안지』의 '후어(後語)'에서도 나온 부분이므로,『평양지』는『연안지』제작 경험을 살려 이를 대폭 확장한 작업이었다고 볼 수 있다.

1855년 간행본까지 평양 읍지를 보게 되면 읍지 편찬의 관례상 특징도 파악가능하다. 곧 윤두수의『평양지』를 '원지(原誌)'[13]로 삼은

부윤과 평양군수로 직무가 분리되었다는 뜻일 것이다. 1896년 칙령에 따라 관찰사는 평안북도관찰사, 평안남도관찰사로 양분된 다음에 평양은 평안도 전역을 아우르는 위상을 갖지 못하게 되었다.

12) 양보경(1987).
13) 속지에서는 '舊志'라고 표현하고 있으나 '구지' 자체는 상대적인 개념이라

뒤 이후 읍지는 '속지'로 표방하는 방식으로 간행했고, 원지의 분류 항목을 그대로 따르면서 기존 읍지에 나와 있는 정보는 중복해서 싣지 않았다는 것이다. 곧 매번 읍지가 편찬될 때 그 읍지는 읍지 체례를 따르면서 내용을 수정하여 그 자체로 독립적인 성격을 가지는 것이 아니라 기존의 읍지에 없던 내용을 추가하는 방식을 택했다는 뜻이고, 그 결과 평양 읍지는 각 읍지에서 당시의 시대상을 읽기는 편하지만 결국 전체 읍지를 모두 모아야 완전한 형태라고 할 수 있게 되었다. 이렇게 '속지'가 윤두수의 『평양지』를 바탕으로 하나의 계통을 이루게 된 일차적인 이유는 1730년 『평양속지』의 편찬자인 윤유 때문이었던 것으로 보인다. 윤유는 윤두수의 5대손으로, 같은 평안도 관찰사이자 동시에 후손의 입장에서 선조의 유산인 『평양지』를 잇는 『평양속지』의 편찬 작업에 착수했다. 윤유는 『평양속지』를 간행하면서 원지의 체제를 그대로 이었는데 이런 점은 '凡例'에 명시되었고, 본문에서는 해당 항목에 더 추가할 내용이 없을 경우 "구지에 상세하게 서술했음(詳舊志)"이라고 쓰고 공백으로 남겨두고 다음 항목으로 넘어갔다. 이 점은 이후 속지에서도 계속 이어졌다.

윤유의 『평양속지』는 『평양지』에 누락된 부분을 보완하고 그 사이에 있던 변화상을 추가하였는데, 1590년에서 1730년 사이의 가장 큰 사건이 두 차례의 전란이었고 특히 임진왜란 때 일본군이 점령한 평양성을 탈환하려고 여러 차례 시도하면서 평양성 전투는 매우 치열하게 전개되었으므로 전란 관련 내용이 많이 수록되어 있다.

의미가 모호해질 소지가 있다. 남정철이 편찬한 속지에서는 '原志'라는 표현을 썼고 이 글에서도 이 용어를 따랐다.

1837년에 간행한 『평양속지』에는 속지의 간행 방식에 대한 고민이 묻어나 있다. 이 읍지는 다른 속지와는 달리 1730년에 간행한 『평양속지』 4권에 산문 1권을 덧붙여 총 5권으로 만들었다. 얼핏 보면 맨 뒤의 권5만 새로운 부분이라고 생각할 수 있지만, 1730년 속지와 비교해보면 추가하거나 수정된 부분이 전 범위에 걸쳐 있음을 알 수 있다. 예컨대 「성지(城池)」의 경우 1730년 속지에는 '부성(府城)', '북성(北城)', '외성(外城)'과 그 밖의 성과 연못을 열거했다면, 1837년 속지에서는 거기에 그 내용에 '중성(中城)' 항목을 삽입하고 더 생겨난 연못을 추가하는 식이다. 항목에 대한 서술만 수정한 경우도 있다. 평양 읍지 전체로 볼 때도 이 속지의 간행 방식은 매우 특이하다. 이러한 방식을 채택하게 된 것은 앞에서 언급했듯이 관례상 속지 간행이 원지(原志)를 전제로 하게 되면서 개별 속지가 자기 완결적인 형태가 아니라는 한계 때문이었을 것이다. 원지에 비해 1730년 속지는 분량이 상대적으로 적고 또 최근 자료였으므로, 또 1730년과 1837년 사이에 특별한 사건이나 큰 변화가 있어서 새롭게 추가하거나 수정해야 할 내용이 많지 않다고 판단했기 때문에 적당한 선에서 타협을 봤다고 할 수도 있다. 1855년에 간행한 『평양속지』의 내용은 매우 짧다. 거의 대부분의 항목에서 이전 읍지를 참고하라는 언급만 하고 내용을 생략했다. 이 속지에서의 강조점은 '사우(祠宇)'로 새로 건립한 사당이었고 그 외에 과거 급제자와 관료의 명단, 건물 중수기 등이 실려 있는 정도였다.

　1892년에 간행한 『평양속지』는 '속지'의 편찬 역사에서 새로운 전기를 마련했다고 할 수 있다. 원지의 체계 중에서 정리하거나 시대가 변하면서 추가할 항목이 생기면서 다시 체계를 정리하는 작업이 이루어졌다.14) 이 범례에서는 항목과 배열 순서를 정리하면서 이 순서가 앞 항목에서 뒤 항목으로 이어지는 논리적인 연결 고리를 만들려고 고심했다는 점을 주목할 수 있다. 읍이 먼저 있고 읍지가 있으므로 '군명(郡名)'으로 시작한다거나 그러면 관청을 만들어서 다스려야 하므로 '관제(官制)'가 나온다는 식으로 각 항목이 앞뒤로 어떻게 연결되는지를 설명하면서 맨 마지막에 '시(詩)'와 '문(文)'이 놓이게 된 이유를 상세하게 설명했다. 결과적으로 봤을 때 원지와 항목의 범위가 큰 차이가 있는 것은 아니지만 원지든 1892년 속지든 모두 항목 배치에 대한 문제의식을 가지고 있다.15) '도로(道路)', '진구(津口)', '장시(場市)', '학행(學行)', '노직(老職)', '증직(贈職)', '무과(武科)' 항목이 신설되었는데, 앞의 항목이 시대적 변화를 보여준다면 뒤의 항목은 관심사의 변화를 설명하고 있다고 볼 수 있다. 이 속지는 항목에 대한 설명을 새로 썼으며 "원지에 상세하게 서술했음(詳原志)"이라는 표현이 나오기는 해도 이 속지만 봐도 충분할 정도로 독립적인 내용을 갖춘 편이다. 1837년과 1855년 간행 속지에서 수록되지 않았던

---

14) 고려대 소장본은 2권 1책(상, 중권)의 낙질본이지만 아예 '범례'나 '목록'이 없는 축약본이다. 숭실대 소장본은 책 전체가 완정한 형태로 존재하지만, 간기는 1892년인데 1893년 내용이 있다는 점에서 판각 시점을 재논의해 볼 여지가 있다.
15) 1892년 『평양속지』의 항목 배열 방식이 원지에 비해 더 나아졌는지는 생각해 볼 문제이다. 예컨대 원지에서 '풍속'은 '군명'과 '형승' 사이에 있지만, 이 속지에서는 '학교'와 '능묘' 사이에 있다. 원지에서는 '직역'이 '고적' 다음에 있으면서 뒤에 '병제', '역체'를 연결시켰지만, 이 속지에서는 '직역'이 '관제', '공서'를 잇는 자리에 있고 '병제', '역체'와는 멀리 배치되어 있다.

시도 대폭 수록되었는데, 그중에는 1717년에 조선에 온 청 사신 장정매(張廷枚)와 아극돈(阿克敦)의 시도 있어서 이전 읍지에서 시를 수록할 때 중국 사신을 먼저 두었던 관례를 따르고 있다. 또 이 읍지 편찬을 주도했던 남정철과 함께 평안도 각 고을의 수령, 이전의 관찰사 등 이전의 읍지와는 달리 당시 현존했던 사람들의 시도 대거 포함시켰는데, 이는 1730년 이후에 평양을 소재로 한 제영시의 수량이 많지 않아서였을 것이다.16) 산문의 경우 이 읍지가 간행될 때에는 이미 1871년 서원 철폐령 이후였지만 서원의 치제문을 중심으로 건물의 중수기 등의 글을 수록하였다.

1905년에17) 간행한 『평양지』는 이전 속지의 내용을 바탕으로 하고 있는데,18) 권1은 1892년 속지에서 항목을 선별하여 발췌했으며 권2「고사」는 원지에서 최근 속지까지의 내용을 종합하고 있다. 이 읍지에서 눈에 띄는 점은 '갑오신속(甲午新續)'이라는 이름으로 당시 발생했던 사건들을

---

16) 이은주(2019)에서는 1730년의 『평양속지』에 대해 속지 중에서 분량도 가장 많고, 시문의 수록 비중이 높으며 『평양지』에서 많은 비중을 차췌했던 시는 1730년 속지를 끝으로 더이상 수록되지 않았다고 서술했지만, 숭실대 소장본 『평양속지』를 확인하면서 이러한 지적은 더 이상 유효하지 않게 되었다. 숭실대 소장본 『평양속지』는 읍지 체계를 재편하면서 상당한 분량의 내용을 담았고 시와 문 모두 비중 있게 수록하였다.
17) 이 읍지는 권두에 1905년에 이승재가 쓴 서문이 있어서 간행시기를 1905년으로 추정했지만, 본문에는 1906년 정보도 있다. 필자는 국립중앙도서관 소장본만 확인했지만 추후 다른 소장본을 확인하게 된다면 다시 제작 연도를 논의할 수 있을 것이다.
18) 이승재가 편찬한 『평양지』는 현재 확인된 바로는 국립중앙도서관 소장본이 유일본이다. 그런데 이 판본은 '卷之下一'에서 곧바로 '卷之下六'이 이어지기 때문에 완질본은 아닌 듯하다.

서술하고 있다는 점이다. 기존 읍지의 '고사(古事)'에 해당하는 부분인데, 1894년에서 1906년 사이에 청일전쟁 과정과 일본이 승리한 뒤 평양의 변화상들을 담아내었다. 1906년에 간행한 『평양지』는 전체가 인물소개 또는 인물 명단으로 이루어져 있다. '환적(宦蹟)'는 일종의 평양부 제명기로 인물에 대한 간략한 소개라도 있지만 이어지는 '관찰사(觀察使)', '서윤(庶尹)', '감리사(監理使)'. '연방(蓮榜)', '문원(文垣)', '필가(筆家)' 항목은 모두 명단 아래 간략하게 관련 내용을 부기한 정도이다. 그러나 '문원', '필가'는 새로 추가된 항목으로 이 시기 시문 또는 서예로 이름이 난 사람들의 위상의 변화를 짐작할 수 있다.

이들 내용과 관련하여 평양 읍지를 이해할 때 유의할 점이 있다. 먼저 각 소장처의 읍지 서지사항 정리에서 단순 착오가 고쳐지지 않은 경우가 있다. 1730년 간행 속지는 권두에 서문을 작성한 사람이 1729년에 부임하여 1730년 당시 재직 중이던 평안도 관찰사 송인명(宋寅明)이기 때문에 이 읍지는 송인명이 편찬한 것으로 오인된 경우가 있었고19) 지금도 여러 기관의 소장본 서지사항에서도 적지 않게 발견할 수 있다. 그런데 이렇게 단순한 실수보다 좀 더 유의해야 하는 것은 같은 판본의 읍지라고 해도 판각의 차이, 수록 내용의 범위 등의 측면에서 다소간의 편차가 존재한다는 것이다. 읍지는 특정인의 저술보다 훨씬 더 정보적 가치가 있기 때문에 기존 읍지에서 정보를 요약하거나 발췌해서 초록하는 형태로도 전하는데, 특히 동일한 간기로 나온 판본들 사이의 차이가 문제이다.

---

19) 장도빈의 『평양지』「序」에서도 송인명이 평양지를 편찬했다고 서술했다.

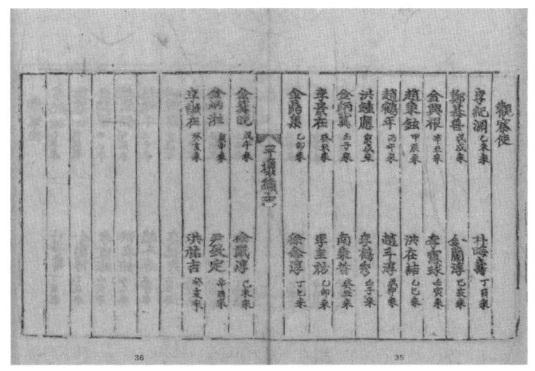
〈그림 1〉 국회도서관 『평양속지』(1855) 관찰사 명단

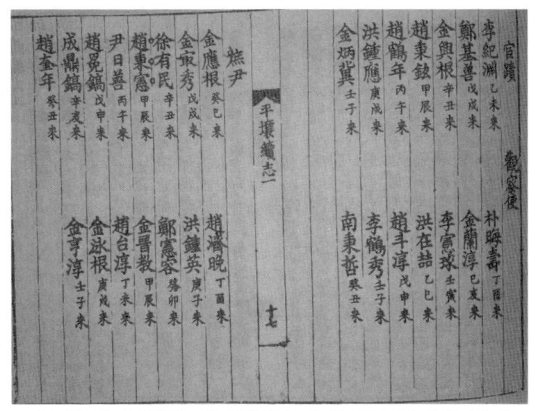
〈그림 2〉 김병연 편 『평양속지』(1855) 관찰사 명단

 예컨대 『(조선시대) 사찬읍지』의 해제에서는 여러 평양 읍지를 모아놓은 『평양지』(규장각 소장, 奎 4885)를 설명하면서 간기 "乙卯孟秋箕營重刊"은 본문에 1876년에 부임한 김상현(金尙鉉)의 이름이 수록되어 있으므로 이때 '을묘'는 1855년이 아니라 1915년이라고 판단했다.[20] 위에서 언

---

20) 이태진·이상태 편(1990). 1837년 간행본도 1777년으로 추정하는 경우가 있다.

급한 1905년 간행 『평양지』에 1906년의 내용이 나온 것과 같이 이런 판단 자체는 나름의 이유가 있다. 이 '을묘년' 간행본은 국회도서관 소장본(古 915.193 ㅇ456ㅍ)에서는 1863년에 부임한 홍우길(洪祐吉)까지 실려 있고, 김병연이 간행한 『평양지』에는 1853년에 부임한 남병철까지 나와 있다. 이 판본들은 모두 필사본이 아니라 판각한 것이기 때문에 1855년에 간기를 넣어 판각한 뒤에 다시 복각할 때 내용을 추가한 것으로 추정할 수 있다. 주로 관찰사나 서윤의 추가 명단 또는 간단한 사건을 추가하는 차원이기 때문에 간기를 포함한 원래 형태를 최대한 살렸을 것이다. 그러나 그런 문제 때문에 현전하는 소장본이 간기에 있는 그 해의 판각본인지 아니면 간기까지 그대로 찍은 후대의 복각본인지를 가리는 것이 어렵게 되었다. 특히 1892년이나 1905년 간행본의 경우에는 다른 소장본까지 비교해야 원래 판각본과 이후의 복각본 사이의 차이를 판별하고 해당 소장본의 판각 시기를 정확하게 판단할 수 있을 것이다.

3. 평양 읍지의 '시대성'

행정 운영상 필요해서 주로 관료가 관청에서 만들게 되는 제작 상황 때문에 읍지는 일반적으로 객관적인 자료로 인식되고 있다. 실제로 읍지에 나온 지역의 정보는 대부분 사실에 기반하고 있다. 읍지 제작을 할 때 해당 지역에 대한 자료를 최대한 찾아서 해당되는 항목에 배치하기 때문에 읍지 편찬자는 해당 지역이 언급된 각종 역사서와 지리지, 개인의 저술 등의 자료를 동원하여 내용을 발췌하므로 그 내용은 분명히 편찬자의 창작물이 아니다. 1590년에 간행된 『평양지』에 제시된 '인용 서책'은 『한서(漢書)』, 『후한서(後漢書)』, 『남사(南史)』, 『북사(北史)』, 『수서(隋書)』, 『당서(唐書)』, 『삼국사(三國史)』[21], 『고려사(高麗史)』, 『동국통감(東國通鑑)』, 『청구풍아(靑丘風雅)』, 『여지승람(輿地勝覽)』, 『목은집(牧隱集)』, 『요동지(遼東志)』, 『파한집(破閑集)』, 『동문선(東文選)』, 『속동문선(續東文選)』이었고, 이 문헌들은 각 분야에서 잘 알려진 자료들이었다. 물론 이 자료들만 참고했던 것은 아니며 실제로는 『황화집』, 시문, 야담 등의 여러 자료가 동원되었다. 그런데 이런 외부 자료를 동원해서 자료를 만든다고 해도 결국 그중에서 선별해서 수록할 때 나름의 관점과 의도가 개입될 수밖에 없다는 사실을 다시 떠올릴 필요가 있다. 이 지역에 있는 수많은 이해당사자의 의도와 관점이 반영되어 있으므로, 때로는 그런 의도가 개입되면서 어떤 점이 과도하게 강조되거나 사실의 왜곡이 일어나는 경우도 있다. 또는 어떤 주장을 이끌어내기도 하고 어떤 것을 은폐하기도 한다.

  이 글에서 읍지 자료를 분석하면서 함께 언급하게 될 '시대성' 또한 같은 맥락에서 이해할 수 있을 것이다. 읍지 자료에는 그 시대에 일어난 특정한 사건이나 변화가 나와 있어 자연히 시대성이 드러난다. 평양 읍지에서도 간행할 때마다 최근 사건들을 정리하고 있다. 그런데 이 점과 함께 읍지가 편찬자가 선별한 결과물이라는 점을 고려해야 한다. 편찬자가 여러 자료를 '선별'하는 과정을 밟는 한 그 당시 분위기를 어떻게 보고 있는지, 어떤 점을 드러내고 싶은지가 읍지에 개입되기 때문이다. 편찬자의 편찬 의도는

---

21) 김부식의 『삼국사기』를 가리킨다.

자료 외에 「문담」과 시문에 넣을 내용을 선별할 때 부단히 영향을 미치고 있다. 그런 점에서 윤두수가 『평양지』를 편찬하려고 했던 것은 앞에서 언급했던 것처럼 행정 정보가 부족한 상황에서 『연안지』의 유용성을 체감했기 때문이기도 했겠지만, 이와 함께 『기자지(箕子志)』를 제작한 뒤 그 맥락에서 후속 자료를 만들고 싶었기 때문이었다. 윤두수는 1577년(선조 10)에 사은사(謝恩使)로 중국에 갔을 때 연경에서 만난 중국 사람들이 기자에 대해 질문을 했을 때 제대로 대답하지 못한 것에 대한 아쉬움으로 기자 관련 자료를 수집하고 후대 사람들의 시문을 모아 1578년에 『기자지』를 편찬하였다. 「평양지서(平壤志序)」에 나온 『평양지』 제작 이유는 대체로 평양이 기자의 고장이므로 『기자지』를 이을 만한 책이 필요한데, 변화하고 풍요로운 평양이 만들어지게 된 원천이 기자에게 있으므로 이를 밝혀야 한다는 것이었다.[22]

그런 측면을 고려하여 윤두수는 『평양지』에서 평양이 사신 왕래의 경유지라는 점과 평양에 체류한 중국 사신의 존재감을 최대한 부각시켰다. 평양의 산천과 누정이 아름답다는 점은 중국 사신들의 찬탄과 시문을 통해 증명했다. 조선을 방문한 중국 사신과 중국으로 가는 조선 사신들은 평양의 곳곳을 유람하고 시를 지었고, 『평양지』에는 특히 조선 관반들과 자주 시를 창화(唱和)했던 명 사신들의 시문을 다수 수록하였다. 지금 우리는 평양의 경관을 떠올릴 때 '평양 팔경(기성 팔경)'을 생각하지만, 평양 팔경시는 많이 제작되지 않아서 『평양지』에는 조위(曺偉)와 성현(成俔)의 시만 실려 있을 뿐이다. 반면에 『평양지』에는 명 사신들이 올 때마다 관례적으로 지은 20수 내외의 「평양승적」이 훨씬 더 많이 실려 있다. 평양을

---

22) 尹斗壽 編, 『平壤志』.

중국과 결부시켜 문명화된 곳으로 이미지를 변화시키고 싶어했던 것처럼 보이기도 한다. 이 『평양지』의 「고사」는 중국 사료를 거의 그대로 가져왔기 때문에 중국의 관점으로 서술한 전란 과정을 바꾸려는 노력을 하지 않았는데, 이런 점도 당시에는 크게 문제되지 않았던 듯하다. 이렇게 보면 윤두수는 평양을 기자의 유풍이 남아 있는 아름답고 번화한 곳이라고 특징 짓고 싶어했던 것이 아닌가 생각된다.[23]

윤두수가 만든 평양의 이미지는 어느 정도 성공적이라고 볼 수 있다. '기자'로 대표되는 중화 문명의 이식지이자 당시 높은 위상의 중국 사신이 찬탄하는 장소라는 점에서 평양은 남다른 위상을 갖게 되었다. 『평양지』에서 시만 별도로 수록한 『평양지선』도 이러한 인식을 확대시키는 주된 경로였다고 할 수 있다. 그래서 조선 시대 내내 평양은 '기자'의 고장으로 설명되고 그 중요성을 인정받았다.

약 140년 뒤 윤유가 『평양속지』를 만들었을 때에는 선조의 업적을 계승한다는 이유가 그 안에 있었겠지만, 어쨌든 그 사이에 중요한 사건이 일어났고 평양에도 상당한 변화가 있었기 때문에 그 점을 새로운 정보로 넣어야 할 필요가 있었다. 그 중요한 사건이 바로 임진왜란과 병자호란이었다. 1590년 이후 평양의 가장 큰 변화는 일단 평양성의 형태가 달라졌다는 점이었다. 1624년(인조 2)에 성이 커서 지키기 어렵다는 이유로 평양성 서남쪽 일부를 줄여 개축하면서 원래 부성(府城, 내성)의 규모는 대폭 줄어서 성에서 제외된 구역인 중성이 생겨났고, 1714년(숙종 40)에는 내성 밖 북동쪽에 있는 모란봉에 올라가면 성안이 다 보이기 때문에 군사적인 이유로 모란봉 일대에 성을 쌓아 북성을 축조하게 되었다는 것이다. 이

---

23) 이은주(2019) 참조.

둘은 모두 전란 때의 경험에 기초한 판단이었다. 임진왜란 때 일본군이 평양성을 쉽게 점령했던 이유가 바로 모란봉을 선점해서 성안의 동태를 볼 수 있었고, 그래서 평양성을 손쉽게 차지했다고 생각했기 때문이다.

을지문덕의 위판을 봉안한 충무사우(忠武祠宇), 병자호란 때 후금에 끌려간 홍익한(洪翼漢)의 위패를 봉안한 서산서원(西山書院)이 설립되었고 읍지의 「고사」에서도 전란에 대해 상세하게 서술하였다. 특히 을지문덕의 사적을 비중 있게 추가하면서 그의 전공을 기리는 '사신 평(史臣評)'도 이례적으로 삽입하였다. 「문담」에서도 청나라에서 종사관으로 임명했으나 끝내 따르지 않은 허관(許灌)의 절조와 둔암 선우협(鮮于浹)이 청음 김상헌에게 편지를 받았다는 사실을, 시문에서도 전란 이후 황폐해진 평양의 풍경과 전란으로 사망한 인물들의 사적을 정리하는 작업을 통해 평양의 시대상을 담아내었다.

1837년과 1855년에 간행된 읍지는 둘 다 서문도 없어서 편찬자를 확정하기도 어렵다. 그리고 다른 읍지에 비하면 분량이 적은 편이어서 시대상이나 편찬자의 강조점을 직관적으로 알 수 있는 내용이 그리 많지는 않다. 시간이 갈수록 인물 명단은 점점 늘어나고 있다. 1837년도 읍지는 홍경래의 난을 진압하는 데 공을 세운 사람들의 명단을 정리한 '신임군공질(辛壬軍功秩)'과 '숭인전감', 음직으로 진출할 수 있는 '무열사참봉(武烈祠參奉)'이 신설되었고 1855년 읍지에는 '별장(別將)'이 등장했다. 1837년 읍지에는 「고사」에 19세기 이후 화재와 홍경래의 난에 대한 서술, 과거 설행 내용이 추가되었다면, 1855년에는 당시 설립된 사우(祠宇)를 강조하는 감이 있다. 또 새로 추가된 산문을 중심으로 볼 때 정례적인 건물 중수기 외에 1837년 읍지의 권5에는 기자묘와 기자정의 비문과 인현서원 비문,

강학 장소 기문(記文), 소현서원 상량문 등이, 1855년 읍지의 권2에 인리서실(仁里書室)과 영로사(影蘆祠), 숭인전, 사영사(思潁祠) 관련 글이 수록되어 있다.

1892년에 간행된 읍지에서는 서원 철폐령과 관련하여 학교와 사묘 문제를 전면적으로 부각시키고 있다. 인현서원(仁賢書院), 용곡서원(龍谷書院), 서산서원(西山書院), 창강서원(蒼崗書院), 사당으로 충무사(忠武祠), 신안사(新安祠), 구삼원(九三院) 등 사인들이 모여 공부하는 강학 공간들을 일일이 열거하면서 서원과 사묘가 훼철되었다는 사실을 명기하였다. 서원과 사묘가 사라졌지만 이런 강학 공간은 이후에 재실이 대신하게 되었다. 당시 평양의 경학자 박문오(朴文五), 황립(黃岦), 전병익(全秉翼)을 관찰사 남정철이 후대하고 강학 공간 설립을 도왔다는 점을 특기하였고, 이로써 "삼대 이후의 성대한 사업이자 당상과 술서의 가르침을 오늘날 다시 볼 수 있다(三代後盛擧而黨庠術序之敎復覩於今日耳)"고 자평하는 대목도 나온다.

이 읍지에서 새롭게 신설한 항목은 '도로(道路)', '진구(津口)', '장시(場市)', '학행(學行)', '노직(老職)', '증직(贈職)'이었는데, 도로와 나루, 장시는 성격상 이때 새로 생겼다는 뜻이라기보다는 공식 자료에 넣을 수 있을 정도로 중요하게 받아들였다는 뜻일 것이다. 이 항목들이 평양이 대도회지라는 점을 강조했다면, '학행'은 그간 늘어났던 서원과 관련하여 평양의 학통을 세우는 문제였다. 그래서 그 당시 평양 출신으로 일정한 지명도를 가지고 있었던 둔암 선우협을 중심으로 그의 스승이었던 김태좌(金台佐)와 그 이후에 선우협와 종유했거나 그 문하에서 수학한 조지현(趙之玄), 김익지(金益祉), 장세량(張世

良)을 열거하여 어떤 계보를 보여준다거나 그밖에 학문 연구에 독실한 인물들에 대해 간략하게 설명하였다. 노직과 증직도 학행과 효행과 연관된 문제였고, 이전 읍지에서 평양의 명소를 중심으로 제영시를 수록했던 것과는 달리 이 시기 읍지의 제영시에는 향교와 서실까지 포함되었다. 그런 점에서 이전보다 훨씬 더 문풍을 중시하는 사회 분위기였음을 알 수 있다.

1905년에 간행된 읍지에서의 시대상은 권2 후반부에 수록된 「갑오신속(甲午新續)」에서 볼 수 있다. 그 내용은 주로 1894년에서 1906년 사이에 평양에서 일어난 주요 사건들을 정리했는데, 평양에서 격돌한 청일 전쟁의 전개 추이와 청군의 약탈과 평양민들의 피해, 이후 조정에서 연호를 만들고 모발과 복식에 관한 조령을 내리는 등의 사회 변화와, 일본군이 평양에 주둔하면서 위생국과 철로 등을 설치하면서 생겨난 변화에 관한 것이었다. 일본에서 평양에 군대를 주둔시키거나 관헌을 파견하면서 평양에는 학교와 교회가 증가하고 건물이 대거 설립되었으며 그로 인해 물가가 폭등하는 등의 여러 외부적 변화와 이 속에서 평양민들이 내심 불안감을 느끼는 상황을 간략하게 서술하였다.

1906년 읍지는 명단이 중심이 됨으로써 지역민의 이해관계와 신설된 항목의 위상의 변화를 보여주고 있다. 특히 앞에서 이미 언급했던 '문원(文垣)', '필가(筆家)' 항목 아래에 신설한 이유가 나와 있는데, 재주를 가지고 있지만 공정하지 못한 세상에서 과거든 음직이든 둘 다 불가능해서 벼슬길로 나아가지 못하여 초야에서 평생을 보낸 사람들이 잊혀지지 않도록 기록한다는 내용이다. 이즈음에 다른 지역에서도 지역 출신 문인들의 현양 사업이 이루어졌다는 점을 감안하면 시대의 조류이기도 했겠지만, 상무적인 곳으로 인식된 이 도시에서 '문풍'을 부각시키려고 했던 그간의 노력과 같은 맥락으로 이해할 수 있다.

4. '평양'의 '유산'

평양 읍지의 간행 양상은 원지가 평양이라는 곳의 성격을 규정한 뒤에 각각의 속지를 간행할 때 최근의 상황을 추가하는 방식이었다고 정리할 수 있다. 그런데 앞서 언급했듯이 읍지 자료는 건물의 종류와 건립일, 산물, 호구 같은 정보도 있지만 학교나 사묘 같이 당시 관심사나 지향성과 관련된 내용도 들어가고 문담이나 신이, 잡지, 시문 등의 주관적인 성격의 자료들도 들어간다. 그렇기 때문에 이 지역의 성격을 어떻게 규정할 것인가, 이 시대의 변화상 중에서 무엇이 유의미한가에 대한 읍지 편찬자의 판단과 성향이 기획 단계에서 읍지의 내용을 결정할 것이다. 앞 장에서는 각 읍지에서 표방하고 있는 평양의 성격과 당시의 시대상을 간략하게 정리하였다.

우리가 현재 평양의 읍지를 만든다면 현재 평양의 특성이 무엇인지를 자문해야 할 것이다. 그러나 평양의 과거 모습을 재현하는데 주안점을 두게 되면 결국 수많은 정보 중에서 무엇이 평양의 실체이거나 의미 있는 부분인지를 선별하는 것이 더 중요한 문제가 될 것이다. 그리고 가치 판단이라는 측면에서 과거와 현재 사이의 심연, 실제와 지향성의 간극을 고려해야만 할 것이다. 그런 점에서 보면 1936년에 간행한 장도빈의 『평양지』는 평양의 유산 중에서 '현재' 가치 있는 정보가 무엇인가를 탐구한 최초의 시도일 것이다. 당시의 시대 상황에서 자주독립, 애국적 차원에서 역사를 인식했던 장도빈은 단군 조선과 고구려를 중시했고,[24] 그 결과 동명왕 유적을 단군 시대의 유적으로[25] 기자 조선을 부정하고 기자의 유적을 고구려의 유적으로 해석하는 커다란 인식의 변화를 보였다.

그런데 아주 오랜 기간 사람들이 믿었던 역사 유적의 '주인'을 다르게 지목하는 것은 평양의 경우라면 예견된 일이었다. 상고시대의 역사를 확실하게 문헌으로 증명하는 일이 어렵다고 해도 내용상의 모순은 분명히 존재했기 때문이다. 『평양지』에서는 『삼국사기』를 인용하여 고구려 장수왕 때 의주 국내성에서 평양으로 도읍을 옮겼다고 했는데, 이 기술대로라면 동명왕의 유적인 문정(文井)과 무정(武井), 청운교와 백운교, 구제궁, 조천석, 기린굴, 진주묘가 평양 또는 인근에 있다고 보는 것은 비합리적이다. 특히 하늘에 조회하기 위해 기린마를 타고 기린굴을 통과하여 조천석으로 나와 하늘로 올라갔고 남겨진 자손들이 동명왕이 남긴 옥채찍을 허장하여 진주묘라고 했다는 동명왕의 서사는 현실성이 전혀 없다. 기자궁, 기자정, 기자장과 함께 기자의 중요한 유적으로 성 북쪽 토산(兎山) 기자묘(箕子墓)를 지목했지만 이는 『사기색은』 같은 중국 고대 문헌에서 기자의 무덤이 중국에 있다는 서술과도 배치되는 것이었다.[26]

읍지 편찬자가 표방하는 내용과 사실 사이에서 발생하는 불협화음은 평양 읍지에서 심심치 않게 발견할 수 있다. 우선 평양의 역사 유적이 '전설'과 믿음을 기반으로 하고 있다는 것이 문제이다. 읍지에서

---

24) 신형식(1988).
25) 장도빈(1936).
26) 이은주(2018).

는 사료로 입증할 수 있는 고구려와 고려의 사적보다는 단군과 기자, 동명왕 같이 증명하기 어려운 상고시대로 올라가거나 고구려 역시 도읍지를 옮긴 장수왕 이후가 아니라 신화적 색채가 강한 동명왕을 가지고 평양을 설명하려는 경향을 보였다. 물론 여기에는 조선이라는 왕조가 전 왕조인 고려에 대해 가지는 반감도 있을 것이다. 특히 평양을 기자의 고장으로 규정하는 일련의 과정에서 믿음과 비합리성은 끊임없이 충돌하는 양상을 빚어냈다.

　예컨대 윤두수의 『평양지』에서는 막연하게 기자의 고장으로 지목된 평양에서 기자의 사적을 증명하려고 노력한 흔적들이 나타나는데, 이러한 기조는 조선 말까지 이어졌다. 기자가 조선에 봉해진 시점을 묻는 중국 사신의 질문을 생각해두었다가 『통감(通鑑)』의 기록을 바탕으로 쓴 『필원잡기(筆苑雜記)』를 보고 '주 무왕 기묘년' 때라는 것을 알게 되었지만 결국 기묘년이 주 무왕대의 몇 년인지 특정해낼 수 없었다. 또 뚜렷한 근거 없이 기자와 관련된 유적을 신성시하는 인식이 나타난다. 기자묘를 둘러싼 소나무가 우박이 크게 내렸을 때도 조금도 다치지 않았다거나(「新異」) 기자정의 물맛이 다른 곳의 우물에 비해 남달리 좋다(「雜志」)는 내용도 있다. 특히 기자의 유적으로 손꼽힌 외성의 정전은 집중 분석의 대상이 되었다. 그러나 그런 시도는 매번 어려움에 봉착했다. 기자정 동쪽에서 오래된 거울이 나왔을 때 사람들은 이곳이 외성의 정전 안에 있기 때문에 기자 조선 때의 유적이라고 생각했지만 결국 '예서'이기 때문에 기자 시대에 제작된 것으로 볼 수 없다는 결론에 이르렀다.[27] 또 논밭이 네모 형태로 정리되었다는 점만 같을 뿐 네 전지와 여덟 구역으로 이루어진 외성의

---

27) 윤유 편, 『평양속지』 권1 「고적」.

전답과 고대 문헌에 근거한 아홉 구역의 정전을 일치시키는 작업도 끝내 성공하지 못했다.28) 평양에서 '기자'가 실제라고 믿었든 아니든 간에 기자의 고장을 내세우는 것은 여러모로 장점도 많았다. 기자 유적을 통해 중국 사신에게 이곳이 중국과 접점을 이루는 곳이라고 내세울 수 있었고, 조정에 대해서도 기자의 고장이므로 중화 문명이 전해진 특별한 곳이라는 설명도 유효하게 작용했다. 기자의 '범금팔조(犯禁八條)'로 상징되는 문명과 교화의 장소였다는 점이 평양의 주민에게 실질적으로 이익을 준다거나 현실적인 위상을 올리는 획기적인 성과를 거두지는 못했지만 어쨌든 "충성과 의리를 권면하는 곳이라 조정에서 특별하게 대해 온 곳"29)이라고 생각하게는 할 수 있었기 때문이다.

또 다른 문제는 상무적 기질이 있다고 인식된 이곳이 두 차례의 전란을 어떻게 겪었는가 하는 문제이다. 윤유가 1730년에 간행한 속지에서는 두 차례의 전란 경험을 서술하면서 평양에서 충절과 호국의 문제를 다루었다. 이 시기 읍지에는 전란 이후 순국한 인물이나 열사 등을 표창하는 차원에서 임진왜란 때 참전한 명나라 장수 이여송(李如松) 등 5인의 사당인 무열사(武烈祠), 전사한 명군을 제사 지내는 민충단(愍忠壇), 을지문덕의 위판을 봉안한 충무사(忠武祠), 홍익한(洪翼漢)의 제사를 지내는 서산서원(西山書院) 등의 사당을 건립했다는 내용이 나온다. 그러나 을지문덕은 고구려 장수이고 홍익한은 병

---

28) 이은주(2018) 참조.
29) 『고종실록』 고종 3년(1866) 7월 27일. 고종의 이 발언은 평안감사 박규수의 장계에서 평양 백성들이 이양선이 출몰했을 때 평양 주민들이 울분을 이기지 못하고 영국 사람 토마스(崔蘭軒)를 때려 죽였다는 사건 경과 보고를 들은 뒤에 나온 것이다.

자호란 때 끌려갔기 때문에 실제 전란에서 공을 세운 구국의 영웅은 아니었다. 『평양속지』에 이경석(李景奭)이 쓴 홍명구(洪命耈)의 정충비명(精忠碑銘)이 실려 있지만, 당시 평안도 관찰사였던 홍명구가 전사한 곳은 평양이 아니라 김화현이었다. 제4차 평양성 전투에 참가한 공이 있는 김경서는 나중에 후금에 투항했다는 전력 때문에 1791년 복권되기 전인 1730년경에는 전쟁 영웅으로 삼기에는 애매했고 여기에는 평양 출신이 아니라는 난점도 있었을 것이다. 이렇게만 보면 평양은 4차례의 평양성 전투가 치열하게 치러진 격전지였을 수는 있어도 평양의 전쟁 영웅을 내세우는 데에는 실패했다고 할 수 있었다.

그래서 등장한 인물이 계월향이었다고 생각한다. 윤유의 『평양속지』 「고사」에 수록한 내용은 평양 기생 계월향이 일본군에게 붙잡혔고 성에 올라가 소리치다 김경서 장군을 만나 오빠라고 하면서 성에 들인 뒤에 어느 날 밤 김경서가 자고 있던 왜장을 베어 죽인 뒤 둘 다 무사히 나올 수 없다고 판단하고 계월향을 죽이고 혼자 돌아갔다는 것이다. 그런데 이 일화는 이보다 한 세기쯤 뒤의 평안도 출신 이시항(李時恒)이 김경서의 사적과 유문(遺文)을 모아 『김장군유사(金將軍遺事)』를 만들면서 들어간 내용과 날짜와 세부 묘사에 차이가 있다. 특히 이 책에서는 계월향의 죽음을 명시하지 않았으므로 지금으로서는 『평양속지』의 내용이 어디에 근거했는지 알 수 없을 뿐더러 서사 자체만 봐도 계월향을 절개를 지키기 위해 순국했다고 할 수 있을지는 의문의 여지가 있다.[30] 그럼에도 계월향은

---

30) 그래서 북한지역에서 전하는 구전 설화에서는 계월향의 평소 생각과 적극적인 행동을 강조하고 있다. 계월향은 천한 기생이었으나 평양성이 일본군에게 유린되고 많은 사람들이 고통받는 것을 그냥 볼 수 없어 한 몸 바쳐 싸울 것을 결심하였고, 나중에 김경서를 성안으로 끌여 들인 뒤 소서비를 취할 정도로 술을 먹여 정신을

강렬하게 평양의 의기(義妓)로 자리잡았다. 1835년에는 계월향을 봉사하는 사당인 의열사(義烈祠)가 세워졌고 1871년에 서원 철폐령이 내려 대부분의 사당이 함께 훼철되었을 때에도 의열사는 20세기 초까지도 남아 있었다.31)

호국 영웅의 부재는 19세기 초반 홍경래의 난이 일어나면서 더욱 더 평양민들을 곤혹스럽게 했으리라고 생각한다. 이 사건은 한참 오래된 고려시대 묘청의 난을 환기시킨 것처럼 보이기 때문이다. 1811년 12월에 홍경래의 난이 일어난 뒤 1837년 읍지에서는 이 사건에 대해 간략하게 서술하고 있다. 홍경래의 난이 일어났을 때 평양 전역에서 의병을 조직해 난을 평정했다는 내용이다.

신미년(1811) 12월 토적 홍경래 등이 흉년을 빌미로 무리를 모아 밤에 가산군을 습격하여 수령을 죽이고 정주성에 들어와 점거하였다. 12일에 급보가 감영에 도착하자 읍인 김종정, 정득현 등이 분연히 일어나 전역에 소식을 전해 충효열 및 문무 조관의 자손들에게 적을 토벌하러 의병을 일으키자고 하였다. 25일에 뜻을 같이 하는 사인 50명이 성중에 모였다. 이듬해 2월에 쇠고기 조림을 군량으로 순무군에게 제공하고 김종정, 정득현은 오필련, 최지겸, 김시웅, 김재관 등과 함께 자원하여 정주대진에 가서 '충의사'라고 이름하였다. 이때 외성 사인 양택구, 이진제가 의병 360인을 모아 두

잃게 한 뒤 처단해 버렸고 둘이 성을 탈출할 때 김경서에게 발각될 수 있으니 먼저 가라고 하고 자신은 적들을 딴 길로 유인하다가 단검으로 자결하였다는 내용이다. 김정설 편(1990), 「계월향과 〈의렬사〉」, 『(조선구전문학자료집) 평양전설』, 평양: 사회과학출판사.
31) 이은주(2018) 참조.

로도에 모였고, 홍표, 선우탁, 황취형이 200인을 모아 초도에 모였다. 성내 사인 노학구, 이정제, 윤동상 등은 소식을 전해 사인을 모아 성 안팎을 순찰하였기에 약탈하는 문제가 사라졌다. 가선 안봉편, 만호 한종섭, 유학 송인철, 박영신, 강옥, 장봉상 등이 또다시 참전할 의병을 모아 '창의사'라 이름하고 대진에 쇠고기 조림을 군량으로 제공하였다. 김홍룡은 스스로 군량미를 마련하여 군사들에게 제공하였다. 난이 일어난 초기에는 역로가 통하지 않아 영교 한희조가 혼자 나서서 상투에 격문을 숨겨 가지고 밤새 산길을 가서 마침내 의주에 도착하였다. 곧바로 강변의 여러 읍에서 병사를 동원하였고 감영 중군 이정회가 장졸을 거느리고 진에 도착했다. 4월에 적도를 평정한 뒤에 돌아갔다.32)

읍지의 성격상 홍경래의 난을 평양민들이 힘을 모아 이겨냈다는 내용이 강조되고 있다. 그러나 이 난은 12월부터 이듬해 4월까지 장장 5개월간 지속되었고 그 사이에 '충의사(忠義士)', '창의사(倡義士)' 같

---

32) 『平壤續志』 권2 「古事」(1837년 간행). "辛未十二月, 土賊景來等, 因歲饑嘯聚徒黨, 乘夜劫嘉山郡, 殺其倅, 入據定州城. 二十日, 急警至營下, 邑人金鍾珽·鄭得賢等, 慨然發文于境內忠孝烈文武朝官子孫, 諭以擧義討賊. 二十五日, 同志之士五十人聚會城中. 翌年二月, 以牛醬助餉于巡撫陣, 鍾珽·得賢與吳必鍊崔志謙金時雄李在寬等, 自願赴定州大陣, 號曰忠義士. 是時, 外城士人楊澤九·李鎭濟募義兵三百六十人, 會于豆老島, 洪彪鮮于鐸黃就衡, 則以二百人會于椒島. 城內士人盧鶴九·李彦濟尹東庠等, 發文聚士巡哨城內外, 而摽掠之患乃息. 嘉善安鳳翩萬戶韓宗涉幼學宋寅哲·朴榮臣·康鈺·張鳳翔等, 又起義赴戰號曰倡義士 以牛醬助餉于大陣. 金弘龍則自辦糧米以餉戰士. 亂初驛路不通, 營校韓熙肇, 挺身單行, 藏檄于髻, 星夜登山, 遂達灣府, 卽使江邊諸邑發兵, 而巡營中軍李鼎會領率將卒赴陣. 四月平賊後還."

은 의병들을 거듭 모아 맞서야 했다. 읍지에서는 요약적으로만 제시했으나 성 안팎의 약탈 문제를 막기 위해 자경단까지 조직해야 하는 상황이었는데, 이런 서술 양상은 1590년 읍지에서 묘청의 난을 서술할 때 중앙에서 파견한 김부식이 이끄는 부대가 반란군을 진압하는 과정을 상세하게 제시한 것과는 대조적이다. 19세기 중반 어수선한 사회 분위기가 감지되는 상황에서 1866년에 천주교도를 체포하여 처벌할 때에도, 또 '이양선'의 출몰하여 사상자가 발생한 사건 때도 평양민들의 어떤 의무감이 드러난다.

감영의 중군은 바로 포은선생의 후손으로, 개연히 발분하더니 척사부정을 자기의 소임으로 삼고 꼭 깨끗하게 소탕하리라고 마음먹었다. 이때 내천 사인 우흥모는 역동선생 문희공 우탁의 십팔세손이자 신미 때 창의 장사랑인 우규헌의 아들이었다. 그는 평소 독실하고 근실한 사인으로, 이들이 (사교에) 함께 탐닉하는 것을 걱정하여 글을 써서 (관청에) 바쳤는데, 힘써 자기 생각을 밝힌 것으로 그 내용은 사교에 물든 무리들을 조사하여 모두 다 체포하자는 것이었다.[33]

이양선 소동 초기에 감영의 퇴역 장교 김의섭은 본래 신미 토적의 난 때 전사한 사람의 아들인데 이때 공분을 이기지 못하고 자원해서 공격할 방책을 내어 놓았다. 떠나기 전에 중영에 가서 "제가

---

33) 南廷哲 編, 『平壤續志』 中, 「古事」. "巡中軍, 卽圃隱先生之後裔也, 慨然奮發, 以斥邪扶正爲己任期於廓掃乃已. 時內川士人禹興謨乃易東先生文僖公倬十八世孫辛未倡義將仕郎圭憲子也, 素以篤行謹勅之士, 憫其胥溺, 作文而納之力贊其計乃鉤覈其邪類――逮捕之."

화포 대완구에 화약을 매설하여 저들의 배를 없애겠습니다. 화약이 뜻한 바대로 발사되면 이 일은 잘 해결될 것입니다. 화약이 뜻한 바대로 발사되지 못하면 그 자리의 사람들은 모두 불타 죽게 될 것입니다. 나라를 위해 죽는다면 여한은 없습니다만, 저에게는 여덟 살 난 아들 하나가 있으니 행여 관가에서 거두어 후사를 잇게 해주시기를 깊이 바라는 바입니다."라고 하였다.34)

평안도에서 일어난 홍경래의 난 이후에 평양의 거주민들은 사회적 혼란에 대한 불안감과 함께 평안도가 역적의 땅이 아니라는 점을 계속해서 입증하기 위해 노력해야 했다. 고려시대 묘청의 난이 다시 소환되지 않도록 이들은 사교(邪敎)로 규정된 천주교 신도의 문제를 적극적으로 해결하려고 했고, 이양선이 출현해서 위기에 봉착했을 때도 같은 이유로 앞장섰다.

평양에서 무인들이 실제 모습에 비해 읍지에서 존재감이 지나치게 축소되어 나타나고 있다는 점도 문제이다. 기자의 유풍이라는 측면에서 평양에서 끊임없이 외성의 전지가 기자 시대의 정전이라는 것을 증명하려고 했던 것과 마찬가지로 19세기에는 서원과 사묘의 건립을 통해 기자의 유풍을 평양의 문풍으로 증명하려는 시도가 지속되었다. 남정철은 속지 서문에서 기자 유풍의 사례를 열거하며 "사인은 책 읽고 강학하고 거문고 타고 시

---

34) 南廷哲 編, 『平壤續志』 中, 「古事」. "洋擾之初, 巡營退校金義涉, 素以辛未土賊時戰亡人之子, 當是時不勝公憤, 自願以出進火攻之策. 臨去告于中營曰, 小人將以大椀口設機埋火, 欲滅彼船 而火發如意, 則大事可濟. 火或橫發則當場性命難免燒死 死於國事, 固無餘恨. 但有一子之年才八歲者, 幸蒙官家之收恤得以嗣後, 是所深望云矣."

읊는 소리가 늘 끊이지 않고, 장로들은 봄과 가을에 시간을 내어 향음례와 향사례를 행하는데 술로 겸양하는 의식이 모두 단정하다."라고 했다. 특히 1871년까지 대대적으로 서원이 철폐되는 과정에서도 학문 진흥을 위해 관찰사가 노력하고 있다는 점을 명기하였다. 그러나 이런 노력들이 유의미하고 가시적인 성과를 일구어냈는지는 다시 생각해 볼 문제이다. 1855년 읍지에서「고사(古事)」대신「사적(事績)」이라는 항목으로 관찰사의 치적을 제시했는데 그 내용에는 숭인전 참봉과 숭령전 참봉, 무열사 참봉이라는 직을 만들어 음직의 길을 열어놓은 것을 주요 치적으로 설명하고 있다. 그러나 현실에서는 학문에 전념해서 중앙 관직으로 진출하여 현달한 사람들보다는 음직이나 무직, 武南의 수가 월등하게 더 많았고, 실제 평양에서 여러 사건이 일어났을 때도 이들의 역할이 더 컸다.

　무인들의 존재처럼 읍지 자료에서 은폐된 대상에 상인도 넣을 수 있다. 앞에서 1892년 간행 읍지에서 신설된 항목을 언급했는데, '도로'와 '나루'라는 교통편이 사신 교류가 상대적으로 적어진 시기에 더 발달하게 되는 것은 인적 교류, 특히 상업의 발달과 관계가 깊다. '장시'에서도 평양이 관서의 대도회지이자 모든 물건이 모여드는 '페르시아' 같은 곳이라는 점을 강조한다. 평양에서 상업의 발달은 그 이전부터 이루어졌던 것으로 보이나 공식적인 자료에서 이 사실을 발견하기는 쉽지 않다. 1837년 간행본에는 전면적으로 상업과 관련된 내용을 항목화하지는 않았지만,「잡지(雜志)」항목에서 전장복(全長福)이라는 사람이 장사하러 왔다가 풍랑을 만나 곤경에 처한 중국 상인 상리병(相里炳)을 도와주고 보답을 받은 이야기가 나오는데, 이 일화에서는 상업활동에 대한 것이므로 '읍인(邑人)' 전장복은 상인이라고 보아도 무방하다. 이 문제와 관련하여 원지의 간행 이후 후대에 속지가 간행될 때 읍지에 수록하는 인물의 명단이 계속 늘어났다는 점을 떠올려야 할 것 같다. 1590년 읍지에서는 『여지승람』을 관례를 따라 이전의 유명한 평양 출신 인물들을 「인물」에, 효자와 열녀를 「효열」에, 문과 급제자와 무직(武職), 생원·진사시 합격자를 「과공(科貢)」에 수록하였고, 평양에 온 지방관을 「환적(宦蹟)」 항목에 실었다. 그런데 1730년 읍지에는 여기에 「음사(蔭仕)」, 「숭인전감(崇仁殿監)」, 「무남(武南)」 항목이 추가되었고 「환적」에도 관찰사 외에 서윤 명단도 들어갔다. 1837년 읍지에는 다시 「신임군공질」과 「무열사참봉」이, 1855년 읍지에는 「별장」, 1892년 읍지에는 「학행」, 「노직」, 「증직」, 무과 급제자로 수록 명단의 범위가 확대되었다. 읍지에 수록되는 인물 명단은 비교적 간략한 내용으로 구성된 1837년이나 1855년 읍지에서도 빠지지 않으므로, 어쩌면 평양민들이 읍지 간행 때 가장 신경 썼을 부분이라고도 생각할 수 있다. 이것은 시대에 따라 중요하게 인식하는 부분을 알려주는 지표이며, 이를 통해 역으로 읍지에는 당대의 시야라는 관점에서 누락되거나 은폐된 요소들이 적지 않을 것이라는 점을 짐작할 수 있다.

5. 결론

읍지는 해당 지역의 모든 정보를 집대성하는 자료이지만 동시에 읍지 편찬자라면 해당 지역을 미화하려는 노력을 기울이게 될 것이다. 편찬의 책임자는 치적을 남겨야 하는 지방관이고, 실무진은 그 지방 출신 관원이나 사인이기 때문이다. 사실과 허구, 변조, 은폐 등의 다양한 상황이 혼재되어 나타난 이 과거 자료들에서 현재 우리가 무엇을 선택하여 과거 평양의 실체를 가장 비슷한 형태로 재구할 것인가에 대해 여러 측면에서 생각해볼 필요가 있다.

  예컨대 '사실'이라면 답이 될까. 여기에는 무엇이 '사실'인가를 분변하는 과정이 필요하다. 어떨 때는 읍지를 간행할 때 이전의 읍지 내용을 가감 없이 그대로 전재하기 때문에 읍지 간행 연도를 특정할 수 있다고 해도 그때 수록된 내용이 그 당시 상황을 보여준다고 보기 어려운 경우가 있다. 또 평양의 역사 유적 거의 대부분이 사실처럼 기술되어 있지만 많은 부분이 '전설'이거나 믿음의 영역 이외에 설명할 길이 없다. 사실이 아니더라도 당시 사람들이 어떻게 인식하고 무엇을 지향했는가가 전혀 의미 없는 내용은 아닐 것이다. 그러나 장도빈의 선택에서 보았던 것처럼 지금 우리가 평양에서 기자의 유산을 발견하는 것은 더이상 유의미한 내용은 아니다. 현재의 가치 판단과 상충될 때 우리는 무엇을 선택할 수 있을까. 과거의 인식과 지향 그 자체를 존중해야 할 것인지, 현재의 관점으로 판단하고 선택해야 할 것인지 이제 다시 논의해야 할 시점이 되었다고 생각한다.

변화하는 모습들

박엽(朴燁)에 대한 기억의 변화 재론

1. 서론

광해군과 동서지간인 박엽(朴燁, 1570~1623)은 인조반정 직후 갑자기 처형됨으로써 오랫동안 사람들에게 소소한 이야깃거리로 남았다. 처형의 명분은 평안감사로 있으면서 학정(虐政)이 심했다는 것이었지만, 다른 한편에서는 광해군에서 인조로 권력이 이동하는 상황에서 숙청되었다고 보는 시각도 있다. 어떤 사람들은 그가 행정과 군사면에서 유능한 인재였다는 점을 지적하기도 했다. 박엽에 대해서는 이미 그 당시에도 이해관계나 친소관계 등에 따라 상이한 평가가 나왔으며, 특히 후대로 가면 후금을 막아낼 수 있는 능력의 소유자라는 상상을 바탕으로 한 야담도 등장했다.

이 점에 주목한 선행 연구에서는 18세기 후반에 이미 박엽의 이미지에 변화의 조짐이 나타나며 19세기에는 매우 긍정적인 모습으로 변모하고 있어 처형 직후의 평가와 매우 상반된다는 점을 밝혔다. 그리고 이러한 변모는 자료의 성격으로 볼 때 구비 문화 향유자들의 상상력이 가미된 결과이며 그 바탕에 중화주의적 가치가 놓여있다고 해석했다.[1] 박엽을 이인(異人)으로 형상화한 자료를 18세기 후반이 아니

---

1) 엄태웅, 「박엽에 대한 기억의 재구성과 그 의미-1623년 처형전후부터 1864년 관직회부전후까지의 기록을 대상으로」, 『우리어문연구』 45, 우리어문학회, 2013, 137~180면. 이 논문에서는 병자호란과 청 건국 이후 비교

라 그보다 더 올라가서 박엽과 동시대 인물인 유몽인(柳夢寅, 1559~1623)의 『어우야담(於于野談)』에서 찾기도 한다. 관심사의 차이는 있지만 박엽에 대한 선행 연구들은 처형 직후 박엽의 이미지가 정치적으로 과장된 것이며 그런 점에서 박엽을 재평가할 필요가 있다는 문제의식을 공유하고 있다.2)

그런데 숙종대 이후 대명의리론이 강화되면서 전쟁 당시의 여러 기억이 변조되거나 재구성되는 사례가 박엽만이 아니라는 점을 다시 떠올릴 필요가 있다.3) 특정한 사건이나 특정한 인물들에 대한 기억이 후대에 달라질 때 궁극적인 목표가 재평가에 있는 경우, 서사는 현실적인 맥락 속에 자리하게 된다. 반면 박엽은 주로 야담 자료에서, 또 대부분 신이하고 비현실적인 형상으로 나타나기 때문에 설사 영웅

적 낮은 계층인 구비전승의 향유자들이 점차 이전에 안정적으로 변방을 지켰던 박엽을 재평가하기 시작했으며 공식적으로 발언할 수 없었기 때문에 구비 전승의 방식으로 박엽을 옛 중화 질서를 회복할 수 있는 존재로 상상했다고 해석했다.

2) 박엽의 상반된 이미지에 대해서는 이전 연구에서도 주목했는데, 박엽의 문학에 집중한 연구는 다음과 같다. 이승수, 「약창 박엽론: 역사적 평가를 중심으로」, 『민족문화연구』 47, 고려대학교 민족문화연구원, 2007, 137~174면; 이승수, 「약창 박엽의 시세계」, 『한국시가문화연구』 43, 한국시가문화학회, 2019, 57~79면. 박엽의 재평가를 시도한 연구도 있다. 홍정덕, 「박엽 생애 평가의 재검토」, 『경기향토사학』 20, 경기도문화원연합회, 2015, 133~180면.

3) 가도전투, 임경업, 최효일 등도 후대에 기억이 달라진 사례라고 할 수 있다. 관련 내용은 서동윤, 「1637년 가도 전투를 둘러싼 기억의 전승에 관한 연구」, 『진단학보』 123, 진단학회, 2015, 25~53면; 이은주, 「김제학의 관서 죽지사에 나타난 역사 인식」, 『한국실학연구』 42, 한국실학학회, 2021, 271~304면 참조.

인 모습을 보인다고 해도 이것을 곧바로 박엽에 대한 재평가로 연결시킬 수 없다. 여러 선행 연구에서는 박엽이 1864년에 공식적으로 복관되었다는 점을 특기하고 있지만, 정치적 사면이 언제나 해당 인물을 재평가하고 당시 처벌되었을 때의 죄상을 무화한다는 뜻은 아니다. 야담에서 박엽이 긍정적으로 그려진다고 해도 박엽의 포악하고 탐욕적인 행위 이면에 어떤 대의명분이 놓여져 있었다거나 지역민에게 원성을 샀던 축성 자체를 긍정하는 양상이었던 것도 아니다.4)

또 '구비문학 향유자'의 '중화주의적 가치'로 이해하기 위해서는 박엽과 전란을 연결시켜야 하는 문제도 있다. 평안도 관찰사의 전쟁 억제력이 설득력이 있는가와 별개로 박엽이 1623년 처형된 이후 정묘호란(1627)이나 병자호란(1636) 전까지 여러 명이 평안도관찰사를 역임했는데5) 이들에게 전쟁 억제력의 공이나 전쟁 발발의 책임을 돌릴 수는 없다. 오히려 박엽에 대한 전승담에서의 핵심은 인조반정 이후 처형된 북인계 인물 중에서 왜 유독 박엽을 신화화하는 양상을 보이는가를 해명하는 것이다. 본고에서는 박엽 관련 자료들의 주요 내용들을 재정리하면서 이 질문에 대해 논의해 보고자 한다.

---

4) 고종 연간에는 총 125회 사면이 있었다. 조선시대 사면의 이유는 경사나 국가의 길흉화복과 관련해서 또는 왕권 강화를 위한 시혜적 성격이 강했기 때문에 사면 자체가 인물의 재평가를 뜻하는지는 별도로 논의할 문제일 것이다. 김인호, 「고종 순종 시기 恩賜 제도의 운영 실태」, 『한국민족운동사연구』 96, 한국민족운동사학회, 2018, 5~57면 참조.
5) 1623년부터 1636년까지 평안도관찰사를 역임한 사람은 金藎國, 李尚吉, 尹暄, 金起宗, 金時讓, 閔聖徽, 張紳, 洪命耇이다.

2. 18세기 후반, 19세기 박엽 일화의 유형

선행 연구에서의 착안점은 1646년 주청사(奏請使) 이덕형(李德泂)을 위시한 사행단의 기록이 이본에 따라 차이를 보인다는 것이었다. 홍익한(洪翼漢, 1586~1637)이 기록한 보고서로, 18세기 초에 간행된 『화포조천항해록(花浦朝天航海錄)』에는 당시 화제였던 박엽의 처형이 정당하다는 내용의 대화가 나오는데, 이 대목이 19세기에 나온 이본 『조천록일운항해일기(朝天錄一云航海日記)』나 2종의 한글본에서 나타나지 않는 것에는 어떤 의도가 개재되어 있다고 본 것이다. 곧 처형 직후 박엽에 대해 부정적인 평가가 주조를 이루었으나 19세기로 가면 평가의 기조가 달라졌고 이런 점이 이 시기 자료에 반영되어 있다는 것이다.[6] 실제로 박엽의 경우 사후에 여러 스토리가 생겨났고 그 결과 사람들이 생각하는 박엽의 모습에 매우 큰 변화가 나타났다고 볼 수 있다. 선행 연구에서 제시한 자료와 그밖의 다른 자료들을 참고하여 박엽 일화의 유형을 대략적으로 정리하면 다음과 같다.[7]

---

6) 엄태웅, 앞의 논문, 142~147면.
7) 엄태웅의 논문에서도 19세기 박엽 관련 자료를 ① 일상 속 비범한 면모, ② 후금 세력을 압도하는 장수의 면모, ③ 절의를 지키는 충신의 면모라는 세 유형으로 분류했다. 이 논문의 유형 분류를 본고의 유형 분류와 비교해 보면 ①은 1)과 동일하고 ②는 5)에 야담 외 전언 자료까지 포함하였다. ③은 6)과 7)을 아우르고 있다. 다만 6), 7)의 내용을 '절의'라고 표현하기는 힘들 것이다. 선행 연구에서 유형 분류를 시도했음에도 불구하고 본고에서 다시 유형을 정리하는 이유는 두 가지 이유 때문이다. 먼저 이 일화 모두가 19세기에 '처음' 등장한 것이 아니므로 일화 또는 부분적인 화소의 경우 등장하는 시기를 분별할 필요가 있다. 또 선행 연구의 유형 분류에서

1) 유년기 박엽의 비범함	
이원명(李源命, 1807~1887) 『동야휘집(東野彙輯)』	박엽이 지붕 위에서 오줌을 누었음. 박엽이 이백 리 떨어진 외가가 있는 목천(木川)을 하루 만에 갔음.
2) 박엽의 신이한 능력	
이희준(李羲俊, 1775~1842) 『계서야담(溪西野談)』	평안감사 박엽이 액운이 있을 아이를 폐사(廢寺)로 보내 닭이 울기 전까지 호피를 뒤집어쓰고 있으라고 했고, 아이는 그 절에서 호랑이로 변하는 노승을 만나 호환을 벗어나게 되었음.
3) 처형 당시의 모습	
홍직필(洪直弼, 1776~1852) 『매산집(梅山集)』	후임 관찰사 김신국이 백성들에게 박엽에 대한 원한을 갚는 것을 허락했고 도원수 한준겸(韓浚謙)은 난동을 부린 자들의 우두머리를 처형했음. 조정에서는 김신국(金藎國)에게 죄를 내리고 박엽이 고향에 묻히는 것을 허락함.
이원명(李源命, 1807~1887) 『동야휘집(東野彙輯)』	구인후(具仁垕)가 박엽에게 원한을 가진 사람들을 막은 뒤 시신을 관에 넣고 이송하였는데 상여가 중화군에 왔을 때 구인후가 마침 어영대장으로 임명되어 서울로 올라가게 되었고 이 틈에 이들이 시신을 모두 훼손하고 가버렸음.
4) 법수교 시	
황윤석(黃胤錫, 1729~1791) 『이재난고(頤齋亂藁)』 (1770)	계해년에 박엽이 자기의 운명을 알고 법수교 시를 지음.
5) 후금에서 두려워한 박엽	
이중환(李重煥, 1690~1756)	박엽이 평소 첩자를 잘 썼으며, 구성(龜城)에 갔을 때 사람을 시켜 청병에게 식사를 대접했을 때 분량

는 본고에서 정리한 6)과 7)을 함께 묶었지만 두 일화는 내용상 차이가 있다. 본고에서는 두 내용을 별개로 나누었다.

	『택리지(擇里志)』	이 딱 맞자 청나라 장수가 놀라서 포위를 풀고 가버렸음.
	이덕무(李德懋, 1741~1793) 「이목구심서(耳目口心書)」	박엽이 자객을 보내 건주 오랑캐 추장 모자의 구슬을 훔치자 오랑캐가 박엽을 두려워하여 복종했으며, 박엽은 죽을 때 "왜 나를 10여 년만 더 살려두지 않는가"라며 탄식했음.
	황윤석(黃胤錫, 1729~1791) 『이재난고(頤齋亂藁)』 (1770)	박엽이 누르하치 모자를 훔친 일과 오랑캐가 보낸 호랑이 가죽을 두른 사람을 박엽이 미리 알고 있는 것에 놀라 후금에서 박엽을 두려워함.
	성대중(成大中, 1732~1809) 『청성잡기(靑城雜記)』	정충신(鄭忠信)이 안현(鞍峴) 전투를 이기고 물러난 뒤 전투는 다행히 이겼지만 작년에 박엽을 죽이고 금년에 이괄을 죽였으니 북쪽 오랑캐는 누구를 시켜 방어하게 하냐고 탄식함.
	이희준(李羲俊, 1775~1842) 『계서야담(溪西野談)』	- 용골대와 마부대가 올 줄 미리 알고 중화(中和)의 구현(駒峴)에 미리 가서 술과 안주를 대접하자 이들이 놀라서 사라졌음. - 밤에 기생을 데리고 가서 오랑캐 장수(누르하치)를 검술로 이긴 뒤 같이 술을 마셨고 이들이 무사히 돌아갈 수 있게 애걸하여 박엽이 허락해주고 돌아옴.
	이원명(李源命, 1807~1887) 『동야휘집(東野彙輯)』	- 용골대와 마부대가 올 줄 미리 알고 중화(中和)의 구현(駒峴)에 미리 가서 술과 안주를 대접하자 이들이 놀라서 사라졌음. - 밤에 기생을 데리고 가서 오랑캐 장수(누르하치)를 검술로 이긴 뒤 같이 술을 마셨고 이들이 무사히 돌아갈 수 있게 애걸하여 박엽이 허락해주고 돌아옴.
6) 계해년(1623) 박엽의 선택		
	이중환(李重煥, 1690~1756) 『택리지(擇里志)』	청국과 결탁하지 않으면 화를 면하기 어렵다고 하자 박엽은 배반하지 않겠다고 제안을 거절했고 결국 인조반정 때 처형되었음.

이희준(李羲俊, 1775~1842) 『계서야담(溪西野談)』	박엽이 후금과 통하는 상책, 반란을 일으키는 중책, 순순히 국명(國命)을 받는 하책 중에서 하책을 선택했음.
이원명(李源命, 1807~1887) 『동야휘집(東野彙輯)』	박엽이 후금과 통하는 상책, 반란을 일으키는 중책, 순순히 국명(國命)을 받는 하책 중에서 하책을 선택했음.
7) 천인(千人)을 죽이라는 예언	
이덕무(李德懋, 1741~1793) 「이목구심서(耳目口心書)」	"천 명을 살리면 잘 죽을 수 있다"는 말을 천 명을 죽이라는 말로 잘못 듣고 살육을 자행했음.
황윤석(黃胤錫, 1729~1791) 『이재난고(頤齋亂藁)』 (1770)	- 젊을 때 혼령으로 온 여인의 시신을 수습해주었고, 천 명을 죽이면 길하다는 예언을 들음. - 김자점(金自點)의 소명이 '천인(千人)'이었고 여인의 예언은 김자점을 죽이라는 뜻이었으나 박엽이 이 사실을 모르고 살생을 많이 하는 것에 힘썼으며 광해군 인척의 유씨의 전횡을 말리지 않았으니 박엽이 죽은 것도 당연하다는 설이 전함.
성대중(成大中, 1732~1809) 『청성잡기(靑城雜記)』	평안감사로 있을 때 중국 사람이 일만(一萬)을 죽이면 살 것이라고 해서 함부로 사람을 죽였는데 1만 명을 채우기 전에 처형되었음. 김자점이 그를 미워하여 죽였는데 김자점의 어릴 때 자(字)가 '일만(一萬)'이었음.
이희준(李羲俊, 1775~1842) 『계서야담(溪西野談)』	능성군 구인후(具仁垕)가 박엽의 막하에 있으면서 반정 거사에 참여하였는데 하직할 때 박엽이 전별금으로 붉은 모직물을 주었음. 구인후는 명을 받고 박엽을 교수형에 처했는데 행차가 중화에 이르렀을 때 어영대장이 되어 먼저 돌아갔고 원한이 있던 사람들이 박엽의 시신을 훼손했음. 박엽은 소싯적에 천인(千人)을 죽이지 않으면 천인에게 죽임을 당할 것이라는 예언을 들었는데 '천인'은 구인후의 아명이었음. 인조 군대가 홍전립을 새로 만들어 썼는데 박엽은 미리 알고 구인후에게 줌.

이원명(李源命), 1807~1887) 『동야휘집(東野彙輯)』	소싯적 점에 나온 천인(千人)을 죽이라는 말의 뜻은 '천인'이 아명이었던 구인후(具仁垕)를 죽이라는 뜻이었음.

　18세기 후반, 19세기 자료에 나오는 몇 가지 이야기 중에는 이전 시기에 이미 등장한 내용도 있다. 박엽과 동시대 인물인 유몽인의 『어우야담』에는 박엽의 일화 4편이 실려 있다. 박엽은 유몽인 조카 친구였는데 박엽이 행랑채 밖 길가에 서서 지붕 위로 오줌을 뿌리고 있었으며 외가가 목천에 있는데 서울에서 저물녘 떠나면 날이 어두워지기 전에 목천에 도착하는 등 비범한 능력이 있었음을 보여주는 일화와 전란 이후 밤중에 돌아오다가 어떤 여자 집에 가서 술을 마시고 함께 잤는데 잠에서 깬 뒤 시체였다는 것을 알고 장사를 치르고 제사를 지내준 이야기, 함경남도 병마절도사로 있을 때 시관(試官)으로 온 이경운(李卿雲)과 함께 사냥하러 가면서 미리 망아지에게 호랑이 가죽을 씌워 놀라게 한 뒤 개똥으로 약을 지어준 이야기, 의주부윤으로 있을 때 남편이 있는 여자와 사통한 이야기였다. 위의 표에서 유형 1)은 『어우야담』의 일화가 유전된 것이며 19세기에 새롭게 등장하는 화소가 아니다.8) 그런데 귀신과 정을 통하는 이야기를 제외한 세 번째와 네 번째 일화는 현실성이 있는 이야기임에도 불구하고 후대에 전하지는 않았다. 다만 '망아지에게 호랑이 가죽을 씌운다'는 모티브가 유형 2)에서 부분적으로 삽입되었다.

---

8) 엄태웅, 앞의 논문, 160~161면. 이 논문에서 『동야휘집』 출전으로 해서 '일상 속 비범한 면모'의 항목으로 제시한 내용은 『어우야담』에 수록된 내용이므로 19세기에 새롭게 나왔다고 할 수 없다.

유형 3)에서는 박엽의 죽음에 관련된 인물들을 제시했다. 조경남(趙慶男, 1569~1641)의 『속잡록(續雜錄)』에도 도원수 한준겸이 밀지를 받고 와서 박엽을 처형했으며 그 당시 기생들은 박엽이 죽는데도 무심한 태도를 보였고 박엽에게 원한을 가진 사람들이 시신 훼손을 훼손했다는 것, 신임 감사 김신국이 뼈 일부를 수습한 상자를 들고 오다가 황주(黃州)에서 백성들이 상자를 빼앗아 강에 던진 내용을 나온다. 조정에서 김신국에게 죄를 내리고 박엽의 시신을 고향에 묻도록 허락했다는 내용은 『일월록(日月錄)』에 나오며, 『동야휘집』에는 구인후가 박엽의 죽음에 책임이 있다는 어조를 담고 있다.

유형 4)는 박엽의 문집 『약창유고(葯窓遺稿)』에 「계해정월답법수교(癸亥正月踏法首橋)」라는 제목으로도 확인된다. 유형 5)의 이야기는 사실을 기반으로 하되 약간 변형한 것이다. 박엽은 중국어도 할 줄 알았고 역관들을 통해 진기한 물건들을 사서 왕에게 진상한 적도 있었다.9) 치부도 상당히 했는데 전하는 소문에는 누르하치(盧花赤, 老可赤) 모자를 샀다고 한다.10) 박엽 일화에서 누르하치가 나오는 것은 누르하치 모자를 샀다는 일화에서 출발한 것으로 보인다. 이 소문이 발전해서 유형 5)에서처럼 한편으로는 누르하치의 모자를 훔쳤다거나 누르하치와 검술로 싸워 이겼다는 이야기로, 다른 한편으로는 좀더 현실성 있게 누르하치가 아니라 용골대와 마부대가 등장하는 일화로 변모해 나간 것으로 추정된다. 유형 6)의 경우 박엽은 순순히 왕명을

---

9) 『光海君日記』 1619년 1월 11일 기사.
10) 『承政院日記』 1791년 4월 25일 기사. "雖以朴燁購得盧花赤帽子事言之, 亦由於多財力之致矣."

따르는 것을 선택했고 결국 왕명에 따라 처형되었다. 그런데 이때 누군가가 제안한 방책 중 중책(中策)이 군사를 이끌고 조정으로 쳐들어가겠다고 한 점에 유의할 필요가 있다. 인조반정 이후 밀지를 내려 평안감사 박엽과 의주부윤 정준(鄭遵)을 곧바로 처형한 명분은 이들이 재물을 수탈하고 탐학을 부렸다는 것이었지만, 다른 한편으로는 이들이 병권을 가지고 있었기 때문에 반란을 일으킬 우려가 있어서였다.11) 병권을 가진 자리에 있었음에도 처형되었다는 사실에 착안하여 후대에는 이들이 '스스로 죽음을 받아들인' 것으로 각색된 것이다.

앞의 표에 제시된 황윤석은 『이재난고』 외에 홍만종(洪萬宗, 1643~1725)의 『해동이적(海東異蹟)』을 증보했는데 『이재난고』와 『해동이적』에 수록된 일화 중에는 중복된 내용이 많다. 『해동이적』에 추가된 박엽 관련 내용은 앞에 제시한 여러 유형을 망라하고 있다. 누르하치 모자를 훔쳐 귀퉁이를 떼고 돌려주자 누르하치가 놀랐으며, 호랑이 가죽을 쓰고 온 오랑캐 첩자들에게 음식을 주자 이들이 놀랐다는 이야기, 법수교에서 시를 지은 이야기, 인조반정 이후 박엽을 처형할 때 박엽이 미리 알고 탄식했고 막료들이 처형하러 오는 이들을 베어버리자고 했지만 만류했으며, 인조반정 이후 박엽을 살려두자는 의견을 김자점이 반대해서 처형하게 되었다는 이야기, 어느 날 밤 예쁜 여종을 보고 따라갔더니 여종이 술과 안주를 주며 자신과 가족들이 전염병에 걸려 죽었으니 장사를 치러 달라고 부탁해서 그렇게 해줬는데 그 은혜에 보답하기 위해 천인(千人)을 죽여야 한다고 해서 박엽이 가는 곳마다 사람들을 많이 죽였는데 알고 보니 김자점의 아명이 '천

---

11) 『光海君日記』 1623년 3월 13일 기사.

인'이었다는 이야기, 박엽이 죽었다는 이야기를 듣고 누르하치가 조선에 쳐들어왔다는 내용이다.12) 여기에서 여종을 따라가서 장사 지내준 이야기는 『어우야담』 내용을 바탕으로 했음을 알 수 있다. 『해동이적』에서 눈에 띄는 점은 박엽의 법수교 시가 우연히 미래 상황과 맞아떨어진 '시참'이 아니라 박엽이 자신의 미래를 알고 있었다는 것이다. 처형 당시 영문을 모른 채 죽었다고 한 적지 않은 자료들과는 달리 『해동이적』에서는 박엽이 이날 자신의 죽음을 예견하면서 자신의 처형 이유를 묻는다. 이 일화에서 박엽은 병권을 전횡했다는 죄목에 대해 인정하지 않았다. 자신 덕분에 나라가 유지될 수 있었다고 생각했기 때문이다. 그러나 처형을 남발했다는 죄목에 대해서는 탄식하고 인정했다. 상황을 인지하지 못한 채 죽음을 맞았던 박엽의 이야기가 이 시점에서 약간의 변화를 보인 것이다.

그런데 후금에서 박엽을 두려워했다는 내용은 어디에서 나온 것일까. 인조반정 이후 박엽을 처형했을 때 공식적으로 박엽의 죄상을 여러 가지로 열거했음에도 박엽의 친척들이 이런 처형 이유를 납득하기는 어려웠을 것이다. 평안도관찰사를 역임했던 박동량(朴東亮)의 고손(高孫)이자 〈서경감술(西京感述)〉을 썼던 박미(朴瀰, 1592~1645)는 1638년에 심양으로 사행갈 때 평양에서 "법수교 가의 물이 오열하며 다시 울음을 삼키네. 십 년 전에 시든 아가위 나무, 옛 눈물 흔적에 다시 눈물 적신다"13)는 시를 썼다. 박미가 박엽에 대한 추모의 마음

---

12) 洪萬鍾, 黃胤錫 增補, 『海東異蹟』, 「補 朴燁」, 「補 朴鼃」.
13) 朴瀰, 『汾西集』 권7, 〈過平壤法首橋感作〉. "法首橋頭水, 嗚嗚咽復呑. 十年寒棣萼, 淚濕舊啼痕." 註: "指再從兄燁."

을 시로 썼다면, 박미의 증손인 박필주(朴弼周, 1680~1748)는 1735년에 평양을 유람하면서 시를 지었는데 그 자주(自註)에서 박엽은 억울하게 죽었으며 박엽이 평안도에서 위업을 이루었다는 점을 강조했다.

    감사 박엽은 내 증조부 분서공 박미의 재종형제이다. 인조반정 초에 평안감사로 있다가 처형되었는데 광해군과 뜻을 함께 했고 총애를 받았기 때문이다. 사실 그는 대북 이이첨과 사이가 좋지 않다. 예전에 (이이첨이) 접반사로 평양을 왔다. (박엽이) 이이첨과 동석했을 때 불효자를 장살하면서 "세상에 이이첨 외에 또 어미가 없는 자가 있는가?"라고 했다. 이이첨이 얼굴색이 변했지만 아무 말도 할 수 없었다. 또 반정을 할 때 조금의 누락도 없이 군수품을 조달했는데, 그 안에 은비녀 백 개가 있었다. 반정하는 여러 공들이 용도를 몰랐으나 고변이 자주 올라가자 이것을 궁중에 뇌물로 썼는데 수효가 딱 맞아서 결국 이것으로 성공할 수 있었으니 공로가 있다고 할 수 있다. 그러나 저 흉적들과 함께 죽임을 당했으니 이는 억울한 일이다. 그러나 살생을 좋아하여 어머니의 가르침을 저버렸으니 어찌 벌을 면할 수 있겠는가. 혹자는 이렇게도 말한다. 완풍군 이서(李曙)와 능천부원군 구인후(具仁垕)가 모두 (박엽의) 막하에 있었을 때 장형을 받은 원한 때문에 이렇게 되었다고 했는데 확실하지 않다. 의주부윤으로 있을 때부터 오랑캐 우두머리의 동정을 잘 알았고 감사가 되어 십년간 평안도에 있을 때는 변방 밖까지 위세를 떨쳤다. 병자호란 때 오랑캐들이 "박엽이 있었다면 우리는 올 수 없었을 것이다"라고 하였으니 후금이 (박엽을) 두려워했음을 알 수 있다. (박엽은) 예전에 "한 시대의 평안감사, 천 년 된 법수교. 아마 달이 뜬 이 밤이, 가련한 밤이 되리라"라는 시를 지은 적이 있었는데 얼마 뒤 법수교에서 죽었기에 사람들은 이것을 '시참(詩讖)'이라고 했다. 증조부의 시에서 "법수교가의 강물이, 오열하며 울음을 삼킨다"하고 한 의미는 바로 이것이기에 마지막 구를 이렇게 쓴 것이다.14) (밑줄은 인용자 표시)

박필주가 이 글에서 강조한 점은 박엽이 억울하게 죽었다는 것이었다. 박엽은 폐모론을 주장한 이이첨과 거리를 두고 있었으므로 강상윤리를 어긴 무리들과 함께 논할 수 없을 뿐더러 오히려 인조반정 때 협조한 측면이 있었으며, 그래서 박엽의 죽음은 이서와 구인후의 개인적 원한에 기인했다는 설이 나돌 정도였다는 것이다. 또 박엽은 평안도에 있을 때 후금을 동태를 잘 파악하고 있어서 후금이 두려워했던 인물이었다는 점, 박엽이 법수교에서 지은 시에 대해서도 언급했다. 박필주의 이런 발언이 어떤 자료에 근거하고 있는지는 알 수 없

---

14) 朴弼周, 『黎湖集』 권2, 〈平壤感懷〉. "天設有如此, 人工亦壯哉. 城臨千仞壁, 水遠百尋臺. 突騎至無覺, 元戎表可哀. 千年法首月, 尙說禦虜才." 自註: "朴監司燁, 卽我曾祖考汾西公之再從兄也. 癸亥反正初, 以平安監司被誅, 盖以其爲光海聯袂, 且有寵故也. 其寔逈異於大北爾瞻, 嘗爲儐使西下過平壤, 與爾瞻同座, 撲殺一不孝者而曰, 天下除李爾瞻外, 豈更有無母者乎. 爾瞻色靑不得發一語, 且於擧義時, 治送軍物百需, 無一遺漏, 其中有銀釵三百, 反正諸公不知所用, 及告變頻上, 則以之行賂於宮中, 恰滿其數, 遂得不敗, 以此見之則可謂之有功, 而與彼凶賊混被誅戮, 是則冤矣. 然其好殺成性正犯嚴母之戒, 雖欲免得乎. 或謂李完豊曙具綾川仁垕, 皆經幕裨, 受杖致憾, 以致於此, 不詳是否. 自爲義州府尹時, 能網得虜酋動靜, 以至爲監司, 十年在西, 威讋塞外. 丙子之亂, 虜相謂曰, 朴燁若在, 吾不得來, 可見其爲虜所憚也. 嘗有詩曰, 一代關西伯, 千年法首橋. 只應今夜月, 長作可憐宵. 未幾果受命於法首橋, 世謂之詩讖. 曾考詩所謂'法首橋頭水, 嗚嗚咽復吞'者, 意卽指此, 故末句云."

지만, 박엽의 친척이었기 때문에 최대한 온정적인 태도를 보였는데, 후대 야담에서 박엽의 억울한 죽음을 강조하면서 이 글에 나온 요소들을 활용하고 있는 점도 눈여겨볼 필요가 있다.

3. 18세기 평안도민이 기억한 박엽의 모습

박엽은 1597년에 문과에 급제하여 정언(1601), 병조정랑(1602), 직강, 해남현감, 평양서윤(1605), 평산부사(1607)를 역임했고 1608년에 광해군이 즉위하자 본격적으로 성공가도를 달리기 시작해서 황해 병사(1609), 황주 목사 겸 병마사(1610), 함경남도 병사(1611), 의주부윤(1612), 성천부사(1616)를 거쳐 1618년에 평안도 관찰사가 되었다. 중앙관직과 해남현감을 제외하면 박엽의 관직은 황해도, 평안도, 함경도라는 이른바 '서북(西北)' 지역에 집중되어 있으며 그중에서 평양(서윤, 감사), 의주(부윤), 성천(부사)에서 관직을 했던 만큼 평안도와 인연이 많았다. 달리 말하면 이 지역 주민에게도 박엽은 인상적인 인물이었다. 의주 읍지와 성천 읍지에서도 박엽에 대한 언급을 찾을 수 있는데, 이 두 읍지에 나타난 박엽의 모습은 사뭇 대조적이다.『용만지(龍彎誌)』에서는 박엽이 의주부윤으로 있을 때 축성 과정에서 280여 사람이 죽었다는 점과, 특히 자신의 애기(愛妓)와 사통했다고 의심하여 주민 이대현(李大賢)을 옥에 가두었고 가문이 멸족될까 염려한 가족들이 자살을 종용하여 이대현이 결국 옥에서 목을 매고 죽었다는 일화를 제시하여 박엽의 부정적인 면을 강조했다.15) 반면『성천지(成

川誌』』에서는 성천부사 박엽이 화재로 전소한 여러 누각을 중건하는 과정에서 사상자가 나오기는 했지만 어쨌든 10개월 안에 여러 누각이 모두 제대로 중건될 수 있었으며 이 공사로 유능함을 증명했기 때문에 관찰사가 될 수 있었다고 했다.16)

   서윤과 감사를 역임했던 평양의 읍지에는 박엽에 대한 내용이 좀 더 많이 남아있다. 1730년에 간행된 『평양속지(平壤續志)』의 '문담(文談)'과 '잡지(雜志)' 항목, 신흠(申欽)의 「서창기(西倉記)」에서 언급되었다. 신흠은 박엽과 친분이 있는 사이로, 박엽이 평양서윤으로 부임할 때 전송하는 서문을 써준 적도 있었다. 「서창기」는 박엽이 평양서윤으로 있을 때 평양성 외곽 서쪽 지역에 외서창(外西倉)을 세운 일에 대해 쓴 것이다. 서창 설립은 이 지역 사람들의 고충을 해소하는 일이었지만 이 당시에도 상황도 안 좋은데 공사를 과도하게 추진한다는 비판에 직면했는데, 이때 박엽은 목재는 서낭당 목재를, 기와는 불당의 기와를 쓰는 것으로 문제를 해결했고 사람들이 서낭당이나 불당의 자재를 쓰는 것을 꺼리자 자신이 직접 나서서 그곳의 나무를

---

15) 『龍彎誌』(1849)(『조선시대 사찬읍지』 60). "○朴燁亦以本道監司賜死. 燁爲本府尹時, 監築州城, 所殺役丁二百八十餘人. 本府人李大賢亦以無辜死. ○李大賢勇力絶人重然諾. 中朝人鄭奇男壬辰以援兵來見大賢, 結爲死友. 府尹朴燁愛妓如琴, 與大賢換騎而行, 疑其有私重棍繫獄, 大賢之父兄宗族曰, 爾若不死, 宗族殆無類. 大賢噓唏曰, 無罪就死雖可悲, 豈以一人之故, 累及宗族乎, 遂縊死獄中. 鄭奇男往哭曰, 朝鮮之李大賢中原之鄭奇男, 旣以意氣相托, 君死非命, 吾豈獨生, 自刎死."

16) 『成川誌』(1690, 규장각 소장본(想白古 915.18-Se65). "朴燁萬曆丙辰來, 當降仙樓灰燼之餘, 許多臺觀一時重建, 雖不無役夫之死亡, 公私之渦瘵, 而十朔之內三百餘架樓閣玲瓏輪奐, 微斯人孰能致此. 初以定州築城之力, 旣加嘉義, 又以仙樓重建之功, 俄陞資憲, 仍除本道監司."

뱼다. 이렇게 공사는 5개월 만에 큰 문제 없이 끝났다. 신흠은 이 글에서 박엽이 유능하다는 점을 강조하면서 1606년 당시 자신이 영위사(迎慰使)로 의주에 가는 도중에 지역 사람들에게 물어봤더니 박엽의 평판이 좋았다는 내용도 덧붙였다.

'문담'에는 박엽의 법수교 시를 수록하고 이것이 시참이 되었다는 내용이 실려 있는데, 이 일에 대해 "박엽의 위세가 관서 지방을 진동하였고 의기는 웅장하여 문장으로 표현된 것은 그의 질탕하고 변화한 모습과 어울렸지만 시는 처량하고 가련하며 만가(挽歌) 풍이라 사람들이 모두 의아하게 여겼다."고 논평했다. '잡지'에는 가도(椵島)에 양씨(梁氏) 성을 가진 관상가가 있었는데 박엽이 "딴 마음을 품고 있는 것[潛懷異圖]"을 알아채고 "함부로 사람을 죽이지 말라. 칼이 목에 있다[莫浪殺, 劍在頸]" 여섯 글자를 써주자 박엽이 매우 화를 내어 끌어내게 했다는 일화와, 박엽에게 좋지 않은 내용을 알려준 양씨가 어린 선우협(鮮于浹)을 보고는 장차 제사를 받을 사람이니 잘 대해 주라는 이야기가 있다. 결국 박엽은 처형되고 선우협은 사당에 제향될 정도로 훌륭한 인물이 되었으므로 양씨가 미래를 정확하게 예언했다는 것이다. 『평양속지』에는 앞에 제시한 유형 중 유형 4)만 들어있다. 『평양속지』는 관찰사가 기획하여 감영에서 간행했으므로 어느 정도 정제된 편이지만, 비슷한 시기에 평양 사인 김점(金漸, 1695~1775)이 편찬한 시화집 『서경시화(西京詩話)』(1728년 1차 편찬, 1733년 증보)와 평안도 인물 일화집 『칠옹냉설(漆翁冷屑)』에는[17] 당시 평안

---

17) 『칠옹냉설』은 현재까지 2종의 이본이 있다. 『서경시화』와 『칠옹냉설』이 합본된 정병욱 교수 소장본이 있고(조종업 편, 『(수정증보)한국시화총편』

도 지역에 전하던 박엽의 이미지를 좀 더 구체적으로 전하고 있다.

『서경시화』에는 법수교 시와 함께 시와 관련된 또 다른 일화가 있다. 평양 주민 박위(朴蔿)가 뛰어나다고 소문이 나자 관찰사로 있던 박엽이 그를 잡아 오게 해서 『시경』의 한 구절을 내어 화답하라고 했는데 박위가 민첩하게 잘 대응했다는 내용과, 오준망(吳峻望)이 쓴 구절 "크게 취해 산으로 돌아가니 달이 지려 한다[大醉還山月欲低]"를 보고 관찰사 박엽이 이 사람은 오래 살지 못하고 죽을 것이라고 했는데 실제로 오준망이 얼마 뒤에 죽었다는 내용이다. 이 두 일화는 박엽이 시를 좋아하고 시를 잘 읽어내는 능력이 있다는 점을 보여주고 있다. 시참 자체는 의식적인 행위가 아니므로 이 자료만 보면 박엽이 자신의 미래를 예감하고 있었는지 분명하지 않지만, 앞서 언급한 황윤석의 기록에서 박엽이 분명하게 알고 있었다는 이야기와 같은 맥락이라고 할 수 있다. 계해년 봄에 박엽이 자신의 막료들에게 자신의 운이 다했으니 지금은 즐겁게 지낼 뿐이며 그러다 대보름날 그 시를 지었을 때 막료들이 왜 이렇게 상서롭지 못한 시어를 쓰느냐고 하자 박엽이 그대들이 알 바가 아니라고 대답했다는 것이다.[18] 이 일화는 법수교 시가 처음에는 법수교 근처에서 죽었거나 화려한 감사 시절에 비애 섞인 시를 지은 것 때문에 '시참'으로 인식되었지만, 후대에는 박엽에게 미래를 예견하는 능력이 있었다고 인식되었음을 알려준다.

11, 태학사, 1997) 짧은 분량의 『칠옹냉설』이 따로 전하는 국사편찬위원회 소장본이 있다. 이 글에서는 정병욱 교수 소장본은 따로 표시하지 않았고 국사편찬위원회 소장본은 "(국편본)"으로 표시하였다. 이 두 본은 분량과 일화에서 차이가 있으며 필사시기도 구체적으로 확정할 수 없다.

18) 黃胤錫, 『頤齋亂藁』 1770년 6월 5일 일기.

유형 5)는 『칠옹냉설』에서도 확인할 수 있는데, 후대에 가면 후금의 첩자로 용골대와 마부대가 언급되지만 『칠옹냉설』에서는 '청 태종 홍타이지'로 등장했다.

박엽이 평안감사로 있을 때 언제나 적의 동태를 탐지하는 데 관심을 기울였다. 하루는 군졸에게 소주와 유밀과, 쇠고기 육포를 주면서 "북쪽 담장 밖에 갈옷을 입고 쥐가죽 목도리와 해진 삿갓을 쓴 사람이 있을 테니 이것을 주라"고 하였다. 군졸이 알려준 대로 갔더니 정말 그런 사람이 있어서 그에게 물건을 주었는데 그 사람이 누가 보내준 것이냐고 묻길래 관찰사가 보낸 것이라고 답했다. 그 사람은 물건을 받자마자 곧바로 쏜살같이 가버렸다. 그 사람이 바로 청 태종 홍타이지이다.19)

자신의 미래를 예지하는 능력은 후금의 동향을 잘 파악하는 능력으로 확장된 것인데, 유형 5)에서 청병에게 음식을 대접했을 때 수량이 딱 맞았다는 이야기는 따져볼 필요가 있다. 야담에서는 박엽의 신이한 능력을 강조하기 위해 이 모티브를 활용하고 있지만 박엽과 동시대 인물의 기록에서는 정반대의 내용이 나오기 때문이다. 강홍립(姜弘立)의 종사관이었던 이민환(李民寏)은 1619년 사르후 전투(심하 전투)에서 군량이 조달되지 않아 군졸들이 굶주리자 관향사(管餉使) 박

---

19) 『漆翁冷屑』「附錄」. "朴燁按箕常有耳目探虜情. 一日勅隸卒授以燒酒蜜果牛脯而語之曰, 北墻外有一人衣葛而項鼠皮戴蔽陽者, 以此付之. 隸卒如教而往, 果得其人而與之, 其人問誰送之, 答以布政司所送, 其人遽受如飛而去. 此乃淸弘太始也." 이 글에서는 해당 자료를 번역할 때 이미 출판된 번역서를 참조했다. 김점, 장유승 옮김, 『서경시화』, 성균관대학교출판부, 2021.

엽을 책망한다. 이 일 때문에 박엽이 이민환에게 사감을 가지게 되어 나중에 이민환을 무고했다는 것이다.20) 이민환 관련 내용은 이후 성해응(成海應)이 다시 강조하기도 했다.21) 곧 이것은 반대되는 이야기에서 군량 조달이라는 모티브를 변용해서 쓴 예라고 할 수 있다.

『칠옹냉설』에는 양씨 관상가와 법수교 시 외에도 몇 개의 일화가 더 전하고 있다. 박엽이 "반란을 일으킬 마음을 가지고[蓄無君之心]" 전장복(全長福)을 회유하려다가 갈등을 빚는데 어느 날 주사위 시합으로 전장복을 위협하자 전장복이 꾀를 내어 위기를 모면했다는 이야기(「知微」)와 말 타는 것을 금지한 상황에서 어떤 선비가 장림(長林)을 말을 타고 지나자 끌고 왔는데 그 선비가 재치로 화를 모면한 이야기(「傲誕」), 박엽에게 감영의 아전 오광례(吳光禮)가 말도 안 되는 답변을 하는 이야기, 박엽이 능라도가 자기 땅이라고 주장하는 성천(成川) 사람들의 말문이 막히게 한 이야기(「附錄」)가 있다. 이렇게 봤을 때 『칠옹냉설』에 수록된 박엽의 모습은 대체로 부정적이지만 상반된 내용도 있다. 박엽은 지혜로운 평양민 전장복을 회유할 수 없어서 그를 죽이려고 기회를 노리는 부정적 인물형이지만, 감영 아전 오광례가 말이 안 되는 소리를 늘어놓아도 '천 명을 채울 것처럼' 사람들을 마구 죽였던 박엽은 아무런 처벌도 내리지 않는다. 말을 타지 못하게 하는 금령을 내리는 것 자체는 불합리해도 막상 상대방이 강하

---

20) 李民寏, 『紫巖集』 권7 附錄, 「嘉善大夫刑曹參判紫巖李公行狀」.
21) 成海應, 『研經齋全集』 續集 15冊, 「題朴燁詩後」. "然深河之役, 粮餉自關西輸致而不能給, 士乃三日不食, 掘胡中窖所藏穀及牛畜而食之. 事在李民寏日記中, 孰謂燁有材能哉. 然則關西十年, 徒以刑殺立威, 而談者惜燁徑死, 不能禦胡, 殆過論也."

게 또는 재기 넘치게 대응하면 박엽은 기특하게 여기면서 용서했다.22) 박엽을 설명할 때 "딴마음을 품고 있다[潛懷異圖]", "반란을 일으킬 마음을 가졌다" 같은 표현을 쓰지만 이런 내용의 서사를 보여주는 일화는 없다.23)

그런데 김점의 친필본이거나 최소한 김점이 쓴 것을 그대로 베낀 것으로 보이는 '국편본'『칠옹냉설』에는24) 두 편의 일화가 더 추가되어 있다.

　　전장복은 박엽에게 미움을 사서 죽을 위기를 몇 차례 겪었다. (그래도) 박엽이 처형되었을 때 전장복은 시신을 거두려고 했는데

---

22) 李宜顯의 「雲陽漫錄」(『陶谷集』 권27)에 자신의 증조부 李後天이 평양서윤이었을 때 9세였던 종조 李峻岳의 일화를 소개했는데 유사한 화소의 이야기이다. 이준악이 어린아이와 대동문루에서 놀고 있었는데 갑자기 박엽이 오는 바람에 그 어린 아이가 누각에서 내려오지 못했는데 박엽이 참형을 명했다. 이준악이 자기 때문이라고 하면서 대신 벌을 받겠다고 하자 박엽이 기특하게 여기고 용서해주었다는 내용이다.
23) 이상 제시한 일화는 정병욱 교수 소장본(『한국시화총편』 수록본) 『칠옹냉설』에 수록된 것이다. 이 필사본은 여러 항목으로 유형을 분류한 뒤 해당 내용에 따라 일화들을 배치하였다.
24) 국편본에는 "余外曾祖西亭田公諱闢" 구절이 있기 때문에 김점의 필체이거나 김점이 쓴 것을 필사한 것으로 볼 수 있다. 관련 내용은 이은주의 「평양인의 자기 인식」(『한국문화』 94, 서울대 규장각한국학연구원, 2021, 3~4면 각주1) 참조) 일화집은 성격상 후대에 내용이 가감될 수 있으므로 정병욱 교수 소장본 『칠옹냉설』 전체가 김점이 편찬한 것이라고 단언하기는 어렵겠지만 최소한 국편본은 김점이 직접 쓴 것으로 볼 수 있다. 또 김점이 『서경시화』를 편찬하고 증보한 시점이 각각 1728년, 1733년이며 그 전에 평양과 평안도 일대를 다니면서 내용을 채집한 것으로 볼 때 『칠옹냉설』의 일화도 그때 채집한 내용을 정리한 것으로 볼 수 있다.

원한을 가진 여러 사람들이 시신을 탈취했다. 그래서 사람들은 전장복이 의리가 있다고 생각했다.25)

박엽에게는 점을 보는 노파가 있어 매번 길흉을 알려주었는데 "천 명(千人)을 살리면 왕이 될 것이다"라고 한 적이 있었다. 박엽은 살리라는 말을 죽이라는 것으로 오해하고 이 때문에 사람들을 지나치게 많이 처형했다. 그가 사람을 죽이려고 할 때는 언제나 자신의 귀를 만졌으므로 아전과 백성들은 그 동작을 보고 자신이 죽을지 살지를 알아차렸다.26)

위의 두 일화는 박엽에 대한 평안도 또는 최소한 평양 지역민의 이중적인 시선을 보여준다. 박엽은 형벌을 남용했기 때문에 지역민이 원망하는 인물이었다. 전장복은 박엽 때문에 여러 차례 죽을 위험에 처했는데, 위의 일화를 보면 박엽이 수많은 사람들을 처형했던 것은 사실일 것이다. 그런데 위의 전장복 일화에서는 박엽이 죽은 뒤 시신을 난도질하고 제대로 수습되지 못한 것을 안타까워하는 감정이 드러나 있다. 전장복은 지혜롭지만 동시에 도량이 넓은 사람이어서 자신을 괴롭히던 박엽의 시신을 수습하려고 했던 행동이 미담이 되었다. 두 번째 일화는 앞의 유형 7) '천 명(千人)을 죽이라는 예언'의 원형이라고 볼 수 있다. 이 일화는 박엽이 지역민들을 가혹하게 처벌했다

---

25) 『漆翁冷屑』(국편본). "全長福爲朴燁所忤, 陷危者數矣. 及燁誅死, 長福欲收尸, 竟爲諸仇家所奪. 然人亦以此義之."
26) 『漆翁冷屑』(국편본). "朴燁有鬼媼, 每告其吉凶, 若曰活千人則王. 朴誤認活爲殺, 用此刑戮枉濫. 將殺人必抆其耳, 吏民候之判其生死."

는 점을 알려주지만 동시에 그 행동의 '합리적'인 이유를 찾으려는 시도이다. 박엽의 학정은 예언 때문인데 문제는 예언 자체가 아니라 박엽의 오인에서 비롯되었다. '천인'이라는 별칭을 가진 인물이 박엽이 죽였다는 일화가 박엽이 억울하게 죽었다는 의미로, 또 박엽을 불운한 비극적 영웅으로 탈바꿈하는 논리로 이어지는 것과 달리, 이 일화는 박엽의 학정이 원래 성품이 잔혹해서가 아니라 오해에서 기인했다는, 일종의 면죄부를 주는 해석인 것이다. 평안도 지역민들이 박엽을 미워하면서도 동정하는 이유는 무엇일까. 또 이 시기『평양속지』나『서경시화』,『칠옹냉설』에서 제시했듯이 문과급제자인 박엽은 문인의 재능을 보였고 감사로서 위압감을 보였을 뿐 강한 무력을 자랑하는 장수의 형상을 가진 적이 없다. 유형 5)처럼 후대에는 박엽이 누르하치와 무술을 겨뤄 이긴다거나 후금이 박엽을 두려워해서 박엽의 처형 소식을 들은 뒤에야 침공했다는 내용이 증폭되어 나타났지만 이 시기 평양 또는 평안도 자료에서는 이런 내용을 발견하기 어렵다.

4. 박엽의 사당으로 본 평안도민의 시선

박엽은 실제로는 6년을 역임했음에도 "십 년"으로 여러 차례 표현될 정도로 아주 긴 기간 동안 관찰사로 있었고 광해군과 인척 관계로 있으면서 엄청난 권력을 누렸다. 동시에 그는 인조반정 직후 한양으로 압송되지도 않고 임소에서 즉결처형되어 지역민들이 실세(失勢)를 체감할 수 있었던 전무후무한 관찰사였다. 야담을 비롯하여 당시 기록에서도 평안도민들이 박엽의 학정에 시달리고 있었기 때문에 박엽이 처형되자 매우 기뻐했다는 기록도 전한다.27) 흥미로운 점은 18세기에 들어서면 박엽의 초상화를 안치한 사당에서 마을의 부녀자들이 제사를 지낸다는 기록이 등장하고 있다는 것이다. 시간이 많이 흘러 당시 사람들에게 그때의 기억이 희미해졌다고 해도 처형 당시 원한을 품은 많은 주민들이 박엽의 시신을 훼손했다는 전언을 생각하면 아이러니한 대목이다. 그렇다면 박엽의 시신을 탈취해서 훼손할 정도로 깊은 원한을 가졌던 이 지역 사람들이 어느 순간 사당을 세우고 제사를 지내게 된 것에는 어떤 계기가 있었던 것일까. 이것은 허구적이고 신화화된 박엽에 대한 이야기와 어떤 관련을 맺고 있는 것일까. 지역민들은 어떤 마음으로 박엽의 사당을 만들고 제사를 지냈던 것일까.

박필주는 성천의 강선루 아래에서 뱃놀이를 하면서 시를 지었는데, 자주(自註)에서 박엽의 사당을 언급하면서 "강 너머 기슭의 산 위에 음사(淫祠)가 있는데 박 감사의 초상화가 안치되어 있다. 마을 부녀자들이 매일 돼지고기와 양고기로 제사를 지내는데 지금은 더욱 성대해졌기 때문에 쓴다."고 했다.28) 앞서 언급했듯이 박필주가 이 시를 지

---

27) 李元翼, 『梧里集』 별집 권1, 「領相時引見奏事-癸亥三月二十二日」. "承至言亦似有理, 民心鎭定爲急, 汝稷曰, 朴燁旣已梟示, 關西道人, 無不快悅, 一道人心已定云矣. 公曰, 小臣於關西, 曾爲守令, 復任方伯, 熟諳其民情久矣. 朴燁貪暴殘虐, 無所不至, 致百姓怨叛, 今已梟示, 一道稱快, 民情大可見. 西方之兵, 自此庶可以調用矣. 上曰, 朴燁雖殘暴, 而急急誅殺, 則國體不當, 然固有所不得已而誅之耳."
28) 朴弼周, 『黎湖集』 권2, 〈成川降仙樓下泛舟〉. "容與淸波戱畫船, 雲根錯落列山前. 千尋直下深無地, 一竇潛通小有天. 巫峽强名何意緒, 東王事迹一茫然. 堪憐枉死關西伯, 鷃羽叢祠結鬼緣." 주: "越岸山上有淫祠, 安朴監司畫

은 시점은 1735년이었다. 박엽의 초상과 사당에 대해서는 성해응(成海應, 1760~1839)도 기록을 남겼다. "개성 덕물산에 있는 최영의 사당처럼 평양민들이 지금까지 매우 공경스럽게 박엽을 위해 제사 지낸다. 그의 초상화가 후손에게 있는데 키가 작고 얼굴 모습이 아녀자 같다. 살아있는 것처럼 생생해서 감히 마주볼 수 없다"29)는 내용이었다.

1783년에 평양을 갔던 심노숭(沈魯崇, 1762~1837)이 쓴 글은 더욱 흥미롭다. 심노숭은 주민들의 요청을 받고 평양에 있는 박엽 사당에 대한 기문을 썼다. 박필주가 말한 성천의 박엽 사당이 이 사당을 말하는지는 알 수 없지만, 심노숭의 글에서 박엽 사당은 평양의 대성산에 있었다. 당시 평양에서 잠시 체류한 심노숭이 쓴 기문 「대성산신묘기(帶星山神廟記)」의 내용 대부분은 지역민의 전언을 옮긴 것이다. 이 글은 평양부 장경문 동쪽 20리 대성산에 감사 박엽의 신묘(神廟)가 있고 사당 안에는 박엽의 초상화가 있으며 이곳에 여러 곳의 부녀자들이 향과 과일을 들고 끊임없이 찾아온다는 내용으로 시작한다.

이 글에서 대성산은 "平壤府長慶門之東二十里帶星山"으로 나오는데 평양에서 대성산은 보통 '大城山', '大聖山'으로 표기한다. 1590년 평양 읍지에 따르면 대성산은 북쪽 20리에 있고 '구룡산(九龍山)', '노양산(魯

像. 村里婦女日設猪羊之享, 至今愈盛故云."
29) 成海應, 『研經齋全集』 外集 권61, 「朴燁像」. "朴燁光海友婿也. 癸亥之反正, 燁預聞, 而金自點挾宿怨而殺之, 且忌其才也. 平壤人至今祀燁甚敬, 如德勿山崔瑩祠. 其像在後孫, 貌短小, 美好如婦人, 精彩逼目, 不可狎視. 其家每當曝曬, 子孫婢使, 輒有痛者."

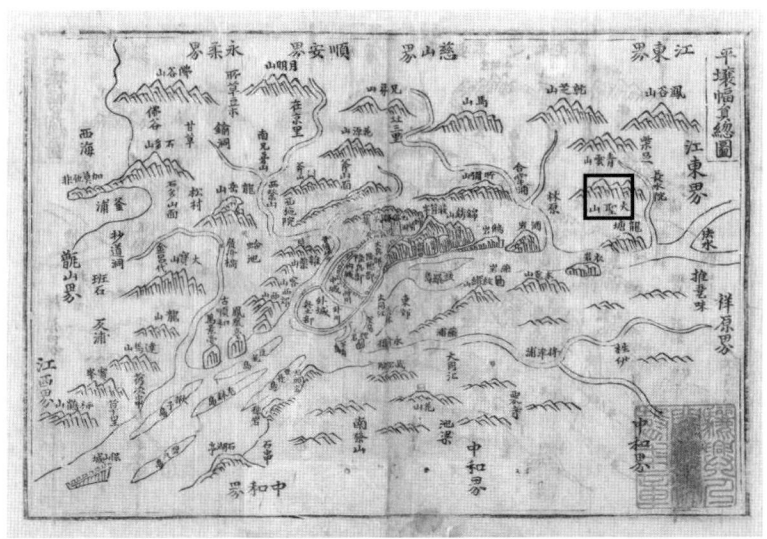

『평양속지』(1730)의 '평양폭원총도'

陽山)'이라고 하는데 1892년 읍지에는 대성산이 동쪽 30리에 있다고 했다. 1730년에 간행된 『평양속지』의 '평양폭원총도(平壤幅員總圖)'에서 위치를 확인해보면, 대성산은 평양성 외곽 북동쪽에 있는, 평양성과 다소 멀리 떨어져 있는 산이다. 심노숭은 박엽의 초상화에 대해 "박엽의 키는 평균 이하이고 외모는 예쁜 여자처럼 생겼고 눈동자는 거북이 같다. 귀는 옥처럼 희고 눈썹은 검처럼 곧추서 있으며 조복을 입고 관을 쓴 채 앉아 있는데, 자리에는 보검 하나, 비단 깃발 하나, 옥경(玉檠) 하나, 오래된 동로(銅罏) 하나가 그려져 있다."고[30] 썼다. 앞에 언급한 박

---

30) 沈魯崇, 『孝田散稿』「帶星山神廟記」. "堂中揭燁正面眞一本, 丈不及中人. 貌如美婦, 眼如靈龜, 耳白如玉, 眉堅如劍, 朝服冠而坐, 座有寶劍一, 織錦旌一, 玉檠一, 古銅罏一."

필주와 성해응의 언급까지 종합해 보면, 박엽의 사당에는 초상화가 있는데 사람들이 제사를 지내며 초상화에 그려진 박엽의 모습은 키가 작고 여자 같이 생겼다는 것이다. 심노숭의 「대성산신묘기」에 따르면 박엽의 신묘는 어떤 여자의 신내림을 계기로 만들어졌다.

<u>박엽이 죽었을 때 관서에 흉년이 들었다.</u> 하루는 강서현 주민 중 어떤 여자가 병이 위독해 죽을 지경에 이르렀는데 갑자기 일어나더니 자기 아버지에게 이렇게 말했다. "나는 박엽이다. <u>평안도 지역 백성들을 폭압으로 다스렸으니 어찌 명성을 바라겠느냐. 촉나라를 다스린 제갈공명을 본받고 싶었으나 재주도, 역량도 부족해서 끝내는 죽고 말았으니, 나를 알아주는 사람이라면 슬퍼하겠지만 그렇지 않은 사람이라면 지금껏 원망한다고 해도 이상할 것이 없다. 떠도는 혼백은 평안도 지역을 떠나지 못해 진실로 강산과 누대, 성곽, 마을을 돌아보며 배회하고 있으니 이 큰 세상에서도 돌아갈 곳이 없고 하루라도 나를 받아주는 곳이 없다. 나와 매우 흡사한 초상화가 평양부 대성산에 있으니 나를 제향하라.</u>" 그래서 사람들이 모여 돈을 내어 사당을 만들었다.

아아, 박엽은 대단한 남자이다. 누르하치[奴汗]가 백만 군사로 요동과 심양에서 상국의 동향을 보면서 여러 진을 호령할 때 그 기세가 천하를 진동할 정도였지만 박엽은 날마다 선화당에서 담소하였다. 관서 지역에서는 남자는 농사 짓고 여자는 베를 짜고 개가 짖고 닭이 우는 평온한 삶이 유지되었고 위세를 떨쳤기에 누르하치는 하루도 편히 잠을 자지 못하고 압록강을 배회하면서 감히 한 발자국도 진격하지 못했으니 얼마다 대단한가. <u>박엽은 불행하고 불우하여 당시 윗사람들은 그를 처형했고 아랫사람들은 재물과 보화로 박엽을 섬겼다.</u> 관서 지방은 예로부터 금과 은이 풍부해 박엽은 이것을 수레로 보내 자기 자리를 공고하게 하였으

니 그 죄는 진실로 크다.

 그러나 조정에 있는 사람들이 인륜을 저버렸다고 하는 주장은 사실과 거리가 있다. 박엽의 사후 수십 년 뒤 효종대왕이 일통의 의리로 오랑캐를 정벌하는 계획을 세워 의로운 군사를 규합하여 한 번 군사를 내어 공훈을 세울 듯하였는데 그때 만약 박엽이 살아있었더라면 분명히 먼저 팔을 걷어붙이고 노한 기세로 나와 산발한 채로 연운(燕雲)과 계수(薊樹) 사이를 통곡하면서 수천 군사를 데리고 깊이 흉노로 들어가 천하 후세에 위업을 세우겠다고 청했을 것이니 이것은 공언만은 아닐 것이다. <u>운명과 때가 어긋나 명성도 떨어지고 몸도 죽는 처지가 되어 구구하게 아녀자의 입을 빌려 자신의 평생의 슬픔을 말했고 마치 여자와 아이들이 죄를 자복하는 것처럼 슬프게 말하면서 사당의 주인이 되기를 바란다고 했다. 이 얼마나 슬픈 일인가.</u> 평안도 사람들이 나에게 기문을 요청하였는데 나는 그의 불행하고도 불우한 삶이 너무도 슬퍼 마침내 사당을 세운 전말을 쓴다.31) (단락 구분 및 밑줄은 인용자 표시)

---

31) 沈魯崇, 『孝田散稿』「帶星山神廟記」. "始燁之亡, 關西不熟. 一日江西縣民女病虐將死, 忽作而語其父曰, 我朴燁也. 治西民以暴厲, 名豈志哉! 效孔明治蜀, 才踈力短, 終以身殉, 知者悲之, 不知者至今怨罵, 無恠也. 悠悠魂魄不離西土, 誠爲江山樓臺城郭閭閻, 徘徊睠顧, 而如窮無歸天下之大無所容於一日也. 吾畵眞甚肖在平壤府帶星山宜享我. 於是民聚往發而得之仍廟焉. 嗟呼! 燁奇男子耳. 奴汗以百萬之衆據遼瀋睥睨上國叱罵諸鎭, 其勢震動天下. 燁且日日談笑於黃堂綠簾之中, 關以西, 夫耕婦織犬吠雞鳴, 風聲威烈, 使奴汗不能一日安睡, 徘徊於鴨水之上, 不敢進一步, 何其壯哉. 燁固不幸而不遇, 當時上以鼎鑊待之, 下以貨寶事之. 關西古多金銀, 燁輦輸以固位, 罪固多矣. 其視在朝之人爲滅倫之論, 有間也. 燁死數十年之後, 孝宗大王, 以一統之義, 奮九伐之計, 糾合義旅, 若可以一戎集勳, 使燁而在者, 必先扼腕而怒噓氣而歎, 散髮痛哭於燕雲薊樹之間, 請借數千兵深入匈奴, 樹風聲於天下後世, 不但空言而止耳. 命與時舛, 名敗身戮, 區區借弱女子之口, 自道平

박엽은 여자의 목소리를 통해 두 가지를 이야기했다. 하나는 자신이 혼백이 되어서도 평안도 지역을 떠나지 못하고 있다는 것이고, 또 다른 하나는 대성산에 자신의 초상화가 있으니 그곳에서 자신을 위해 제사를 지내 달라는 것이었다. 초상화를 안치한 사당이라는 점에서 박필주가 말한 것과 상통하지만, 박필주의 글에서는 사당의 위치가 '越岸山'으로 나오며 이 단어를 강 너머의 산으로 이해한다고 해도 평양의 대성산과 성천이 멀기 때문에 이 구절로만 보면 박필주가 말한 사당이 평양 대성산의 사당이라고 보기는 힘들 것이다. 다만 박필주의 언급으로 볼 때 박엽의 사당이 있었던 시기는 1735년 이전으로 올라갈 수 있다.

심노숭 글은 박엽이 죽자 그 응보로 관서지방에 흉년이 들었다는 구절로 시작하는데, 이 대목은 박엽의 혼백이 평안도 지역을 떠날 수 없었다고 한 후반부와 조응한다. 전하는 이야기에서 묘사한 박엽의 최후는 매우 참혹하다. 17세기 전반기의 조경남(趙慶男)이 쓴 『속잡록(續雜錄)』을 보면 박엽은 갑자기 들이닥친 군사들에게 체포되어 평양의 어느 사저에서 처형되었다.32) 박엽을 모셨던 기생들은 박엽이 죽는 것을 보면서도 시시덕거렸으며 죽은 뒤에는 사람들이 관을 쪼개

生哀傷惻怛 如婦人孺子, 引罪自服, 所願得爲叢祠之主, 又何其哀哉. 西人請余爲記, 余固悲其不幸而不遇, 遂書立廟始末." 번역문을 고쳐주신 익명의 심사위원께 감사드린다.

32) 『속잡록』에서는 자신이 죽을 정도로 죄를 짓지 않았다(我別無大罪, 未知此何事也.)는 반응이었고 『일지록(日知錄)』는 이유를 묻다가 반정 소식을 듣고 저 사람들이 일을 추진하면서 자신을 이렇게 몰아간 것을 탄식했다 (某人等主事而置此我於此耶.).

고 시신을 끌어내어 마디마디 잘랐고, 겨우 남은 뼛조각조차도 황주 백성들이 빼앗아 강에 던져서 박엽의 가족은 빈손으로 돌아갈 수밖에 없었다. 사람들이 강에 던진 궤짝은 신임 감사 김신국(金藎國)이 박엽의 뼈 약간을 수습하여 유족에게 준 것이라고 하는데, 『연려실기술』에 함께 수록된 『일월록(日月錄)』도 비슷한 내용이지만 김신국이 백성들이 보복하도록 방치해서 조정에서 처벌을 받았다는 차이가 있다. 박엽의 시신에 대해서는 앞서 언급했듯이 『칠옹냉설』에서도 유사한 이야기가 나왔다. 박엽의 시신을 수습하려고 했던 전장복은 의로운 행동을 했다고 평가받았으나 박엽의 시신이 훼손되고 제대로 수습되지 못했다는 내용에는 차이가 없다.

　이 기문에서는 윗사람들이 그를 처형했고 아랫사람들이 재물과 보화로 박엽을 섬겨 박엽이 탐욕을 부리도록 조장한 측면이 있으므로 박엽의 생애를 "불행하고 불우하다"고 요약했지만 이런 서술은 사실과 부합한다고 할 수 없다. 박엽은 광해군대에 승승장구하여 드물게 6년간이나 관찰사 자리에 있었고, 관찰사로 재임했을 당시 박엽의 평판이 날조된 것도 아니었다. 무엇보다도 반정이 일어나면서 광해군 측근세력들이 대거 숙청당했기 때문에 박엽만 불운하게 처형된 것도 아니다. 이렇게 광해군과 가까운 관계였고 장기간 평안도 관찰사로 있었던 박엽이 유독 후대에 미화된 계기는 무엇일까. 한때 서슬 퍼런 박엽이 이제는 아녀자의 입을 빌려 사당의 주인이 되고 싶다는 정도의 소원을 말하게 된 일차적인 이유는 박엽이 객사를 했기 때문이다. 객사하고 시신을 수습 못 해서 혼령이 그 지역을 맴돌고 있다는 이야기는 특이한 이야기는 아니다. 사행 갔던 사람들의 전언에서도 유사한 이야기를 발견할 수 있는데, 예컨대 18세기 김용경(金龍慶)이라는 사람은 안주 객사에서 전 안주목사 안규(安圭)의 혼이 나타나 중국에 가면 아플 예정이니 조심하라는 경고를 들었고 귀국길에 전 판윤 이광하(李光夏)의 혼이 풍윤현에 이를 때 조심하라는 경고의 말을 들었는데 정말로 나중에 풍윤현에서 병사했다. 안규의 혼은 "관아에서 죽어 혼이 남아 있다"고 했고 이광하는 "사신으로 왔다가 이곳에서 죽어 혼이 여기에 머물러 있다"고 했는데, "객사하면 혼과 백이 떠돌면서 (혼이) 몸과 백을 따라 함께 돌아갈 수 없게 된다(客死者, 魂魄飄泊, 不能隨體魄同歸)"는 인식이 자리하고 있었던 것이다.33) 전하는 이야기를 믿는다면 박엽은 객사만 한 것이 아니라 반장(返葬)도 할 수 없었다.34) 지역민들이 시신을 난도질했고 탈취했기 때문에 박엽은 시신도 수습되지 못했는데 이 점에 착안하여 박엽의 혼령이 평안도를 떠돌고 있다는 이야기가 만들어진 것이다.

---

33) 黃胤錫, 『頤齋亂藁』, 1769년 12월 1일 일기.
34) 『英祖實錄』 1728년 5월 2일 기사. 이인좌의 난과 관련되어 붙잡힌 洪啓一은 공초에서 1727년 9월에 積城을 지나다가 흉적 李有翼이 박엽의 무덤에 들러 절하고 평생 태산처럼 우러러 본다는 말을 듣고 이유익을 만나지 않았다고 했다. 『承政院日記』 1728년 7월 13일 기사에서는 영조가 홍계일을 두고 "且虛拜於朴燁之墓者"인 이유익을 거절하지 않았으므로 그의 마음이 어땠는지를 볼 수 있다는 구절이 나오는데 이렇게 보면 박엽의 묘는 假墓로 볼 수 있다. 그런데 19세기 洪直弼(1776~1852)이 쓴 「朴燁傳」(『梅山集』 권51)에는 "朝廷聞之, 亦罪蓋國而許其歸葬"이라는 구절이 나오므로 자료들을 더 참고할 필요가 있다. 그런데 홍직필의 이 글이 사실 그대로를 적시했다고 보기는 어렵다. 1623년 11월에 김신국이 처벌되고 파직된 적이 있지만 그 이유는 평양성 방비와 관련된 장계가 문제가 되었기 때문이었다.

참고해서 볼 자료가 일제 강점기 때 전설을 정리한 기록이다. 사사키 고로(佐々木五郎)의 「박대감의 사당(朴大監の祠堂)」에 나오는 박엽의 모습은 전술한 내용과는 양상이 다르다. 일단 사당의 위치가 평안도가 아니라 황해도 수안군 대성면(大城面) 위라리(位羅里) 북쪽에 있는 숲이다. 전설의 내용을 간략하게 정리하면 다음과 같다. 인조 때 평안감사 박엽이 급사해서 서울로 유해를 모시고 가던 길에 중화군에 이르렀는데 갑자기 관이 움직이지 않자 뭔가 마음에 걸리는 일이 있다고 여겨서 그리게 한 초상화가 어디론가 날아가 버렸다. 그런데 당시 위라리의 진(鎭)에는 박엽을 흠모하던 만호(萬戶)가 있었는데 그 사람 꿈에 박엽이 나타나 곧 만나러 가겠다고 알려주었다. 날아가던 초상화는 위라리에서 떨어졌고 그곳에 사당을 건립해서 박엽을 제향했다는 내용이다.[35] 이 이야기는 박엽의 실제 최후와도 맞지 않으며, 어느덧 박엽이 처형된 것이 아니라 급사했으며 학정을 일삼던 부정적인 인물에서 흠모할 만한 긍정적인 인물로 윤색되었다는 사실을 보여준다. 이 전설과 비슷한 서사이지만 장소와 인물이 다른 또 다른 전설도 전한다. 황후가 죽은 뒤 황후의 초상화가 바람에 날려 평양 대성산 나뭇가지에 걸렸는데 마침 어떤 사람이 대성산 앞을 지나다가 말발굽이 땅에 붙어서 떨어지지 않았다. 초상화가 다시 그 사람 앞에 떨어지자 그 사람은 화상을 나뭇가지에 걸고 말발굽이 떨어지게 해달라고 빌었고 소원은 이루어졌다. 그래서 이후 소원이 있는 사람이 여

---

[35] 佐々木五郎, 「平壤附近の傳說と昔話 (2)」, 『旅と伝説』, 14권 9호, 1941. 9.(단국대학교 부설 동양학연구소 편, 『구비문학 관련 자료집-한국어·일본어잡지편 3)』, 민속원, 2007 수록)

기에서 빌게 되었고 나중에는 이 초상화를 모시는 신사당(神祠堂)을 지었다는 내용이다.36) 이 이야기들은 약간씩 다른 점이 있지만 모두 초상화를 언급하고 있다. 황후를 언급한 이야기의 경우 '황후'를 박엽으로 볼 수 있는지가 불확실하다고 해도 앞에서 박엽의 초상화를 언급한 여러 글에서 초상화의 박엽이 몸집이 작고 여자 같이 생겼다는 설명을 떠올린다면 실명은 누락되었지만 초상화의 모습 때문에 박엽을 황후라고 짐작했을 가능성도 있다.

이 두 자료에서 '초상화가 날아가 떨어진다'는 모티브는 용인에 있는 포은사당(圃隱祠堂)의 전설처럼 사당이 왜 이곳에 있는지를 합리적으로 설명하기 어려워서 동원한 수사일 것이다. 또 「대성산신묘기」에 나오는 꿈이라는 모티브도 평양에 조성한 관우묘인 서묘(西廟)의 건립 이야기에서 발견할 수 있다. 1875년에 양헌주(梁憲柱)라는 사람이 북경에 가서 약을 팔고 돌아왔는데 관우 소상(塑像)이 짐꾸러미에 들어있었고, 6년 뒤 1880년에 이 소상을 서울의 남묘(南廟)에 옮기려고 했는데 꿈에 관우가 나타나 "나는 평양으로 돌아가리라"고 하여 사당을 짓고 소상을 안치했다. 이렇게 꿈에서 관우가 평양에 남겠다는 이야기를 듣고 사람들이 "평안도 백성의 복(西民之福)"으로 기뻐했던 것과는37) 달리, 박엽은 병든 여자의 목소리를 빌려 이곳을 떠나지 못하니 제사라도 지내 달라는 말을 전했다. 이 이야기를 들은 사람들은 다소간의 연민과 미안한 마음, 또 억울한 원한이 영험함으로

---

36) 1932년 7월 대동군 시족면 노산리(魯山里) 金炳善 구술.(임석재 편,『임석재전집 3-한국구전설화』, 평민사, 1988.)
37) 南廷哲 編,『平壤續誌』上.

바뀔 것을 기대하면서38) 사당을 건립했을 것이다.

『신증동국여지승람』 「평양부」에는 『수서(隋書)』를 인용하여 "귀신을 공경하고 음사(淫祠)가 많다"고 했는데, 캐나다 선교사인 J.S.게일(1863~1937)의 언급을 보면39) 복을 빌며 제사를 지내는 이른바 '음사'는 계속 이어졌던 것 같다. 그런데 평양에는 이와는 별개로 평안감사의 생사당(生祠堂)을 건립하는 관습이 따로 있었다. 1592년에 전란 수습을 잘했다는 이유로 이원익의 생사당이 만들어졌고 19세기로 접어들면 적지 않은 감사들의 생사당이 건립되지만 박엽은 생사당에 모셔지지 않았다. 박엽의 사당은 평양성 안이 아니라 외곽에 있었고 이 점으로 볼 때 지역민들에게 박엽이 어떤 위상을 가지고 있었는지를 짐작해볼 수 있다.

감사로서의 치적과 연민은 별개의 문제였다. 곧 이것은 민간에서 박엽이 관찰사로 있었을 때 후금이 박엽이 무서워서 쳐들어오지 못했다는 이야기가 나돈다고 해도 이것은 어디까지나 가정이나 소망 차원의 이야기였다는 뜻이다. 박엽의 전쟁 억제력을 증명할 직접적인 근거가 있었던 것이 아니었다. 병자호란 이후 돌이켜보니 박엽이 관찰사로 있었을 때에는 후금이 쳐들어온 적이 없다는 인식에 기초했을

---

38) 억울한 원혼을 음사나 신당에 모시는 것은 당시 보편적인 현상이었던 것 같다. 관련 내용을 황윤석의 『이재난고』 1770년 6월 18일 일기에서 확인할 수 있다.
39) J.S.게일, 신복룡 역주, 『전환기의 조선』, 집문당, 1999, 158면. "평양(平壤)은 조선에서 가장 희망이 없는 도시로 간주되어 왔다. 평양은 언제나 죄악으로 둘러싸인 새장과 같았다. 신을 섬기는 데에서도 평양은 우상 숭배에 심취한 가장 나쁜 곳이었다. 그리고 지금까지 기도와 참회와 찬송의 소리를 들을 수가 없었다."

수도 있고 박엽에게 동정적인 사람들이 박엽을 비호하기 위해 마련한 논리일 수도 있다. 곧 그 당시 사람들이 평온한 일상을 영위했다는 면에 착안해서 박엽의 능력을 신비화하는 야담들이 재생산되어 박엽이 있었기 때문에 후금이 침입하지 못했다거나 박엽이 후금의 상황을 속속들이 알고 있었다는 내용, 또는 어떤 기인이 박엽이 죽었다는 소식을 듣고 장탄식을 했다는40) 등의 이야기가 나왔다. 유형 7)에서 박엽을 죽음에 이르게 한 '천인'을 천 명이 아닌 특정한 누군가로 지목하면서 직접적으로 형 집행에 관여한 구인후 외에 김자점을 거명하는 것도 이런 맥락에서 이해할 수 있다. 김자점은 역관 정명수(鄭命壽)와 이형장(李馨長)을 통해 북벌론을 청나라에 밀고한 역적이었기 때문에41) 민간에서는 친청파 김자점이 박엽을 미워했으므로 역으로 박엽이 살아있었다면 북벌론의 기수가 되었으리라는 발상이 등장했다. 박엽의 사당은 단순히 부녀자들이 복을 빌러 제사 지내는 '음사'에서 그 의미가 확대되었다. 18세기 중반으로 접어들면 박엽의 사당을 남한산성에 있는 이서(李曙) 장군의 사당에 비견하는 목소리도 등장했다.

---

40) 朴弼周, 『黎湖集』 권2, 〈平壤感懷〉의 주. "自爲義州府尹時, 能網得虜酋動靜, 以至爲監司. 十年在西, 威讋塞外, 丙子之亂, 虜相謂曰, 朴燁若在, 吾不得來, 可見其爲虜所憚也."; 洪直弼, 『梅山集』 권51, 「朴燁傳」. "壬戌建虜將謀東搶, 屯兵於江北, 燁亦擁兵而前. 虜問知爲燁, 乃曰吾爲遊獵而至耳, 遂引去. 神於譏詗, 虜動靜虛實, 無不洞曉, 常若目擊. 或潛取虜酋紅兜, 飾金而還之, 虜以爲神."; 洪直弼, 『梅山集』 권52, 「雜錄」. "仁祖之世, 有蔣姓人通奇門遁甲之術, 隱于市廛, 爲人傭賃. 聞朝廷殺朴燁, 長歎不已. 及丙子率市廛子弟嘗厚於己者, 避兵於鞍峴, 而賊不敢近. 金汗亦知其非常人, 餽之以物云."

41) 成海應, 『研經齋全集』 外集 권61, 「朴燁像」. "癸亥之反正, 瞱預聞, 而金自點挾宿怨而殺之, 且忌其才也."

주상(영조)이 말씀하시기를, "(전략) 내가 남한산성에 갔을 때, 이서를 제사지내는 성황당을 보았는데 이 또한 기이하다" 하니, 홍상한이 이르기를 "평안도 지방에도 또한 박엽의 사당이 있어 백성들이 모두 제사를 지냅니다. 남한산성에서 이서를 제사지내는 것과 흡사합니다."라고 하였다.42)

박엽의 무위(武威)는 처형 이후 전란을 겪으면서 민간에서 박엽은 후금이 두려워하던 사람이라는 상상력과 사당의 건립 이후 산신이 되었다는 사실이 결합되면서 추가된 설정으로 볼 수 있다. 이서는 백제의 시조 온조(溫祚)의 사당인 숭렬전(崇烈殿)에 배향되었는데, 이서의 배향에 대해서는 병자호란 중 인조의 꿈에 온조왕이 나타나서 이서 장군과 함께 있게 해달라고 했다는 전설이 전한다. 남한산성의 수어사였고 축성에 공을 세운 이서에게 제사지내는 것과 박엽에게 제사지내는 것이 흡사하다는 말은 박엽이 지역민에게 평안도의 수호신으로 거듭났다는 뜻이기도 하다. 박엽의 전쟁 억제력은 미완의 가능성으로 남아 강한 무인(武人)의 형상으로 새롭게 거듭나서,43) 유형 5)처럼

---

42) 『承政院日記』, 1754년 6월 13일 기사. "上曰, (전략) 予往南漢時, 見李曙之神祀於城隍, 此亦異矣. 象漢曰, 西路亦有朴曄祠, 民皆祀之. 此與南漢之祀李曙, 相似矣." 앞서 언급했듯이 성해응은 덕물산의 최영 장군의 사당처럼 평양인들이 박엽의 사당에 매우 공경하는 모습으로 제사를 지낸다고 했다. 병자호란 때 왕을 호종하여 남한산성에 들어가서 순직했다는 이서와 요동 정벌을 주장한 최영을 박엽과 나란히 놓고 있는 점도 눈여겨볼 대목이다.
43) 朴鍾和가 1963년에 『조선일보』에 연재한 『자고가는 저 구름아』는 전하는

밤에 누르하치와 검술로 대결해서 이겼고 이들 군사가 애걸을 한 뒤에야 무사히 보내준다는 비현실적이고 신화화된 허구담의 출현으로 이어졌다.

5. 결론

 본고에서는 인조반정 직후 처형된 박엽이 후대에 긍정적인 모습으로 변모하고 있다는 점과 주로 야담에서 전승된 박엽의 형상이 매우 신이하고 비현실적인 인물로 나타나는 점에 주목하여 박엽이 특이한 전승담을 가지게 된 이유를 조명해보고자 하였다. 이를 위해 본고에서는 18세기 중후반 이후의 잡록이나 야담에 나타난 박엽의 일화를 1) 유년기 박엽의 비범함, 2) 박엽의 신이한 능력, 3) 처형 당시의 모습, 4) 법수교 시, 5) 후금에서 두려워한 박엽, 6) 계해년(1623) 박엽의 선택, 7) 천인(千人)을 죽이라는 예언, 이렇게 7개의 유형으로 정리하였다. 이중에는 이전 자료의 내용이 그대로 수록되었거나 부분적으로 반영되었다고 볼 수 있는 것도 있다.
 그런데 이보다 앞선 18세기 초반에 평안도, 특히 평양 읍지나 평양

이야기에 기초하여 박엽의 일화를 그려내고 있다. 광해군이 인재를 추천하라는 장면에서 이항복이 박엽을 천거하면서 "박엽은 크나큰 장수의 자격이 있는 사람이올시다. 문과 급제를 하여 문관 출신이올시다마는 기운이 장사요, 智謀가 겸전한 사람이올시다. 보통 인물이 아니올시다. 세종대왕 때 김종서와 임진왜란 때 이순신에 못하지 않은 인물이올시다."라고 한 말은 후대에 바뀐 박엽의 이미지를 따른 것이다.

사인 김점이 쓴 『서경시화』, 『칠옹냉설』에서 후대 이야기의 원형으로 보이는 내용을 확인할 수 있다. 유형 4) 법수교 시와 시참 외에 특히 관상가 양씨가 칼이 목에 있으니 함부로 사람을 죽이지 말라는 내용과 '천인(千人)을 살리면 왕이 된다'는 예언을 오인해서 천 명을 죽이라는 뜻으로 알아듣고 형벌을 남용했다는 일화를 주목할 수 있다. 곧 이 두 일화는 유형 7)의 원형이면서 박엽이 잔혹할 수밖에 없었던 것을 해명하는 시도이다. 후대 자료에 나타난 박엽의 형상은 평안도 지역민의 인식 변화의 결과물이다. 18세기에 지역민이 건립한 박엽의 사당은 처형 직후 지역민이 박엽의 시신을 훼손하여 수습하지 못하게 한 사실과 관련되어 있으며, 심노숭의 「대성산신묘기」는 박엽의 객사와 그로 인해 떠도는 혼령의 이미지로 이 시기 지역민이 박엽에게 가지고 있는 죄의식과 연민의 편린을 보여주었다. 그러나 이것이 박엽의 학정을 부정한 것이 아니기 때문에 박엽은 생사당이 아니라 '음사'에 모셔졌다. 이렇게 사당이 조성된 이후에는 가녀린 모습이었던 박엽이 평안도의 수호신이라는 이미지를 갖게 되어 허구적인 서사 속에서 신이한 능력을 가진 무장의 형상으로 거듭하게 되었다. 박엽이 후대 야담에서 비현실적이고 신이한 인물상으로 변모하게 된 직접적인 계기는 평안도 지역민이 박엽이 처형되고 시신이 훼손되는 참혹한 모습을 기억하면서 죄의식과 연민의 감정으로 박엽을 새롭게 바라본 결과라고 볼 수 있다.

평양의 '행주형(行舟形)' 담론의 시기적 변화 양상

1. 서론

조선 후기 자료에서는 평양의 지형이 풍수지리로 봤을 때 '행주형 (行舟形)'이기 때문에 몇 가지 속설이 예전부터 있었다는 기록을 발견할 수 있다. 평양이 '행주형' 형국이기 때문에 우물을 파지 않고 강물을 길어 식수로 쓴다든가, 평양이 떠내려가지 않도록 연광정 아래에 닻을 내리고 평양 서북쪽 벌판에 돌기둥을 세웠다는 내용이 그것이다. 이런 습속에 대해서는 지금까지 풍수학 분야의 연구로 상당 부분 이해할 수 있었다. 평양만이 아니라 '행주형'에 해당하는 전국 여러 곳의 지형상의 공통점에 근거하여 이 유형의 지역에서 전하는 속설과 습속, 비보 풍수의 차원에서 어떻게 대처했는지도 밝혀졌다.[1] 평양에 국한된 것은 아니지만 '행주형' 지형에서 우물을 파는 것에 대한 금기에 집중하여 논의한 연구도 있었다.[2]

그럼에도 지역학의 관점에서 볼 때 지금까지 풍수학적 논의들은 대

---

[1] 이필영, 「행주형 지세와 솟대」, 『종교, 인간, 사회』, 한남대학교출판부, 1988; 송화섭, 「조선후기 마을미륵의 형성배경과 그 성격」, 『한국사상사학』 제6집, 한국사상사학회, 1994; 최원석, 「비보의 개념과 원리」, 『민족문화연구』 제34호, 고려대 민족문화연구원, 2001; 이영진, 「마을의 입지유형별 비보풍수의 형태」, 『민속연구』 21집, 안동대 민속학연구소, 2010.
[2] 윤홍기, 「'우물을 못 파게 하는 민속'에 대하여」, 『문화역사지리』 제25권 제1호, 한국문화역사지리학회, 2013.

체로 거시적이고 여러 지역을 유형화하는 성격상 공통점에 기반해 있었기 때문에 개별 지역의 특수한 성격을 충분하게 고려했다고 보기 어렵다. 개별 지역의 상황과 배치되는 것처럼 보이는 경우도 있고 보충설명이 뒤따라야 하는 경우도 있다. 예컨대 평양의 경우, 행주형에 해당하는 곳이므로 우물을 파는 금기가 '예부터' 있었고 아주 오래전부터 거주민이 그런 믿음을 공유한 것처럼 이해하지만, 실제로는 그렇게 이해한 역사가 그리 길지 않다. 단적으로 1590년에 간행된 『평양지(平壤志)』를 봐도 그 당시 평양에는 우물이 상당히 많이 있었다. 이렇게 보면 평양에 있었던 우물은 '행주형'이라는 풍수학적 관점만으로 모두 설명할 수 없다.

그렇다면 평양에서 '행주형' 형국이라는 담론이 부상한 시기가 언제쯤이고, 이 담론이 주류가 되면서 어떤 식으로 평양의 몇몇 모습을 이전과 다르게 해석하거나 '행주형' 형국에 맞게 조치했던 것일까? 이 글에서는 지역학적 관점에서 풍수 담론을 논의하고자 한다. 이를 위해 읍지 및 관련 자료를 토대로 '행주형' 담론이 가시화된 뒤 평양에 나타난 변화 양상을 살펴볼 것이다. 또 그동안 정체가 불분명했으나 행주형 담론을 통해 새롭게 이해할 수 있는 부분에 대해서도 함께 논의해 볼 것이다.

2. '행주형' 담론의 등장과 해석

중앙 정부에 평양의 지형을 '행주형'이라고 보고한다는 것은 이미 거주민의 인식을 넘어 지역의 관청에서도 공인했다는 뜻일 것이다. 관찬 자료에 평양이 행주형이라는 구절은 『승정원일기』 1789년 6월 13일 기사와 1876년 8월 28일 기사에 나오는데, 이미 평양의 지형이 행주형이라는 것이 통설이 되었음을 확인할 수 있다.3) 해당 부분을 각각 제시하면 다음과 같다.

 (가) 주상께서 말씀하셨다. "명을 받든 선전관은 언제 도착하느냐? 이아(貳衙) 앞에는 작은 배를 매어둘 정도라고 하던데 수해가 심한 것을 알겠다." 정창순이 아뢰었다. "<u>평양의 이아는 지대가 낮은 분지이고 또 물길이 없어 한 번 비가 내리면 곧바로 물이 흘러듭니다.</u> 이전에도 이런 수해가 있었습니다." 채제공이 아뢰었다. "평양에는 원래 우물이 없습니다. 어떤 사람은 지관의 설에 따라 우물 파는 것을 꺼린다고 합니다. 또 성안의 도랑이 이아 앞으로 흘러들기에 언제나 이렇게 범람하는 문제가 있습니다." 주상께서 말씀하셨다. "<u>평양 읍내는 '행주형'이라고 한다던데 그러한가?</u>" 채제공이 대답했다. "그렇습니다. 비단 성안의 물길만 모여드는 것이 아니라 성 밖의 민가도 대부분 강가에 있습니다. <u>제가 관찰사로 있을 때 물결을 보기 위해 성 밖으로 나갔는데 때로는 물이 민가의 마당에 들어오는 경우도 있었고 방에서 낚시를 할 정도일 경우도 있었기에 신이 보고 기이하게 여겼습니다.</u> 여러 사인들에게 물어보니 여름 장마 때는 언제나 이러했다고 합니다.4) (밑줄 인용자 표시)

---

3) 위의 논문.
4) 『승정원일기』 1789년 6월 13일 기사: 上曰, 奉命宣傳官, 何時當入抵耶? 聞貳衙之前至繫小舠云, 可知水患之大段矣. 昌順曰, 平壤貳衙, 邑址低凹, 且無水道, 一經雨水, 輒成下流, 自前間有如此之患矣. 濟恭曰, 平壤本無井

(나) 상이 이르기를, "평양의 수토(水土)는 어떠한가?" 하니, 조성하가 아뢰기를, "물의 성질은 매우 달고 시원합니다만, 평양성 안은 '행주형' 지형이므로 본디 우물을 파는 일이 없고 모두 대동강 물을 길어다 사용합니다."5) (밑줄 인용자 표시)

이들 자료에는 눈여겨볼 만한 부분이 있다. (가)에서는 '이아'가 저지대이며 "평양 읍내를 행주형"이라고 했고, (나)에서도 물이 달고 시원하지만 "평양성 안은 행주형 지형이므로" 우물을 파지 않는다는 것이다. 여기에서 말하는 '평양성'은 평양부성(내성)이다. 평양서윤이 업무를 보는 관청인 '이아'는 부성 안에 있었다. 평양의 지형과 평양의 외성과 부성 등의 구조, '이아'의 위치를 알 수 있게 아래에 지도를 제시했는데, 『해동지도』 '평양부' 지도에는 삼면이 강으로 둘러싸인 평양의 지형이 매우 잘 나와 있다. 다만 조선시대 평양 지도는 중요도에 따라 크기를 왜곡하여 그리는 경우가 많고 『해동지도』 '평양부' 지도도 예외가 아니므로 평양부의 외성, 내성 등의 구조가 실제로 어느 정도 크기였는지를 참고할 수 있게 함께 제시했다. (좌: 『해동지도』(1750년대) 평양부, 우: 평양의 외성, 중성, 내성, 북성 구분6))

泉, 或稱地家之說, 拘於鑿井云, 而城內溝渠, 湊會於貳衙之前, 故每有此汎濫之弊矣. 上曰, 平壤邑內, 稱以行舟形云, 然否? 濟恭曰, 然矣. 非但城內水道之渟瀦而已, 城外閭家, 多靠水岸. 臣於待罪箕伯時, 爲觀漲出城外, 則或有水入閭家之庭宇, 至有垂釣於房內, 臣見異之, 問諸士人, 則夏潦之時, 每每如此云矣.

5) 『승정원일기』 1876년 8월 28일 기사: 上曰, 平壤水土, 何如乎? 成夏曰, 水品甚甘冽, 而平壤城內, 謂以行舟形, 故原無鑿井, 皆汲用大同江水矣.

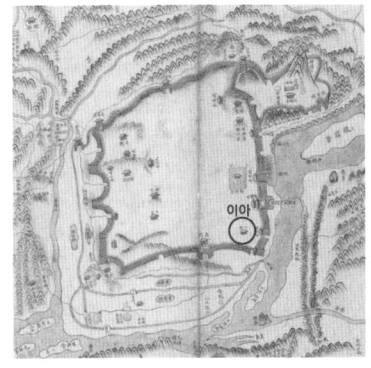 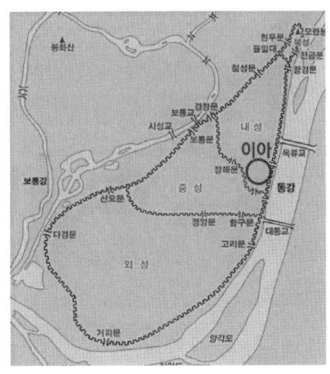

풍수지리에서 말하는 '행주형'의 의미는 삼면이 강이나 시내로 둘러싸인 곳이라는 것이다. 1892년에 간행된 『평양속지』에서도 부성의 삼면을 강이 둘러싸서 마치 물 위에 배가 떠가는 것 같아서 '행주형'이라고 했다는 구절이 있다.[7] 『해동지도』로 볼 때 평양을 행주형 형국이라고 한다면 당연히 보통강과 구진익수(九津溺水, 이 지도에는 '九洋溺水'로 나와 있다), 대동강으로 둘러싸인 모든 지역에 해당하는 내용이라고 생각할 것이다. 그러나 『승정원일기』 두 기사에서는 중성이나 외성이 아니라 평양성(내성) 안만을 행주형으로 보았다. 또 우물을 파지 않는 습속이 있었는데 동시에 "물의 성질이 매우 달고 시원하다"면, 그 말의 근거는 무엇일까? 이것은 풍수설과 무관하게 이전 자료에 이미 제시된 적이 있는 표현이었다.

『신증동국여지승람』이나 1590년에 간행된 『평양지』에는 평양이 '행주형'이라거나 우물을 파지 않는 습속에 대해 언급한 구절이 없다.

---

6) 최희림, 『고구려평양성』, 평양: 과학백과사전출판사, 1978, 74면.
7) 南廷哲 편, 『平壤續志』 上, '形勝'.

그래도 평양의 우물에 대해서는 『평양지』에서 자세한 정황을 살펴볼 수 있다. 이 자료에는 평양부 외곽에 대정(大井, 부 남쪽 30리), 우정(牛井, 부 동쪽 20리), 풍정(楓井, 부 동쪽)이 있고 외성의 정전에 기자정(箕子井)이 있으며 평양부의 동북쪽인 구제궁 터에 문정(文井)과 무정(武井)이 있다는 등의 특기할 만한 우물을 소개했다. 또 내성에 우물(井泉)이 75개 있었고 1583년(선조 16)에 감사 노직(盧稙)이 다시 14개의 우물을 만들었다는 점과 외성에 우물이 기자정을 비롯해서 107개가 있었다는 점도 밝혔다. 곧 이 읍지가 간행된 1590년 이전에는 평양성 어느 곳이든 우물이 있었고, 우물을 파는 것이 금기도 아니었다. 특히 『평양지』 권5 '잡지(雜誌)' 항목에는 외성의 우물에 대해 이렇게 서술했다.

외성의 지형은 평평하고 트여 있어서 곳곳마다 우물을 파면 그 깊이가 똑같다. 물이 많고 적은 것은 강물의 조수 때문으로, <u>여름에는 물이 더욱 맑고 차니</u> 대동강과 수원이 통하기 때문이다. 오직 기자정의 물맛이 다른 우물과 달랐다. 오상(吳祥)이 감사가 되었을 때 소갈증이 있어서 이 물을 즐겨 마셨다. 물 긷는 자가 그곳이 멀다고 다른 우물물로 바쳤는데 공이 맛을 보고 그 사실을 알아차려서 물 긷는 자에게 물어보았다. 물 긷는 자가 결국 사실대로 아뢰었다.[8] (밑줄 인용자 표시)

---

8) 尹斗壽 편, 『平壤志』 권5 '雜誌' : 外城地形, 平坦濶遠, 在在掘井, 其深如一. 其盈其縮, 隨江之潮汐, 夏月水益淸冷, 以與浿江通源故也. 獨箕子井水味尤異於他井. 吳祥爲監司, 素患渴喜飮. 汲者憚其遠以他水進, 公嘗而知之詰汲者, 汲者果服.

이 단락에서의 강조점은 기자정의 물맛이 특별하다는 것이다. 외성의 우물물이 대동강과 통해 있어서 대동강의 조수가 따라 깊이가 달라진다는 구절을 보면 기자정의 물맛이 외성의 다른 우물의 물맛과 다르다는 것이 비논리적이지만, 외성의 기자정은 기자를 상징한다는 특수성이 있었고 오상의 일화도 그 점을 증명하기 위해 가져온 것이었다. 이 단락을 보면 『승정원일기』에 나오는 전 평안감사 조성하의 답변 "물이 달고 시원하다"가 『평양지』에 나온 외성의 우물물의 맛을 형용한 표현임을 알 수 있다. 1730년에 간행된 『평양속지(平壤續志)』에는 상석정(上石井), 중석정(中石井), 하석정(下石井)(栗寺坊에 위치)과 냉정(冷井)(柴足坊에 위치)을 추가한 것 외에 '잡지' 항목에서 외성의 우물과 성안의 우물을 비교하는 내용을 실었다.

<u>외성의 우물(井泉)은 물맛이 달고 청량하지만 성안의 물맛은 달지 않다.</u> 성 안팎의 토질이 전혀 다른데, 어떤 사람은 도성 안은 사람과 말의 오물이 땅속으로 스며들었기 때문에 물맛이 좋지 않다고 한다.9) (밑줄 인용자 표시)

곧 18세기 초반까지 평양에는 성의 안팎을 막론하고 우물이 있었다. 이 당시에는 풍수지리설에 따라 우물을 파지 않는다는 속설이 등장하지 않았거나 적어도 보편적으로 확산되기 전임을 알 수 있다. 다

---

9) 尹游 편, 『平壤續志』 권3, '雜誌': 外城井泉甘冽, 而城內水味不甘. 一城內外水土懸絶, 或曰, 都邑之地, 人馬汙穢之物, 漏滲於地中, 故水味不佳云.

만 외성의 물맛은 좋은 반면 성안의 물맛은 좋지 않았다는 인식은 분명하게 보이며, 그 이유에 대해서는 토질의 차이 정도만 언급되었을 뿐 분명하게 나온 것은 없었다. 그런데 읍지 중에서는 1730년 간행『평양속지』부터 평양이 '행주형'이라는 설이 등장하기 시작했다. 이때에는 '행주형'을 우물과 관련해서 해석하지 않았다. '고적(古蹟)' 항목에는 1594년(선조 27)에 어떤 어부가 대동강에서 쇠로 된 닻을 건져 올렸고 그해 또 하류 요포(腰浦)에서 모양은 비슷하지만 크기가 약간 작은 닻 하나를 발견했다는 내용이 있다. 배가 좌초하기도 했을 것이므로 강바닥에 닻이 있는 것 자체가 매우 신기한 것은 아니지만 이 현상에 대해 풍수가의 설을 들어 '행주형' 형국이므로 닻으로 이곳을 눌렀다는 해석이 나온 것이다.

평양부성에서 우물물을 먹지 않고 강물을 길어 먹는다는 1892년에 간행된『평양속지』에는 나온다. 이『평양속지』의 '산천' 항목에는 '정천(井泉)'이 부록으로 실려 있는데 내성과 외성의 우물에 대해 이렇게 서술하였다.

> 평양부 내성에 있는 새 우물과 기존 우물은 89개라고 비록 원지(『평양지』)에 나오지만 <u>모두 얕은 웅덩이에 불과해서 사람들이 마실 수 없다.</u> 그래서 모두 도르래를 가지고 대동강 물을 길어 온다.(서문 안에서는 서성 밖의 물(보통강)을 길어온다.) 외성의 우물은 기자정을 비롯하여 100개 곳인데 깊이는 모두 7, 8장이며 <u>대동강과 수원이 서로 통하여 맛이 달고 시원하다.</u> 그 외에 구제궁 옛터(영명사)의 문무정(원지의 '고적'), 율리의 우정(속지의 '고적', '신이'), 상석정, 중석정, 하석정, 시족의 냉정(속지의 '산천'), 용연의 한정

('신이') 같은 것이 있는데 각각 그 분류에 따라 찾아볼 수 있다.10)
(밑줄 인용자 표시)

여기에서 말한 '89개'의 우물은 『평양지』에서 기존에 75개 우물이 있었는데 감사 노직이 새로 14개를 만들었다는 사실을 다시 정리한 것이다. 곧 1892년에 간행된 이 읍지에서 서술한 우물의 상황은 간행 당시의 상황이 아니라 1590년 간행 『평양지』의 내용을 재서술한 것이다. 이 읍지에서는 내성의 우물에 대해 "얕은 웅덩이에 불과해서 사람들이 마실 수 없기" 때문에 대동강(또는 보통강) 물을 길어온다고 한 것은 당시 상황을 반영한 것으로 보인다. 평양 지역 전체로 보면 북쪽이 높고 동남쪽이 낮은 지형이기 때문에 평양 내성 동남부와 외성은 대부분 저지대에 해당한다는 공통점이 있다. 그런데 내성과 외성의 우물물 맛이 다르다면 그 차이는 『평양속지』(1730)에서 추측한 것처럼 토질이 다르기 때문일 것이다. 실제로 1950년대 북한에서 이루어진 조사에 따르면 평양 내성은 대동계, 외성은 제4기 충적층으로 나눌 때, 대동계 지질이 탄질혈암(炭質頁巖) 또는 얇은 층의 무연탄이라고 했다.11)

이렇게 볼 때 풍수설에 입각해 우물 파는 것을 금기로 여겼다는 것

---

10) 南廷哲 편, 『平壤續志』 上, '附 井泉': 府內城新舊井八十九, 雖在於原志, 而皆不過淺淺之渦, 人不堪食, 故擧以轆轤汲大同江水(西門以內則汲西城外水). 外城之井, 自箕子井合爲一百所, 而深皆七八丈, 與大同江其源相通, 味其甘冽, 其餘若九梯宮舊基(永明寺)之文武井(原志古蹟)·栗里之雩井(續志古蹟及神異)·上中下石井柴足之冷井(續志山川)·龍淵之寒井(神異), 各隨其類而攷覽焉.
11) 평양향토사편집위원회 편저, 『평양지』, 평양: 국립출판사, 1957, 4~23면.

은 실제 상황과 맞지 않다. 내성 우물물의 수질이 나빠지자 대동강물을 식수로 삼게 된 것이며,12) 이때도 외성의 우물이 문제되지 않았다. 우물물 맛이 좋은 것은 외성의 우물에 국한되었다. 그런데 나중에 풍수설이 들어오자 여기에 맞추기 위해 (외성의) 물맛이 좋지만 평양이 행주형이므로 (내성에) 우물을 파지 않았다는 기묘한 논리가 만들어지게 된 것이다.13)

3. '행주형'의 이해와 비보 풍수(裨補風水)

행주형 형국은 배가 강 위로 떠간다는 의미만이 아니라 '사람과 물건을 가득 싣고 떠나려고 한다'는 의미를 함축하고 있어서 풍요를 상징하지만 키, 돛대, 닻, 뱃사공이 없다면 안정적으로 순항하지 못해 전복되고 표류할 위험이 있다고 해석한다.14) 따라서 인위적인 조치를 통해 더 좋게 만들거나 위험 요소를 줄이는 이른바 '비보 풍수'도 동

---

12) 이 논문의 심사서에는 내성의 우물물의 수질 악화 문제를 추정하면 좋겠다는 지적이 있었다. 거주민들은 분명히 이전 시기에는 내성에 우물을 팠고 우물물을 먹었는데 어느 시점에 내성의 우물물을 먹지 않고 주변의 강물을 길어 식수로 사용한 것은 흥미롭고도 생각해 볼 만한 문제이다. 다만 이 논문을 수정하는 과정에서 이 문제에 대해 스스로 납득할 만한 답을 찾지 못했다. 이 문제는 후속 연구에서 더 고민해 보고자 한다.
13) 윤홍기, 앞의 논문, 10면. 이 논문에서도 우물 파는 것을 금기로 여기는 습속이 때로는 설득력이 약한 경우가 있으므로 처음에는 풍수와 별개의 민속신앙이었다가 나중에 풍수사상과 결합된 것으로 추정하고 있다.
14) 村山智順 著, 최길성 譯, 『조선의 풍수』, 민음사, 1990, 627면.

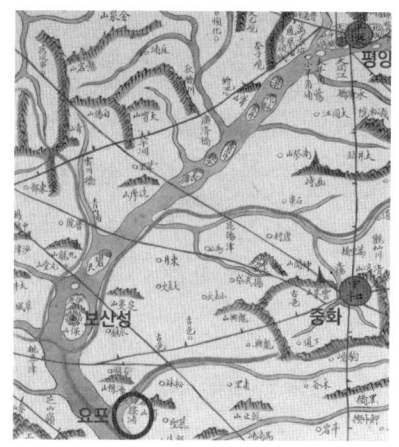
『동여도』 황해북도 황주군 (19세기 중반)

金俊根, 箕山風俗圖帖 風船 (19세기 후반)

원되었다.15) 평양을 '행주형'이라고 본다면 그때까지는 내성의 우물은 물맛이 좋지 않다고 여겼겠지만, 이제는 '배'에 착안해서 배의 형상을 가진 지역에는 우물을 파는 것이 불길하니 강물을 길어 식수로 삼는다는 논리가 만들어졌다. 앞에서 언급한 『평양속지』(1730)에서 어느 어부가 대동강 및 대동강 하류 요포에서 닻을 발견했는데 이것을 평양이 '행주형' 형국이므로 닻으로 이곳을 눌렀을(鎭) 것이라는 풍수로 해석하는 것도 비보 풍수에 해당한다고 할 수 있다.

그런데 요포는 대동강 하류에 있지만 중화군에 속한 곳이라 평양부 성과는 거리가 상당히 먼 곳이다. 행정구역상으로 평양부의 영역은

---

15) 비보 방식은 神補法과 壓勝法(또는 禳鎭法)으로 나뉘는데, 비보법은 지리환경의 부족한 조건을 더하고 북돋는 원리이고, 압승법은 지리환경의 과한 조건을 빼고 누르는 원리이다. 최원석, 앞의 논문, 129~130면.

대동강 하류 보산성을 포함할 정도로 상당히 넓어서 요포를 평양부의 아래쪽으로 보고 평양의 비보 풍수라고 할 수는 있겠지만 삼면을 강으로 두른 내성, 중성, 외성만 포함해도 실제 거리를 보면 다소 무리가 있다. 대동강에서 '닻'을 발견한 것이 당시에 화제가 된 이유는 대동강이나 대동강 하류 요포라는 장소보다 그때 발견한 것이 '쇠닻'이었기 때문이었을 것이다. 닻은 만든 재료에 따라 돌닻(石碇), 나무닻(木碇), 쇠닻(鐵碇)으로 나눌 수 있는데, 조선후기 작은 배에는 나무닻에 돌을 얹어 사용하는 경우가 많았고(위의 오른쪽 그림 참조) 배의 규모가 큰 경우에도 나무닻을 사용하고 무게가 나가는 닻돌을 썼던 만큼, 쇠로만 만든 닻은 이채롭게 느껴졌을 것이다. 따라서 '닻' 그 자체가 아니라 쇠로 만들었고 크기가 다소 큰 쇠닻이 이곳 사람들에게 낯설었기 때문에 화제가 되었다.16)

그런데 20세기로 접어들면 이제 대동강이라는 넓고도 모호한 곳이 아니라 평양성 연광정 아래에 큰 닻을 걸어두었다는 이야기가 더 유명해지기 시작했다. 이 이야기를 기록한 것은 무라야마 지준(村山智順)이 저술한 『朝鮮の風水』가 최초인 듯하다.

(가) 평안남도 평양의 지형은 〈행주형〉(모란대에서 보면 배가 가

---

16) 『승정원일기』 1874년 5월 25일 기사. 고종이 조운선에 대해 논의를 하다가 중국배가 우리배보다 낫냐고 묻자 당시 약방도제조이자 예전에 평안감사를 역임했던 박규수가 중국배에 비해 우리배가 형편없이 좋지 않다고 답변하면서 자신이 관서 지방에 있을 때 노획했던 서양배(제너럴셔먼호)가 쇠닻을 썼는데 매우 컸다고 했다. 이렇게 볼 때 평양민이 규모가 큰 쇠닻을 볼 일은 별로 없었을 것이다.

는 형태와 닮았다고 한다)이라 하며, 가는 배가 정지하려면 닻을 내려야만 한다는 것으로, 닻을 연광정 밑의 깊은 곳에 내려 놓았던 것이다. 1923년 이 닻을 찾아서 올려보니 철로 만든 커다란 닻이었다. 인양한 이상 이제는 닻을 내릴 것이 없지 않겠는가 해서 그대로 내던져 두었다. 그런데 이상하게도 그해 평양이 생긴 이래 대홍수가 나서 평양시 전체가 침수되어 거의 폐허가 되어 버릴 뻔했다. 이 미증유의 사건은 결코 우연한 것이 아니고, 확실히 가라앉은 닻(沈碇)을 인양한 때문이라 여겼다. 이 홍수와 침수는 누르는 (鎭護) 닻을 인양했기 때문에 행주(行舟)가 떠내려 가는 운기로 변했기 때문이다. 만약 이대로 두면 평양은 이윽고 다음 홍수로 자취도 없이 사라져 버릴 것이라는 말이 나돌고 인심이 흉흉해지자 재차 이 닻을 원래의 장소에 내려서 〈행주형〉의 평양 진호로 삼았다 (1929년).17) (밑줄 인용자 표시)

(나) 평양풍수는 행주형이라 달리는 배를 잡아두지 않으면 혈복穴福이 달아난다 해서 연광정 및 대동강 물속에 큰 쇳덩이를 닻으로 잠겨두는 전통을 잊지 않았다. 한데 1923년에 뱃놀이 하던 사람의 강바닥에서 이 큰 쇳덩이를 발견, 무슨 영문인지도 모르고 강변에 꺼내놓은 적이 있었다. 그해 평양이 생긴 이래의 홍수가 들어 대동강이 범람하자 모두 이 건져내 놓은 풍수 닻 탓이라 하여 거시적으로 沈碇祭를 지내고 다시 물에 담가두었던 일이 있었다.18) (밑

---

17) 村山智順 著, 앞의 책, 243~244면. 원서 『朝鮮の風水』는 조선총독부 문서과 촉탁이자 민속학자인 무라야마 지준이 북청인 지관 全基應의 자문을 얻어 저술한 것으로 1931년에 간행되었다.
18) 「평양풍수는 '행주형'이라 달리는 배를 잡아...」 『조선일보』, 1969.12.11.

줄 인용자 표시)

(다) 평양은 行舟形이기 때문에 水災를 입어 떠내려가지 않게 붙들어 놓기 위해 철로 만든 닻을 대동강 물속 깊이 넣어 놓았다. 이는 조선총독부가 1910년대에 실시한 河川 조사때에 발견됐는데 닻은 모두 4개로서 보통강과 대동강의 상하좌우에 각각 하나씩 투하했으며 투하시기는 1839년 8월의 대홍수 후로 추정하였고 조사 때 발견한 닻은 그후 다시 제자리에 넣었다 한다.[19] (밑줄 인용자 표시)

(라) 1923년의 일이다. 물이 줄어든 연광정 및 대동강에서 뱃놀이 하던 사람이 뒤주만한 큰 쇳덩이 하나가 강바닥에 잠겨 있는 것을 발견했다. 전설에서만 전해 내린 풍수닻인 것이다. 행주형인 평양을 제자리에 잡아두었던 이 닻을 건져낸 바로 그해 여름, 폭우와 홍수로 평양 시대가 물바다가 되자 제사를 지내고 그 풍수닻을 다시 제자리에 넣었는데 지금도 그 풍수닻이 평양을 잡아두고 있는지 없는지 모르겠다.[20] (밑줄 인용자 표시)

(나), (다), (라)에서는 누가 어디에서 닻을 발견했는가, 닻에 대한 더 상세한 내용이 있는가, 닻을 발견한 뒤에 다시 그 자리에 두기 전에 제사를 지냈는가에서 다른 점이 보이지만 기본적으로는 (가)의 내용과 대동소이하다. 1923년에 연광정 아래에서 큰 쇠닻을 건져 올렸는데 그해 여름에 큰 수해가 있었고 인심이 흉흉해지자 다시 제자리에 돌려놓았다는 내용이다.[21] 그런데 연광정은 평양성 동문인 대동문

---

19) 金儀遠, 「都市와 風水」, 『매일경제』, 1983.7.22.
20) 이규태, 「平壤鳥瞰圖」, 『조선일보』, 1992.3.4.

에서 바로 위쪽(북쪽 방향)에 있는 정자이므로 평양성을 강물이 삼면으로 둘러싸고 있다고 할 때 남쪽이 아니라 동쪽이다. 이렇게 봤을 때 행주형 지형에서 가는 배를 멈추게 하기 위해 닻을 동쪽에 두는 것은 다소 의아한 부분이다. 그래서 무라야마 지준의 책에서는 "모란대에서 보면 배가 가는 형태와 닮았다고 한다."는 구절을 넣었는데, 모란대는 모란봉에 있으므로 동북쪽에서 평양을 보면서 동쪽의 대동강을 '배의 바닥'으로 본 것이다.

또 비보 풍수의 맥락에서 어느 시점부터 '배가 가는 형상'에 맞게 2개의 노를 세우는 습속도 생겨났다. 대략 19세기 초 기록에서 2개의 돌기둥에 대한 언급이 나왔고 이 돌기둥은 20세기 전반까지도 그대로 남아 있었다.

(가) (1802년 3월) 8일 정해문을 통해 보통문으로 나왔는데 길가에 돌기둥이 마주 서 있었고 높이는 5, 6장쯤 되었다. 꼭대기는 움푹 들어가서 도르래(轆轤) 같았다. (중략) 도성이 행주형과 비슷해서 옛날에 두 바위 사이에 단단하게 세워두고 <u>노의 형상으로 삼았다.</u>[22] (밑줄 인용자 표시)

---

21) 무라야마 지준의 책은 1931년도에 간행되었고 이 기록은 1923년의 일을 1929년에 남긴 만큼 신빙성이 있다고 볼 수 있다. 이때 연광정에서 발견된 쇠닻을 1866년에 양각도 부근 오탄까지 올라왔던 제너럴서먼호의 잔해로 이해하는 것도 일리가 있다. 실제로 당시 평안감사였던 박규수는 제너럴서먼호를 격침시킨 뒤 서양 증기선 제조 실험을 위해 잔해 부품을 대동강에서 건져내 서울로 보냈다. 朴齊絅, 『近世朝鮮政鑑』, 탐구당, 1975, 26~27면 참조.

22) 李仁行, 『新野集』 권12, 「西遷錄 上」: 八日由靜海門出普通門, 路傍有石

(나) (1803년 11월 3일) 선연동에는 무덤이 다닥다닥 늘어서 있는데 기생을 묻는 곳이다. (중략) 길에는 큰 돌이 마주 보고 있는데 높이가 여러 길이니 풍수가가 말하는 '행주형'이다. 그래서 돌을 세워 2개의 노를 본 떠 배가 가는 형상을 만든 것이다.[23] (밑줄 인용자 표시)

(다) (1828년 11월 5일) 성안에 우물이 없는데 풍수가의 말로는 이 고을(평양)의 터는 행주형이어서 우물 파는 것을 꺼린다고 한다. 읍 사람들은 강물을 길어 먹는다. 또 2개의 돌기둥을 성 밖에 세워서 누르고(鎭) 있다.[24] (밑줄 인용자 표시)

(라) (1936년 8월 7일) 새로 발전하는 서평양시가 북쪽 빈 벌판에는 지금도 일 장여의 석주 두 개가 모진 풍우도 가리우지 못하고 나란이 서잇다. 이것을 繫纜石이라고 부르는대 전설구비에 의하면 평양의 형국이 행주형 – 동에는 대동강 서에는 보통강이오 그 사이에 평양성이 들어 앉엇으니 틀림없이 舟形이다. (중략) 그리하야 항상 강물에 떠나갈 염려가 잇으니 만고 떠나가게 되면 시민은 안도할 수가 없는 것이다. 그러므로 이것을 방비하기 위하야 닺줄 매여두는 석주 즉 계람석을 일부러 만들어 세운 것이라고 한다. 건립연대는

柱對峙, 高可五六丈. 凹其頂, 似轆轤機. (중략) 都城似行舟形, 盖古時安柱于兩石間, 作櫓竿狀.
23) 李海應, 『薊山紀程』 권1: 洞中墳墓纍纍, 是邑妓死葬之地. (중략) 路有大石對立, 高數丈餘, 蓋眞是風水家所稱行舟形. 故立石象兩棹, 作行舟象.
24) 朴思浩, 『心田稿』 권1, 「燕薊紀程」: 但城內無井, 堪輿家謂此邑基是行舟之形, 大忌鑿井故也. 邑人汲江水而飮之. 又立兩石柱於城外以鎭之.

미상이나 상당히 오랜 것 같다. 이 석주와 연광정하 최심처에 잠겨 둔 大鐵錨(평양이 떠가지 말라고 물속에 둔 大錨)와는 船城 평양의 운명을 장악한 신비로운 존재이다.25) (밑줄 인용자 표시)

위의 구절에서는 모두 평양에 2개의 돌기둥이 있었다고 서술했고 위치도 동일하다. (가)의 '보통문'과 (나) '선연동'은 인근 지역으로, 이 돌기둥이 있었던 곳은 평양부의 서북쪽 구역이고 근처에 기자묘가 있었다. 그런데 시간이 흐르면서 이 돌기둥의 역할에 대해 인식이 달라지는 점을 눈여겨볼 만하다. 곧 (가), (나) 같은 19세기 초의 자료에서는 2개의 돌기둥을 배가 갈 수 있게 하는 '노'로 이해한 반면, 여

송암미술관 소장
<평양성도>

서울역사박물관 소장
<기성도병>

서울대박물관 소장
<평양도>

기에서 20여 년쯤 흐른 뒤인 (다)에서는 배가 떠나가지 않도록 잡아 두는 '배말뚝'으로 이해하고 있으며 이것이 20세기까지 이어진 것이다. 평양성 병풍 지도에서 이 돌기둥을 확인할 수 있는데, 중흥사(重興寺) 앞에 있는 '괘불석(掛佛石)'으로 나오는 두 기둥이다.26) 〈평양

---

25) 「柳京漫錄」, 『동아일보』, 1936.8.7.
26) 비보 풍수는 불교와 관련성이 높다. 비보는 불교와 풍수가 결합한 것이며 통일신라시대와 고려에는 불교적 비보로, 고려와 조선시대에는 풍수적 비

성도〉는 18세기에, 〈기성도병〉과 〈평양도〉는 19세기에 제작된 것으로 추정되는 자료인데, 이런 돌기둥이 최소한 18세기부터 있었던 것이다.

다만 여기에서 짚고 갈 부분은 행주형의 비보 풍수물로 키, 돛대, 닻, 뱃사공 등을 꼽는다고 해도 실제로 한 지역에 이 모든 것이 구비되는 양상을 보이는 경우는 많지 않으며, 논리적으로 볼 때 오히려 이것들이 모두 공존하는 것이 모순적이라는 것이다. 같은 '행주형'에 속하는 지역이라고 해도 그 지역의 특수성에 따라 배가 순항할 수 있도록 더 북돋을 것이냐, 아니면 배가 떠내려가지 않게 붙잡아 둠으

송암미술관 소장 〈평양성도〉 능라도 전체와 그 중앙에 있는 장대

써 흉한 요소를 억누를 것이냐를 판단하게 될 것이다. 곧 평양 서북쪽에 세운 2개의 돌기둥의 경우 원래는 배를 잘 가게 하는 역할을 한다고 인식되었으나 어느 시점부터 배를 붙잡아 두는 역할을 하는 것

보로 나타났다. 최원석, 앞의 논문, 130면 참조. 예컨대 石幢竿은 원래 사찰의 표식물이었으나 이후 풍수적 비보물로 전용되어 조선시대에 고을에서는 石竿柱로, 마을에서는 立石·짐대(솟대)로 변모했다. 송화섭, 앞의 논문, 244면 참조. 이필영은 행주형 지세 마을에서는 대체로 돛대가 우뚝 솟은 산, 높게 자란 나무, 선돌, 당간, 솟대라는 5개의 유형으로 나타난다고 했다. 이필영, 앞의 논문, 129면 참조.

으로 인식이 달라졌는데, 이를 통해 배말뚝을 조성하고 닻을 강물에 넣어 두는 것이 둘 다 가는 배를 잡아두려고 한다는 점에서 일관성을 얻게 되었다.

송암미술관 소장 〈평양성도〉에 나오는 능라도 가운데에 있는 장대도 이런 맥락에서 이해할 수 있다.[27] 능라도 가운데에 작은 언덕을 쌓고 그 위에 세운 2개의 장대는 다른 평양 병풍에서는 찾을 수 없으므로 18세기에 있었다가 이후에 사라진 것으로 볼 수 있다.

'부분 1'을 보면 옆에 있는 나무나 아래의 집보다 훨씬 크다. 아래는 장대가 쓰러지지 않게 고정한 지지대가 있고 '부분 2'의 기둥 윗부분을 보면 솟대처럼 보이기도 한다. 또 중흥사 앞의 돌기둥 그림과 비교할 때 이것은 돌로 만든 것은 아닐 것이다.

이 장대의 정체를 탐구한 선행 연구도 있다. 이 연구에서는 이것을 활쏘기 과녁이라고 보았는데, 1460년에 세조가 부벽루 별시(別試)를 설행할 때 부벽루 절벽 위에서 무과 시험을 치게 했으며 그 시험 과목 중에 능라도에 과녁을 설치해서 활쏘기를 설행했다는 내용이 『평양지』에 있으므로 이것을 근거로 과녁 기둥과 지지대로 본 것이다. 이 논문에서는 국립중앙박물관 소장 〈대사례도〉(1732년 제작, 덕수 3267)의 과녁 그림과 유사하다는 점을 근거로 삼았으나[28] 〈평양성도〉 그림에서 장대는 아무리 멀리 떨어진 부벽루 앞에서 활을 쏘았다고 해도 옆의 나무나 집보다 훨씬 크기 때문에 과녁으로 보기에는 엄

---

27) 송암미술관 소장 〈평양성도〉의 그림을 제공해주신 송암미술관 및 담당자 황혜연 선생님께 이 자리를 빌려 감사 말씀을 전한다.
28) 김종태, 「조선 시대 시문과 그림 속의 평양 능라도」, 『한국고지도연구』 제14권 제2호, 한국고지도연구학회, 2022, 66면 참조.

 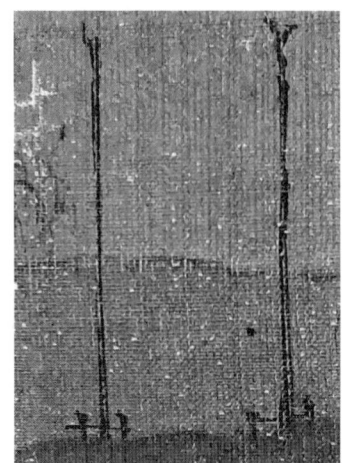

송암미술관 소장 <평양성도> 부분 1   송암미술관 소장 <평양성도> 부분 2

청나게 높다. 또 〈대사례도〉의 과녁은 원래라면 활쏘기를 하기 전에 설치하고 한 뒤에 철거했을 것이다. 그러나 이 해석에 따른다면 1460년 '별시' 이후 18세기까지 몇백 년간 과녁이 항구적으로 설치되었다는 뜻인데, 시험을 치기 위해 잠시 과녁을 설치한 것이 아니라 항구적으로 남도록 견고하게 만들었다고 보는 해석도 상식적이지 않다. 무엇보다 세조가 친림한 별시에서 과녁이 선대 왕의 기념물이 되었다면 능라도를 언급하는 사람들은 대부분 이 사실을 특기했을 것이다. 임진왜란 때 피란한 선조가 머문 곳마다 주필비(駐蹕碑)로 기념하는 관례로 볼 때 만약 이 장대가 세조의 친림을 기념하는 특별한 것이었다면 그 이후에도 사라지지 않고 남아 있었을 것이다.

한편 능라도에 대해서는 흥미로운 전설이 전하는데 그 내용이 『평양속지』(1892)에 잘 정리되어 있다.

능라도는 부벽루 아래 백은탄 위에 있다. 세상에 전하는 이야기가 있다. 섬이 성천(成川)에서 떠내려 와서 매년 성천부에서 섬에 대한 세금을 거두어 갔는데, 박엽이 감사가 되자 성천 사람들에게 이 섬을 도로 가져가라고 해서 이때부터 섬에 대한 세금이 없어졌다고 한다. 높은 곳에 올라가서 알록달록한 논밭을 내려다보면 완연하게 비단 같다. 버드나무 사이에 인가가 가려 있는데 진실로 그림 속 풍경이라 할 만하다. 그러나 홍수 때마다 수몰되는 것이 문제이다. 정해년(1887) 감사 남정철이 해마다 수해를 입는 것을 딱하게 여겨 능라도가 내야 할 환곡과 군전(軍錢)을 모두 면제해 주고 (대신) 민고(民庫)의 예비비에서 지급하도록 시행 세칙을 만들었다. 민호는 대흥부 원이리(元二里)로 넣어주자 주민들이 모두 칭송하여 기적비(紀蹟碑)를 전금문 안에 세웠다.[29]

능라도가 대동강 상류 지역인 성천부에서 떠내려 온 섬이라는 속설은 오래전부터 있었다. 흥미로운 점은 『평양지』(1590)에는 성천에서 떠내려왔다는 설을 소개하는 정도였으나 시간이 갈수록 여기에 여러 요소가 추가되고 있다는 것이다. 18세기 초 평양 사인 김점(金漸)이 엮은 평안도 일화집 『칠옹냉설』에 성천에서 능라도에 세금을 징수했

---

29) 南廷哲, 『平壤續志』 上, '山川 附 島嶼': 綾羅島在浮碧樓下白銀灘上. 世傳島從成川而浮來, 故每歲自成府收島稅以去矣. 及朴燁爲監司, 令成人還拔此島以去, 自是罷收稅云. 登高俯瞰, 溝塍繡錯, 宛如綾羅, 萬柳之間, 人家掩映, 眞可謂畫中景. 但每當潦漲墊沒是患. 丁亥監司南廷哲憫其歲被水災, 該島所納還穀與軍錢幷爲頉給, 以戶庫不恒中上下成節目, 民戶則付之大興部元二里, 民皆頌之立碑紀蹟于轉錦門內. 번역문의 오류를 수정해주신 심사위원께 깊이 감사드린다.

다가 박엽이 평안감사가 되었을 때 도로 가져가라고 해서 세금이 없어졌다는 내용이 나왔다. 그런데 『칠옹냉설』 해당 대목의 세주에는 아주 먼 과거도 아닌 영락(永樂) 연간(1403-1424)에 7일간 비가 내려 성천의 두등탄도(豆等灘島)가 떠내려온 것이라는 내용도 들어있다.30) 능라도가 성천에서 떠내려왔다는 속설과 홍수 때마다 수몰되는 저지대라는 두 가지 점을 결합해 보면 비보 풍수 차원에서 떠내려가지 않거나 재해를 방비한다는 차원에서 수호신 같은 상징물을 세웠다고 보는 것이 더 합리적일 것이다. 실제로 행주형 입지마을 비보법으로 솟대를 세우는 사례를 보면 그림에 나온 능라도의 장대와 매우 흡사하다. 마을 앞이나 중앙에 세우며 돌무더기(造山, 또는 흙무더기로도 만듦) 위에 나무장대 위에 오리를 깎아 올린 솟대를 세워 돛대로 삼고 있다.31)

능라도는 원래는 지안부(智安部)에 있는 임원방 소속이었고 남정철이 평안감사로 있었던 19세기 후반에 평양의 중심부라고 할 수 있는 인흥부(仁興部)의 대흥부로 들어간 만큼 거주민들의 경제적인 형편이 좋은 곳이 아니었기 때문에 나무 장대를 세웠을 가능성이 높다. 그래서 돌기둥처럼 오랫동안 존속하지는 못했던 듯하다. 장대가 꺾이거나 훼손되었을 때 다시 새로 세우지 않았을 수도 있고, 능라도가 떠내려왔다는 속설이 있어서 무엇인가로 붙잡아 두고는 싶었겠지만 능라도

---

30) 『漆翁冷屑』, '附錄'. (조종업 편, 『(수정증보)한국시화총편』 13, 태학사, 1997, 683면.)
31) 이영진, 「마을의 입지유형별 비보풍수의 형태」, 『민속연구』 21집, 안동대 민속학연구소, 2010, 53면. 경북 군위군 부계면 대율동에 있는 나무장대로 만든 솟대가 능라도의 나무장대와 유사한 형태이다.

는 섬이지 '행주형'이 아니므로 행주형의 비보 풍수물을 설치하는 것이 부적절하다고 판단해서 재건하지 않았을 수도 있다.

4. '행주형' 담론의 수정과 재해석

앞의 장절에서는 평양을 '행주형' 형국으로 볼 때 어떻게 해석하고 있는지를 정리하였다. '행주형'과 관련된 해석은 '배'라는 점에 착안해서 구멍이 나지 않도록 우물을 파지 않는다, 떠내려가지 않도록 닻을 내려둔다, 배말뚝 역할을 할 기둥을 세운다, 이렇게 세 가지로 요약할 수 있다. 그런데 이렇게 정리한다고 해도 평양의 지형을 '행주형'으로 매끄럽게 해석하기가 쉽지는 않다.

평양이 행주형이고 이것은 평양의 삼면을 강이 두르고 있기 때문이라면 외성이 아니라 평양부성 안에서만 우물을 파지 말아야 할 이유가 없다. 심지어 외성에 있는 기자의 상징물인 기자정은 맛이 좋기로 유명했고 기타 외성의 우물물도 식수로 문제가 없었으며 우물 파는 금기를 서술하는 자료에서도 변함없이 '성안'에서는 우물을 파지 않는다는 단서를 달고 있다. 이럴 때 가장 자연스러운 해석은 지질 문제로 내성의 우물물은 맛이 없어서 식수로 사용할 수 없기 때문에 대동강뿐만 아니라 보통강에서 물을 길어 식수로 먹게 되었다는 것이다.[32] 그러나 '행주형'이라는 풍수적 해석을 동원하게 되면 외성과 구

---

32) '행주형'인 평양에서 우물 파는 것을 꺼리고 대동강 물을 길었기 때문에 봉이 김선달이 대동강 물을 팔았다는 해석(윤홍기, 앞의 논문)이 풍수학 분야에서는

분되는 내성만의 문제를 어떻게 논리적으로 설명할 것인가가 문제가 된다.

우물에 대한 속설은 19세기 후반까지도 그대로 이어졌다. 19세기 후반에 이사벨라 비숍은 평양에 도착한 직후 "도시 안에는 우물이 전혀 없었는데 그 이유는 놀랍게도 성벽이 배 모양의 지역을 둘러싸고 있어서 그곳에 우물을 파면 배가 침몰한다는 미신 탓이었다."라는 전언을 소개했다.33) 중성과 외성에는 이미 성곽이 거의 사라졌기 때문에 이 표현에서 '도시'도 내성일 것이다. 그런데 이제는 삼면을 강물이 두르고 있는 것이 아니

정설이 된 듯하다. 다른 도시의 강물을 팔았다는 이야기는 없는데 평양만 대동강 물을 팔았다는 이야기가 있으므로 이렇게 해석할 수 있다면, 역으로 행주형 도시에서 강물을 팔았다는 이야기가 없는데 평양만 대동강물을 팔았다는 이야기가 나오는지에 대해서도 설명할 수 있었야 한다. 그런데 봉이 김선달이 대동강물을 파는 여러 버전의 이야기에서 공통적으로 등장하는 것은 한양 사람들에 대한 적대감이다. 이렇게 볼 때 18세기 초 평양 사인 김점이 채록한 설화집『漆翁冷屑』'傲誕'에 나오는 감영의 아전 吳光禮의 일화 중 오광례가 서울 사람에게 농막을 팔았는데 그 문서에 "동쪽은 長林, 서남쪽은 狸巖, 북쪽은 酒巖이다."라고 했고 서울 사람이 그걸로 맞춰보니 대동강이었다는 내용이 오히려 봉이 김선달이 한양 사람들에게 대동강물을 파는 내용과 모티브상 친연성이 있는 것이 아닌가 한다.

33) 이사벨라 버드 비숍 著, 이인화 譯,『한국과 그 이웃나라들』, 살림, 1994, 357면.

라 "성벽이 배 모양의 지역을 둘러싸고" 있다는 새로운 논리가 등장했다. 앞에서 인용했던 무라야마 지쥰(村山智順)이 저술한 『朝鮮の風水』에서 나왔던 "모란대에서 보면 배가 가는 형태와 닮았다고 한다."도 같은 맥락의 서술이다. 곧 이 책에서는 평양의 읍기(邑基)가 만수대 남쪽 기슭에 있고 만수대에서 모란봉 줄기가 평양의 평야로 흘러내려 언덕을 이루기 때문에 이것을 혈(穴)로 보면 청룡이 짧고 백호가 길며 대동강의 긴 흐름이 그 앞을 감돌아 수대국(水大局)을 형성하므로 '행주형'이라는 해석을 내놓고 있다.[34] 이렇게 대동강을 배의 바닥으로 보는 '행주형' 해석에서는 연광정 아래에 닻을 내리는 것이 풍수적으로 맞으며 이것을 '풍수닻'이라고 할 수 있다. 이것은 평양부를 세 줄기의 강이 둘러싸고 있다는 점에 착안해서 설명한 '행주형'을 평양부성으로 한정하는 인식의 변화를 보여주고 있다. 이렇게 본다면 행주형 형국에서는 이제 보통강, 구진익수가 아니라 대동강만이 의미를 가지게 되었다. 세 강이 둘러싼 곳을 행주형으로 본다면 연광정 앞 대동강에서 발견한 풍수닻의 의미를 설명할 수 없지만, 내성만 행주형으로 간주한다면 합리적으로 설명할 수 있다.(이럴 때에는 세 강이 둘러싼 곳이 행주형이라는 전제의 의미가 사라진다.) 외성이 기자의 공간이라는 상징성을 꾸준히 가지고 있었고 중성과 외성은 큰비가 오면 상습적으로 침수되는 지역이었으나 가옥의 밀집도를 볼 때 중성과 외성 지역은 내성과는 비교할 수 없었다. 따라서 시간이 지나면서 실제로는 가장 중요한 중심지인 평양부성의 재해에 촉각을 곤두세울 수밖에 없었다. 중요한 관공서나 부대 시설이 있는 부성 안에서 화재

---

34) 村山智順, 앞의 책, 618~619면.

나 수해가 발생했을 때 훨씬 더 막대한 피해를 초래했기 때문이다.

지형이 '행주형'이라고 하면 비보 풍수로 해석할 때는 기본적으로는 '물'과 '배'의 관계성에 착안하게 될 것이다. 우물을 파는 것이 금기가 되는 이유는 배에 구멍을 뚫는 것이 되기 때문이다. 그렇게 볼 때 평양을 '행주형'이라고 언급한 대표적인 저술인 이중환의 『택리지』의 다음 구절은 이해하기가 쉽지 않다.

> 전하는 말에 "평양의 지리는 '행주형'이라 우물을 파는 것을 꺼린다. <u>예전에 우물을 팠다가 읍에 화재가 빈발해 메워 버렸다.</u>"고 한다. 그래서 온 읍에서 공사를 막론하고 모두 강물을 길어다 쓴다.35) (밑줄 인용자 표시)

행주형 지형에서 우물을 파는 것이 강물에 떠 있는 배에 구멍을 내는 것과 같은 것이라면 이 금기를 깼을 때 수해가 있을 것이라는 논리를 펴야 할 것이다. 그러나 이 구절에서는 재해 중에서 '화재가 빈발'했다고 했다. 이것을 어떻게 이해해야 할까.

평양 읍지를 보면 다른 읍지와는 비교할 때 독특하게 설정된 항목이 있다. '신이(神異)' 항목은 이해하기 어려운 초자연적인 현상을 서술한 것이고 '잡지(雜誌)'는 그 외에 잡다하지만 흥미로운 이야기를 수록했다. 재해 관련 사건은 '신이'와 '잡지'에 주로 나오며 중대한 사건은 '고사(古事)'에 나오기도 한다. 재해는 우박이나 황충 등도 있지

---

35) 이중환, 『택리지』, 「복거총론」 '산수'. 인용문의 번역은 이민수가 옮긴 『(국한문대역)택리지: 한국 최초의 인문지리서』(평화출판사, 2005, 273면.)를 참고했고 부분적으로 수정하였다.

만 수해나 화재로 한정해서 보면 『평양지』에는 1586년에 성에 화재가 나서 불길이 백여 호의 집에 옮겨 붙었던 사건과 1547년에 홍수로 강물이 불어나 성안의 민가가 물에 잠겼던 일이 나와 있다. 1730년 간행 『평양속지』에는 '고사'에 1648년 고가청(雇價廳) 화재 사건이 나오며, 1837년 간행 『평양속지』에는 '고사'에 1804년 3월 3일 수응고(酬應庫) 문앞에서 발화하여 군기고(軍器庫)로 불이 번져 화약이 터지면서 온 성에 불이 났던 대화재를 기록했다. 1855년 간행 『평양속지』에는 '신이' 항목에서 1829년의 홍수를 언급했고 새로 '재이(災異)' 항목을 두어 1839년의 홍수와 1851년의 태풍에 대해 서술했다. 1892년 간행 『평양속지』에는 '고사'에 1862년과 1873년의 수해, 1888년과 1893년의 화재를 언급했다. 성안에 큰 피해를 초래한 큰 규모의 화재나 수해도 발생했고 이런 일을 지역의 공식적인 역사인 '고사'에도 수록한 것을 볼 때 특기할 만큼 대규모의 재해가 부단히 발생했고 여기에 대한 두려움도 발견할 수 있다.

그런데 특히 '신이' 항목에서 흥미로운 점은 이전에 조짐이 있었다는 식의 서술로 재해가 발생하는 것을 이해하려고 한다는 점이다. 『평양지』의 '신이' 항목에서는 1586년에 성에 둥지를 튼 까치가 새끼를 등에 업고 성 밖으로 둥지를 옮겼을 때 아무도 그 이유를 알지 못했으나 이튿날 성에 큰 화재가 났다고 했는데, 이런 류의 서술은 평양 읍지 '신이' 항목에서는 드물지 않은 표현이다. 특히 1730년 간행 『평양속지』에서는 임진왜란이 일어나기 한 해 전에 대동강 물 절반이 붉게 변했고 바람도 불지 않았는데 잣나무 두 그루가 저절로 꺾였으며, 1632년에는 고래가 밀물을 타고 대동강 하류에 떠내려온 것과

1636년 봄에 돌을 끌어내어 보통문에 들여놨는데 돌에서 소 우는 소리가 났다는 것을 병자호란이 일어날 조짐으로 해석했다. 1837년 간행 『평양속지』에서는 1803년에 영지(影池) 물이 붉게 물들었는데 그 이듬해 성안에서 큰불이 났다는 것과 1811년 가을에 무열사 아래에서 뿔나팔 소리(角聲)가 사흘간 났는데 겨울에 홍경래의 난이 일어났다는 이야기를, 1892년 간행 『평양속지』에서는 용연에 있는 한정(寒井)이라는 우물은 가물다가 비가 올 것 같거나 긴 장마가 갤 것 같으면 삽시간에 물이 넘쳤다가 빠지는 기이한 일이 있다는 내용을 실었다.

천재지변은 피해는 막심하지만 인간이 예측할 수 있는 것이 아니다. 그렇지만 이런 재해를 겪은 주민들은 예측할 수 없는 재해에 대해 어떻게든 대비하려고 했는데, 그런 노력의 일환이 읍지에서 보이는 것처럼 기이한 현상들을 통해 조짐을 읽으려고 하는 것이다. 17세기 초에 나온 이수광의 『지봉유설』에서 유사한 방식으로 서술한 대목이 있다.

평양의 성안에는 예부터 우물이 없다. 신묘년(1591) 권징(權徵)이 감사가 되었을 때 우물이 몇 장이나 파도 물이 없었다가 큰 반석이 있어서 반석을 뚫었더니 샘이 솟았는데 그 안에는 붕어와 연밥이 있었으나 어떻게 이런 것이 있을 수 있는지는 알 수 없었다. <u>풍수 술사가 지리에 대해 말하면서 평양성은 횡주형(橫舟形)이라 우물을 파면 화가 있으리라고 했는데, 그 이듬해 왜구가 왔다. 우물물 맛이 써서 사람들이 마시지 않는다.</u>[36] (밑줄 인용자 표시)

이 구절에는 평양을 '행주형'이 아니라 '횡주형(橫舟形)'이라고 했다. 횡주형 안에서 혈이 배에 있고 앞에 있으면(入首) '계주(係舟)'이고 혈이 배 위에 있으면 '행주'라고 보기도 하므로 '행주형'과 같은 의미라고 볼 수 있다. 위의 글에서는 배의 형상을 가지고 있으므로 우물을 파면 재앙을 초래하는데 그 재앙은 수해만이 아니라 전쟁 등 범위가 매우 넓다는 점을 보여준다. 또 임진왜란 한 해 전에 권징이 우물을 팠을 때 반석이 있고 그 안에 붕어와 연밥이 있었다는 그 자체도 불가사의하지만 결국 권징이 우물을 파는 금기를 깼기 때문에 전란이 일어났다는, 곧 금기를 깨지 않았다면 재앙이 닥치지 않았을 것이라는 논리가 들어있다.

요컨대 어떤 지역을 '행주형' 형국이라고 읽는다고 해도 결국 그 지역의 거주민에게는 '행주형'과 수해가 그 자체로 대응되는 것이 아니라 일상을 위협하는 각종 재난이 금기를 어기거나 방비를 하지 않았을 때 맞게 되는 것으로 이해된 것이다. 재해가 많은 지역에서 그동안 이런 천재지변을 미세한 조짐을 통해 읽으려고 했는데, 이제 '행주형' 형국으로 도시를 새롭게 설명하는 풍수 이론이 들어오자 이런 해석이 당시에 사람들에게 설득력을 가지면서 내면에 깊숙이 스며들었다. 재해에 훨씬 민감한 사람들에게는 '행주형'이 풍요를 의미한다는 발복 해석보다 재해를 어떻게 피하거나 방비할 것인가가 더 중요한 문제였다. 비논리적이고 예측할 수 없는 재해에 대해 이전에는 미

---

36) 李晬光, 『芝峯類說』 권2, '地理部' : 平壤城中, 舊無井泉. 辛卯年, 權徵爲監司, 掘井過數丈不得水, 乃有大磐石, 鑿石而泉出, 其中有鮒魚及蓮子, 其理不可知也. 術者言地理, 平壤城爲橫舟形, 鑿井則有禍, 翌年倭寇至. 井水味苦, 人亦不食.

세한 조짐을 읽어내려는 노력이 뒤따랐다면, 풍수담론이 들어온 뒤에는 금기가 만들어지고 이런 금기를 깬다면 재해가 닥칠 것이라는 논리, 재해를 대비할 수 있는 비보 조치가 대안으로 제시되었다. 거주민들은 이런 풍수 담론의 설명에 상당한 안도감을 느꼈을 것이다.

5. 결론

이 글에서는 지역에 적용하는 풍수적 해석을 평양의 사례를 중심으로 살펴본 것으로, 풍수적 해석이 도입되면서 그 지역의 어떤 정보가 그 해석 안에서 적극적으로 활용되거나 변화를 보이는지, 또 이런 인식의 바탕에는 거주민들의 어떤 심리가 자리하고 있는지를 논의하였다. 그동안 평양은 '행주형'이고 그러므로 우물을 파지 않는 습속이 있었고 풍수적 해석에 따라 연광정에 닻을 내려두었다는 속설이 거의 의문 없이 그대로 받아들여졌다. 그렇지만 그런 맥락에서 나오는 몇 가지 전언들은 곰곰이 생각해 보면 의문의 여지가 있다. 평양은 우물물 자체는 맛이 있으나 우물을 파지 말아야 하는 형국이라 이런 금기가 생긴 것이 아니다. 이전 자료에는 평양의 외성 우물물은 맛이 있으나 내성 우물물은 맛이 없다는 내용이 나오며, 행주형이므로 우물을 파서는 안 된다는 금기는 실제로는 내성에만 해당하는 내용임을 발견할 수 있다. 그렇다면 내성과 외성을 포함한 영역의 삼면을 강이 두르고 있는 만큼 어째서 '행주형'의 해석을 외성이 아니라 내성에만 적용해야 하는지를 설명할 필요가 있었다. 19세기 말 20세기 초에는

'행주형'을 평양 지역에 달리 적용하는 논리도 등장했다.

평양 읍지에서 행주형 지형을 붙잡아 두기 위한 닻은 '대동강' 또는 '대동강 하류 요포'에서 발견한 쇠닻을 설명하는 방법이었고 이 때 강조점은 그 당시 거주민에게는 낯선 '쇠닻'이 강물에서 나왔다는 것이었으나 20세기 이후 닻에서의 강조점은 쇠닻보다는 연광정 앞 대동강이라는 위치였다. 이것은 필연적으로 삼면이 강으로 둘러싸인 구역보다 훨씬 좁은 내성(평양부성) 위주로 행주형을 새롭게 인식하는 결과를 빚어냈다.

또 사행록을 보면 평양의 서북쪽에 위치한 두 개의 돌기둥에 대한 언급이 종종 나오는데, 이 또한 평양이 '행주형' 형국이므로 비보 차원에서 만들어진 것이라는 설명이 뒤따르고 있다. 그런데 처음에는 노를 형상화했던 것처럼 여겨진 이 돌기둥이 시간이 지나면서 강물에 떠내려가지 않도록 하는 배말뚝의 역할로 인식의 변화를 보이고 있다. '행주형'에서 배의 순항은 풍요를 의미하지만 이미 감영이 위치해 있고 여러 물자가 모여드는 경제적 번영을 이룬 이 도시에서는 풍요보다는 오히려 재난을 방비하고 억제하는 데에 더 신경 쓰고 있음을 엿보게 하는 대목이다. 이 글에서는 같은 맥락에서 송암미술관에 소장된 〈평양성도〉에만 보이는 능라도의 두 기둥도 성천에서 떠내려왔다는 속설 때문에 일종의 비보풍수 차원에서 만들어진 솟대로 이해하였다.

이 글에서는 평양 지역에서 행주형 관련 사실과 풍수 담론과의 관계를 논의했지만, 이것을 행주형에 해당하는 다른 지역에 그대로 확대 적용할 수 없다. 다만 풍수학적 유형 분류의 거시적인 측면은 개별 지역의 구체적인 사례 연구가 축적되는 과정을 통해 미시적으로 보완될 필요가 있다는 제언으로 마치고자 한다. 평양의 경우만 봐도 '행주형'이기 때문에 우물을 파지 않는 것이 아니라 우물의 수질이 나빠져서 강물을 식수로 삼게 된 것을 '행주형'과 결부시키는 모습을 보여주고 있다. 곧 '행주형'이기 때문에 이런저런 속설이 생겼다기보다는 기존의 어떤 현상을 '풍수적'으로 해석하려는 시도가 나타난다는 점을 간과할 수 없다. 따라서 큰 틀의 유형론과 개별 지역의 구체적인 사례 연구가 축적되면 각 유형이나 지역의 풍수적 해석을 새롭게 조명해 볼 수 있을 것이다.

참고문헌

1. 원전 자료

尹斗壽 編, 『平壤志』(9권 4책, 규장각 소장본), 1590.
尹游 編, 『平壤續志』(4권 2책, 규장각 소장본), 1730.
南廷哲 編, 『平壤續志』(3권 3책, 숭실대 도서관 소장본), 1892.
李承載 編, 『平壤續志』(3권 2책, 국립중앙도서관 소장본), 1905.
李容善 編, 『平壤續志』(1책, 부산대 도서관 소장본), 1906.
盧元頲 撰, 『平壤大誌』, 平壤: 衛生彙報社, 1934.
張道斌, 『平壤誌』, 平壤商工社, 1936.
평양향토사편집위원회 편저, 『평양지』, 평양: 국립출판사, 1957.
김병연 편, 『평양지』, 平南民報社·古堂傳·平壤誌刊行會, 1965.
이태진·이상태 편, 『(조선시대) 사찬읍지』, 한국인문과학원(제45책-제47책), 1990.
金濟學, 『龜巖集』(국립중앙도서관 소장본, 한고조46-가456(4책), 한고조44-가74(5책) 2종).
정구복 편, 『海東樂府集成』, 驪江出版社, 1988.(3책, 沈光世의 「海東樂府」, 林昌澤의 「海東樂府」, 李瀷의 「海東樂府」, 吳光運의 「海東樂府」, 李匡師의 「東國樂府」, 金壽民의 「箕東樂府」, 李學逵의 「海東樂府」, 李福休의 「東國樂府」, 李裕元의 「東國樂府」, 朴致馥의 「大東續樂府」, 申光洙의 「關西樂府」 수록)
金漸, 『漆翁冷屑』(조종업 편, 『(수정증보)한국시화총편』 11, 태학사, 1997 수록본).

金漸, 『漆翁冷屑』(국사편찬위원회 소장본).

姜浚欽, 『三溟詩集』.

金允植, 『雲養集』.

朴瀰, 『汾西集』.

朴思浩, 『心田稿』.

朴燁, 『葯窓遺稿』.

朴弼周, 『黎湖集』.

柳得恭, 『泠齋集』.

成海應, 『研經齋全集』.

沈魯崇, 『孝田散稿』.

尹愭, 『無名子集』.

李圭景, 『五洲衍文長箋散稿』.

李民寏, 『紫巖集』.

李睟光, 『芝峯類說』.

李時恒, 『金將軍遺事』(1책(87장), 국립중앙도서관 소장본).

李令翊, 『信齋集』.

李元翼, 『梧里集』.

李宜顯, 『陶谷集』.

李瀷, 『星湖僿說』.

李仁行, 『新野集』.

李海應, 『薊山紀程』.

趙冕鎬, 『玉垂集』.

洪萬鍾, 黃胤錫 增補, 『海東異蹟』.

洪直弼, 『梅山集』.

黃胤錫, 『頤齋亂藁』.

『新增東國輿地勝覽』.

『成川誌』.

『龍彎誌』『寧邊志』(국립중앙도서관 소장, 古2779-3-147).

『承政院日記』.

실록 자료(『光海君日記』, 『仁祖實錄』, 『英祖實錄』, 『正祖實錄』, 『純祖實錄』 등).

2. 단행본

고석규, 『19세기 조선의 향촌사회 연구』, 서울대학교출판부, 1998.
김영숙, 『한국영사악부연구』, 경산대학교출판부, 1998.
신광수, 이은주 역해, 『관서악부』, 아카넷, 2018.
에드워드 렐프, 김덕현 외 옮김, 『장소와 장소 상실』, 논형, 2005.
윤두수윤유, 이은주 옮김, 『평양을 담다 - 역주『평양지』・『평양속지』』, 소명, 2016.
오수창 『조선후기 평안도 사회발전 연구』, 일조각, 2002.
이사벨라 버드 비숍 著, 이인화 譯, 『한국과 그 이웃나라들』, 살림, 1994.
이중환, 이민수 譯, 『(국한문대역)택리지: 한국 최초의 인문지리서』,

평화출판사, 2005.

임석재 편,『임석재전집 3-한국구전설화』, 평민사, 1988.

최희림,『고구려평양성』, 평양: 과학백과사전출판사, 1978.

村山智順 著, 최길성 譯,『조선의 풍수』, 민음사, 1990.

3. 논문

강석화,「성해응의 서북 변계 의식」,『진단학보』115, 진단학회, 2012.

강창규,「김응서를 기억하는 방식과 그 문학적 형상화」,『용봉인문논총』40, 전남대 인문학연구소, 2012.

김선민,「1812년 홍경래의 난으로 본 조청관계」,『중국학보』90, 한국중국학회, 2019.

김인호,「고종 순종 시기 恩賜 제도의 운영 실태」,『한국민족운동사연구』96, 한국민족운동사학회, 2018.

김종태,「조선 시대 시문과 그림 속의 평양 능라도」,『한국고지도연구』제14권 제2호, 한국고지도연구학회, 2022.

김창현,「고려시대 평양의 동명 숭배와 민간신앙」,『역사학보』188, 역사학회, 2005.

문창로,「조선후기 실학자들의 삼한사 연구와 의의」, 경기문화재단 실학박물관 편,『실학자들의 한국 고대사 인식』, 경인문화사, 2012.

문희순,「『서경시화』 연구」, 학산조종업박사 화갑기념논총 간행위원회 편, 『(학산조종업박사)화갑기념논총: 동방고전문학연구』, 태학사, 1990.

박정애, 「조선 후기 관서명승도 연구」, 『미술사학연구』 258, 한국미술사학회, 2008.

박정애, 「18-19세기 기성도 병풍 연구」, 『고문화』 74, 한국대학박물관협회, 2009.

박정애, 「조선후기 평양명승도 연구 - 〈평양팔경도〉를 중심으로」, 『민족문화』 39, 한국고전번역원, 2012.

박정애, 「18-19세기 지방 이해와 도시경관의 시각적 이미지」, 『미술사학보』 49, 미술사학연구회, 2017.

박창희, 「이규보의 〈동명왕편〉 시」, 『역사교육』 11·12, 역사교육연구회, 1969.

배우성, 「17·18세기 청에 대한 인식과 북방영토의식의 변화」, 『한국사연구』 99·100, 한국사연구회, 1997.

서동윤, 「1637년 가도 전투를 둘러싼 기억의 전승에 관한 연구」, 『진단학보』 123, 진단학회, 2015.

서영대, 「단군관련 문헌자료 연구」, 윤이흠 외, 『단군-그 이해와 자료』, 서울대학교출판부, 1994.

서영대, 「전통시대의 단군 인식」, 노태돈 편, 『단군과 고조선사』, 사계절, 2000.

손명희, 「조선시대 평양성도를 통해 본 평양의 모습과 지역적 성격」, 『한국고지도연구』 1, 한국고지도연구학회, 2009.

송화섭, 「조선후기 마을미륵의 형성배경과 그 성격」, 『한국사상사학』 제6집, 한국사상사학회, 1994.

신형식, 「산운 장도빈의 역사인식 – 고대사관을 중심으로」, 산운학술문화재단 편, 산운학술문화재단, 1998.

심승희, 「문화관광의 대중화를 통한 공간의 사회적 구성에 관한 연구—강진, 해남 지역을 사례로」, 서울대 박사논문, 2000.

양보경, 「조선시대 읍지의 성격과 지리적 인식에 관한 연구」, 서울대 박사논문, 1987.

엄태웅, 「박엽에 대한 기억의 재구성과 그 의미–1623년 처형전후부터 1864년 관직회부전후까지의 기록을 대상으로」, 『우리어문연구』 45, 우리어문학회, 2013.

오수창, 「조선후기 평양과 그 인식의 변화」, 『조선의 정치와 사회』, 집문당, 2002.

오수창, 「〈청구야담〉에 나타난 조선 후기 평양 인식과 그 성격」, 『한국사연구』 137, 한국사연구회, 2007.

우경섭, 「'再造藩邦'에서 '非禮不動'으로: 바위에 새겨진 명나라에 대한 두 가지 기억」, 『한국학연구』 28, 인하대 한국학연구소, 2012.

우경섭, 「17–18세기 임진왜란 참전 明軍에 대한 기억」, 『한국학연구』 46, 인하대 한국학연구소, 2017.

우미영, 「억압된 자기와 古都 평양의 표상」, 『동아시아문화연구』 50, 한양대학교 동아시아문화연구소, 2011.

윤홍기, 「'우물을 못 파게 하는 민속'에 대하여」, 『문화역사지리』 제25권 제1호, 한국문화역사지리학회, 2013.

이송희, 「김응하 『충렬록』 판본 변개 과정과 그 의미」, 『유학연구』

46, 충남대학교 유학연구소, 2019.

이승수, 「심하 전역과 김장군전」, 『한국문학연구』 26, 동국대학교 한국문학연구소, 2003.

이승수, 「약창 박엽론: 역사적 평가를 중심으로」, 『민족문화연구』 47, 고려대학교 민족문화연구원, 2007.

이승수, 「약창 박엽의 시세계」, 『한국시가문화연구』 43, 한국시가문화학회, 2019.

이영진, 「마을의 입지유형별 비보풍수의 형태」, 『민속연구』 21집, 안동대 민속학연구소, 2010.

이은주, 「신광수 「관서악부」의 대중성과 계승양상」, 서울대 박사논문, 2010.

이은주, 「명 사신의 평양 제영시 연구」, 『한국문화』 68, 서울대 규장각한국학연구원, 2014.

이은주, 「『중유일기』와 『열하일기』의 거리, 오마주와 표절 사이」, 『한국문화』 80, 서울대 규장각한국학연구원, 2017.

이은주, 「만들어진 유적, 평양의 로컬리티」, 『돈암어문학』 34, 돈암어문학회, 2018.

이은주, 「『평양지』에 구현된 평양」, 『내일을 여는 역사』 74, 내일을여는역사재단 민족문제연구소, 2019.

이은주, 「평양 죽지사의 새로운 모색 – 張之琬과 金濟學의 작품을 중심으로」, 『규장각』 56, 서울대 규장각한국학연구원, 2020.

이은주, 「김제학의 관서 죽지사에 나타난 역사 인식」, 『한국실학연구』 42, 한국실학학회, 2021.

이필영, 「행주형 지세와 솟대」, 『종교, 인간, 사회』, 한남대학교출판부, 1988.

임완혁, 「명, 청 교체기 조선의 대응과 『충렬록』의 의미」, 『한문학보』 12, 우리한문학회, 2005.

임유경, 「최효일 일화의 전승과 변이 양상」, 『서지학보』 22, 한국서지학회, 1998.

임유경, 「〈김장군유사〉와 〈김응서실기〉의 서술방식 연구」, 『인문과학연구』 18, 대구가톨릭대학교 인문과학연구소, 2012.

장유승, 「조선후기 서북지역 문인 연구」, 서울대 박사학위논문, 2010.

장유승, 「『서경시화』 연구 - 지역문학사적 성격을 중심으로」, 『한국한문학연구』 36, 한국한문학회, 2005.

장유승, 「문화공간으로서의 부벽루 - 중앙문인과 지역문인의 교류를 중심으로」, 『한국한문학연구』 53, 한국한문학회, 2014.

장정수, 「조선후기 김경서 현창의 추이와 당대사적 의미」, 『역사와 현실』 115, 한국역사연구회, 2020.

정용수, 「『낙포도정』의 편찬자와 그 자료적 성격」, 『동양한문학연구』 35, 동양한문학회, 2012.

조지형, 「『서경시화』의 구성 체제와 문헌적 특성」, 『고전과 해석』 30, 고전문학한문학연구학회, 2020a.

조지형, 「『서경시화』의 편찬 과정과 인용 서목 연구」, 『한민족문화연구』 70, 한민족문화학회, 2020b

최원석, 「비보의 개념과 원리」, 『민족문화연구』 제34호, 고려대 민족문화연구원, 2001.

최혜미, 「『충렬록』 소재 「贈遼東伯詔」의 위작 여부에 대한 일고찰」, 『한문학보』 40, 우리한문학회, 2019.

한명기, 「'再造之恩'과 조선후기 정치사-임진왜란~정조대 시기를 중심으로」, 『대동문화연구』 59, 성균관대 대동문화연구원, 2007.

허태용, 「임진왜란의 경험과 고구려사 인식의 강화」, 『역사학보』 190, 역사학회, 2006.

홍성구, 「『조선왕조실록』에 비친 17세기 내륙아시아 정세와 "영고탑회귀설"」, 『중국사연구』 69, 중국사학회, 2010.

홍정덕, 「박엽 생애 평가의 재검토」, 『경기향토사학』 20, 경기도문화원연합회, 2015.

佐々木五郎, 「平壤附近の傳說と昔話 (2)」, 『旅と伝說』, 14권 9호, 1941. 9.(단국대학교 부설 동양학연구소 편, 『구비문학 관련 자료집-한국어·일본어잡지편 (3)』, 민속원, 2007 수록)

이 책에 실린 논문의 발표 정보

「명 사신의 평양 제영시 연구」, 『한국문화』 68, 서울대학교 규장각 한국학연구원, 2014.

「만들어진 유적, 평양의 로컬리티」, 『돈암어문학』 34, 돈암어문학회, 2018.

「김제학의 관서 죽지사에 나타난 역사 인식」, 『한국실학연구』 42, 한국실학학회, 2021.

「평양인의 자기인식」, 『한국문화』 94, 서울대학교 규장각한국학연구원, 2021.

「평안도 일화집, 『칠옹냉설』」, 『대동문화연구』 111, 성균관대학교 대동문화연구원, 2020.

「평양 읍지를 어떻게 읽을 것인가」, 『한국한문학연구』 77, 한국한문학회, 2020.

「박엽에 대한 기억의 변화 재론」, 『국문학연구』 45, 국문학회, 2022.

「평양의 행주형 담론의 시기적 변화 양상」, 『민족문화』 65, 한국고전번역원, 2023.